韩国首尔大学韩国语系列教材

新版

韩国语4

한국어

韩国首尔大学语言教育院 著

韩 梅 译

外语教学与研究出版社

北京

京权图字：01-2008-0548

图书在版编目（CIP）数据

韩国语（新版）.4 / 韩国首尔大学语言教育院著；韩梅译. — 北京：外语教学与研究出版社，2008.4
（2019.6 重印）
（韩国首尔大学韩国语系列教材）
ISBN 978-7-5600-7475-7

Ⅰ．韩… Ⅱ．①韩… ②韩… Ⅲ．朝鲜语－教材 Ⅳ．H55

中国版本图书馆 CIP 数据核字 (2008) 第 053176 号

出 版 人　蔡剑峰
责任编辑　高　静
封面设计　孙莉明
出版发行　外语教学与研究出版社
社　　址　北京市西三环北路 19 号（100089）
网　　址　http://www.fltrp.com
印　　刷　三河市紫恒印装有限公司
开　　本　889×1194　1/16
印　　张　25
版　　次　2008 年 9 月第 1 版 2019 年 6 月第 12 次印刷
书　　号　ISBN 978-7-5600-7475-7
定　　价　59.90 元（含 MP3 光盘一张）

购书咨询：(010) 88819926　电子邮箱：club@fltrp.com
外研书店：https://waiyants.tmall.com
凡印刷、装订质量问题，请联系我社印制部
联系电话：(010) 61207896　电子邮箱：zhijian@fltrp.com
凡侵权、盗版书籍线索，请联系我社法律事务部
举报电话：(010) 88817519　电子邮箱：banquan@fltrp.com
物料号：174750001

记载人类文明
沟通世界文化
www.fltrp.com

出版说明

　　中韩两国是一衣带水的近邻，建交16年来，随着两国在政治、经济、文化、教育、体育、旅游等诸多领域开展全方位的交流，人员往来日益频繁，学习韩国语的需求也与日俱增。

　　由韩国首尔大学语言教育院组织编写的《韩国语》系列教材在韩国问世以来，几经修订和补充，深受使用者好评，被国内诸多韩国语培训机构广泛采用。作为一套广受业内认同的综合性教材，它不仅适合课堂教学，也适合零起点的韩国语爱好者自学。为适应国内市场的需要，我们引进并推出这套《韩国语》系列教材的汉语版，将原版光盘配套发行。

　　主教材共分4册，内容涵盖在韩学习、生活或旅游、工作时所遇衣食住行、参观游览、购物娱乐、健身医疗等各种情况下所必需的基本用语、必备词汇及重要语法。教材结构合理，语法讲解清晰，每课配有相应的发音指导和句型练习，帮助学习者由浅入深、从易到难地掌握韩国语。

　　同步练习册一共4册，和主教材配套发行。通过每一课相应的句型练习和对话练习以及复习单元中的专项训练，使学习者真正具备使用韩国语交际的能力，全面提高听说读写的技能。

　　全书韩汉对照，易学实用，每册均配有一张韩国原版光盘，语言地道，语音纯正。

　　相信《韩国语》系列教材能为有志于赴韩留学、工作及参加韩国语能力考试的韩国语学习者提供帮助。由于时间关系，书中难免有疏漏之处，恳请广大读者批评指正。

外语教学与研究出版社
2008年6月

汉语版前言

　　首尔大学语言教育院《韩国语》系列丛书自1993年问世以来，向全世界介绍韩国语和韩国文化，作为韩国最有代表性的韩国语教材，一直受到各界广泛的好评和读者的喜爱。

　　为顺应全球化的时代潮流，语言教育院推出《韩国语》系列丛书汉语版，以适应日益增长的汉语圈学习者的需求。

　　谨向为此套丛书的出版付出艰辛努力的外研社和韩国文进媒体致以衷心的感谢。希望这套汉语版韩国语教材能给学习韩国语和韩国文化的汉语圈学习者提供帮助。

首尔大学韩国语教育中心　院长
洪基瑄
2007年12月

增补版前言

　　这套教材于1995年首次出版之后，原本由四个阶段组成的韩国语课程改成了六个阶段，因此，我们不得不对三级和四级课程中使用的教材进行改编。从1996年到1997年的两年期间，我们对原来的第三册和第四册进行了改编，由于后来又提出了一些新的问题，1999年我们又对课文和练习题进行了部分修订。

　　我们将课文中原来不太自然的表达改为自然流畅的句子，还补充了新的内容，并以已经学过的形态为基础，采用解决问题的方法编写了练习题，以便使学生能够创造性地运用语言的四种功能。

　　为了这套教材的出版，语学研究所的各位任课老师付出了很多努力，金清子、崔银圭、金贞和、朴智英、金源卿、康丞惠老师参与了改编，朴智英、李承美、曹善景、安庆华老师参与了修订，在此对这些老师表示深深的感谢。此外，文进媒体的李相哲社长和各位编辑对本书的出版给与了很大的帮助，在此也表示衷心的感谢。

韩国首尔大学语学研究所所长

文洋秀

1999年11月

修订版前言

　　本书自1993年出版以来，发现了很多拼写上的错误。这次修改订正了这些错误，并对课文作出了部分调整。首先是把生硬的表达都改成了贴切的韩国语，并给第1册每课的单词和语法部分都附上了英语译文。希望英语译文能对自学韩国语的学生有实质性的帮助。

首尔大学语学研究所所长
金明烈
1995年6月

前言

　　本套韩国语教材是为学习韩国语的外国学习者编写的，特别是为在首尔大学语学研究所学习现行韩国语教育课程的不同国家或地区的成人学习者编写的。

　　现行的首尔大学对外国人的韩国语教育分为4个学期（每学期10周），共计800课时。学习者在结束全部课程后，在听、说、读、写四个方面全面掌握在韩国升学、就业等多种社会生活中所需的基本韩国语能力。

　　教育课程分为初级、中级、中上级、高级四个阶段，每个阶段都可接受到每周5天、每天4个课时，共计10周200课时的集中训练。

　　为体现上述教育目的、适应现行的教学体系，本教材共分为四册。除第4册外，第1、2、3册的每一课都安排在1天4个课时内结束。

　　本教材不仅为专业语言学习者编写，同时还考虑到了其他各种性质的学习者。作为一种能够广泛使用的教材，本书在外语教学理论、方法论上采取折衷的立场，试图吸收和运用从结构主义论到交际法等多种教学法的长处。因此在编写时循序渐进地收录单词；从易到难地介绍韩国语的语法体系和句子结构；选取日常生活中使用韩国语的实际情景编排课文内容。

　　本教材从1992年3月的春季学期开始用于教学，之后结合任课讲师的意见和评论，经过多次修改，现在终于和读者见面了。

　　本教材的编写过程饱含了众多编写人员的长期努力和辛勤汗水。语学研究所教育训练部的洪在星教授（首尔大学法语法文系）担任总编，在语学研究所担任教学工作的文熙子、金仁子、金和媛、金清子老师和朴东浩助教参与了编写工作。由于朴东浩老师中途出国留学，后来由金元根助教继续参与编写工作。

　　我谨代表首尔大学语学研究所再次向洪在星教授等各位编写人员致以由衷的谢意。

韩国首尔大学语学研究所所长

金明烈

1995年8月

使用说明

　　这本教材是为韩国首尔大学语学研究所韩国语课程编纂的教材中的第四册，对象是成年学习者，目标是进一步提高学习者的整体沟通能力，介绍多种文化和社会现象，让他们深入了解韩国。

　　全书共有35课，每课都由课文、语法与表达、练习三部分组成。课文大部分由会话构成，但如果是导言或报道，则插入了散文体的文章。

　　语法与表达说明了学习的主要语法，书中尽量少用语法用语，必要的时候使用N（名词）、V（动词）、A（形容词）、S（句子）等符号。

　　在练习中，除了让学习者熟悉并掌握学过的语法、句型之外，还以学习者为中心，编写了多种练习题，以便让学习者可以充分运用学过的内容应用并理解语言。

　　词汇部分收录了约1,000个单词，新词及释义放在每课的最后，基本上都附有韩国语的释义和相应的中文解释。用韩国语解释难以理解时，就予以省略。语法与表达、练习中出现的补充词汇在后面标注了★符号。学过的单词在后面再次进行说明，从而使学习更加容易。

　　索引中收录了书中出现的所有词汇和句型，并标明了出现的课数，补充词汇后面标注★符号以示区别。

教材结构

课	主题和情境	功能	语法和表达	练习题	词汇
1课	人类的未来	·比较现在与未来的景象 ·表达强烈的否定	·A/V-(으)ㄹ 리가 없다 ·N에 의하면	·讨论科学发展的优点和缺点 ·谈论十年后世界的变化	·与科学和未来有关的词汇(미래, 현실等)
2课	檀君的故事	·了解韩国的建国神话	·名词形词尾 A/V-(으)ㅁ ·N 만에	·尝试讲述各国的建国神话和历史事件	·与古代故事有关的词汇(임금, 백성等)
3课	大众媒体的必要性	·通过大众媒体获取信息 ·表达预想的意图 ·表达程度	·V-(으)려던 참이다 ·A/V-(으)ㄹ 정도이다	·理解新闻报道的性质	·与新闻有关的词汇(경제, 감소等)
4课	天气与生活	·表达概率 ·表达限定	·A/V-(으)ㄹ 확률이 높다 ·N-(이)라고는 N뿐이다	·阅读电子邮件并提出建议 ·谈论概率 (统一、升学、战争等)	·与天气预报有关的词汇(확률, 끼다等)
5课	食品垃圾问题	·认识环境问题 ·表达程度	·V-고도 남다 ·接尾词 N-별(로)	·讲述垃圾分类的方法 ·采访 (垃圾问题)	·与垃圾有关的词汇(환경, 분리수거等)
6课	减少垃圾	·了解一次性用品与可回收用品的问题 ·警告、提醒注意	·N을/를 줄이다 ·表示条件的连接词尾 V-다가는	·了解环境污染的原因 ·了解环境保护的方法 ·游戏 (环境保护)	·与环境有关的词汇(일회용품, 재활용품等)

课	主题和情境	功能	语法和表达	练习题	词汇
7课	相亲	·理解年轻人的婚姻观 ·表达信息的转换	·A/V–다고 하더니 ·V–다 보면 ·V–다 보니(까)	·理解惯用的表达方法 ·阅读电子邮件后谈论自己的想法	·描写人的词汇(인상，인간성等)
8课	对韩国的第一印象	·谈对韩国的印象 ·间接地转述信息	·A/V–다/자/냐/라면서 ·A/V–(으)느냐든지 A/V–(으)느냐든지	·谈论对韩国的第一印象（机场、人、街道）	·表达情绪的词汇(당황하다，다행이다等)
9课	韩国人的思维方式	·比较习惯的差异 ·表达回忆 ·转换话题	·V–는 관습 ·A/V–더군(요) ·그랬더니	·谈论在韩国的经历 ·比较韩国与其他各国不同的习惯(婚姻、礼节等)	·与习惯和思维方式相关的词汇(사생활，관습等)
10课	林居正的故事	·了解关于绿林好汉的故事 ·表达反复的习惯 ·表达连续的行动	·V–곤 하다 ·V–(으)ㄴ는 덕분에 ·表示持续的连接词尾 V–아/어다(가)	·谈论各国的绿林好汉 ·讨论 (为实现目的的手段正当化)	·与朝鲜时代有关的词汇(세기，양반等)
11课	报道	·写报道 ·理解正式的文体	·A/V–(으)ㄴ는 것으로 나타나다 ·N을/를 대상으로 조사하다	·根据统计结果写新闻报道(徒步旅行) ·理解、判断内容·采访后写报道	·与新闻有关的词汇(기자，조사하다等)
12课	思维方式	·比较思维方式 ·表达强烈的推测	·A/V–(으)느냐에 따라 다르다 ·A/V–(으)ㄹ 게 뻔하다	·谈论解决问题的方式（遇到困难时）	·与思维方式有关的词汇(긍정적，부정적等)

课	主题和情境	功能	语法和表达	练习题	词汇
13课	男女平等	·理解男女平等的一般观念 ·部分否定	·N와/과 달리 ·그렇다고 A/V-(으)ㄴ/는 것은 아니다	·讨论 (男女平等与不平等、职业选择的差异)	·与男女平等有关的词汇(남녀 평등, 남녀 차별 등)
14课	韩国语教育	·谈论韩国语学习 ·间接地转述信息	·N에 몰두하다 ·V-는 데(에) 중점을 두다	·采访 (学习外语的易处和难处)	·与学习有关的词汇(보람, 몰두하다 등)
15课	关于感冒	·理解有关疾病的表达方式 ·表达假定的情况	·불과 N 만에 ·S-다고[라고] 밝히다 ·A/V-다 하더라도	·谈论各国预防、治疗感冒的方法	·与疾病有关的词汇(증세, 발생하다 등)
16课	残疾人	·理解残疾人 ·熟悉书面表达方式 ·表达口气很弱的否定	·A/V-(으)ㄴ/는 데(에) 반해 ·N에 지나지 않다 ·그리 A/V-지 않다	·谈论参加志愿活动的经历 ·谈论各国的残疾人设施	·关于残疾人的词汇(장애인, 설치율 등)
17课	春节	·了解春节的风俗	·N에 N을/를 입다 ·손꼽아 기다리다	·介绍各国的节日风俗	·关于春节的词汇(명절, 세배 등)
18课	正月的游戏	·了解正月的风俗	·N(이)(나) N(이)(나) 할 것 없이 ·V-기에 좋다	·介绍各国的传统服装和传统游戏	·与正月的游戏有关的词汇(윷놀이, 연 등)
19课	难民问题	·理解难民问题 ·强调表达不可能的情况	·A/V-기는커녕 ·V-(으)ㄹ 수조차 없다 ·V-는 한	·介绍难民救助团体 ·写请求帮助的信件(申请奖学金、手术费等)	·与难民有关的词汇(난민, 굶주림 등)

课	主题和情境	功能	语法和表达	练习题	词汇
20课	韩国的酒文化	·理解酒文化 ·表达情况的持续	·V–(으)ㄴ 채(로) ·表示条件的连接词尾 V–노라면	·比较各国的酒文化 ·谈论饮酒的习惯、酒桌上的礼节	·与饮酒有关的词汇(음주，따르다等)
21课	喜欢哪类人	·表达人的类型 ·表达连接很紧的情况	·V–기가 무섭게 ·V–는 바람에	·采访 (喜欢的人和讨厌的人的特点)	·描写性格的词汇(완벽하다，성실하다等)
22课	职业与性格	·理解职业与性格的关系 ·表达不能够达到预期目标的情况	·A/V–아/어 봤자 ·N(에) 못지않게 ·N에 불과하다	·选择符合性格、条件的职业，写出工作待遇 ·比较工作待遇，选择单位	·与职业有关的词汇(적성，근무等)
23课	因特网	·认识因特网的功能	·N을/를 V–는 데 이용하다 ·N을/를 통해(서)	·了解能用因特网做的事 ·模拟实验 (只靠电脑生存)	·关于因特网的词汇(접속하다，검색等)
24课	阿里郎	·理解阿里郎 ·表达放任、放弃的态度	·V–기에 이르다 ·表示选择的连接词尾 A/V–든지 A/V–든지 ·N에 바탕을 두다	·改编阿里郎歌词 ·介绍各国的民谣	·与民谣有关的词汇(민요，민중等)
25课	兴夫与孬夫	·阅读"兴夫与孬夫"的故事	·그러던 어느 날 ·두고 보다	·讨论 (兴夫型人物和孬夫型人物) ·整理好图片的顺序讲故事 (兴夫与孬夫)	·关于古代故事的词汇(도깨비，갚다等)

课	主题和情境	功能	语法和表达	练习题	词汇
26课	大东舆地图	·了解历史人物（金正浩） ·征求同意	·N을/를 무릅쓰고 ·V–는 데(에) 일생을 바치다 ·N이/가 오죽하겠어(요)?	·讲述尊敬的人的故事（成果、理由等） ·画各国的地图并说明	·희생, 바치다等
27课	语言生活	·讨论关于俗语、流行用语的看法 ·表述习惯	·助词 N(이)야말로 ·N을/를 비롯하다 ·V–아/어 버릇하다	·采访（让人生气的语言和行动） ·谈论（俗语、流行用语好的方面和不好的方面）	·与语言有关的词汇(인격, 유행어等)
28课	艺术活动的自由	·谈论关于艺术活动自由的看法 ·提出观点	·A/V–(으)니 A/V–(으)니 (하면서) ·N에(도) 일리가 있다	·正方和反方讨论（养育之恩与生育之恩）	·关于讨论的词汇(찬성하다, 토론하다等)
29课	缘分	·理解韩国人的感情 ·对出乎意料的事表示惊讶	·A/V–았/었더라면 ·A/V–(으)ㄹ 줄이야	·谈论关于缘分的经历	·与缘分有关的词汇(인연, 안타깝다等)
30课	关于首尔	·理解说明文 ·熟悉书面语的表达	·V–(으)ㅁ에 따라 ·A/V–(으)ㄹ 전망이다	·介绍各国的大城市 ·讨论（大城市的问题）	·与城市有关的词汇(밀도, 운행하다等)
31课	减肥	·理解社会现象 ·表达比较 ·表达不满的选择	·V–느니 차라리 ·A/V–(으)ㄴ/는 반면에	·讨论（减肥的方法） ·为有效的减肥提建议	·与减肥有关的词汇(날씬하다, 체중等)

课	主题和情境	功能	语法和表达	练习题	词汇
32课	老人问题	·理解现代社会的现象 (老人问题) ·强调行动、状态	·V–는 게 고작이다 ·어찌나 A/V–(으)ㄴ/는지	·谈论对于老年生活的看法 ·谈论有关宠物的经历	·与老人有关的词汇(노후, 양로원等)
33课	诗与歌	·欣赏韩国诗歌	·与诗有关的表达	·理解诗意的表达 ·学习唱歌	·诗语
34课	代沟	·反驳不同的见解 ·表述经历	·A–(으)ㄴ 감이 있다 ·N만 해도 ·A/V–더라고(요)	·讨论（代沟）	·세대, 현모양처等
35课	旅行	·阅读发表观点的文章 ·表达强烈的肯定	·여간 A/V–지 않다 ·A/V–기는(요)	·制订旅行计划 ·介绍值得一去的旅游地	·关于旅行的词汇 (휴양, 민박等)

차례
目录

1과 인류의 미래에 대해 생각해 본 적이 있어요?

지연 : 민수 씨, 인류의 미래에 대해 생각해 본 적이 있어요?

민수 : 갑자기 왜 그런 질문을 해요?

지연 : 어떤 학자가 인류의 '미래 시간표'라는 것을 발표했대요.
　　　 민수 씨는 사람들이 제일 무서워하는 게 뭐 같아요?

민수 : 글쎄요. 죽음이나 질병 같은 것 아닐까요?

지연 : 맞아요. 그런데 2020년엔 암이 정복되고 인간의 평균 수명이
　　　 백 살이 넘을 거래요.

민수 : 그래요? 그 정도로 과학이 발전한다면 우주여행도 갈 수
　　　 있겠네요.

지연 : 그럼요. 돈만 있다면 우주여행도 못 갈 리가 없지요. 그
　　　 학자의 시간표에 의하면 달나라 여행은 2015년에, 화성
　　　 여행은 2030년에 가능할지도 모른대요.

민수 : 2030년이면 내가 몇 살이지? 예순 살 가까이 되네. 그때
　　　 우주여행을 하려면 지금부터 열심히 건강을 챙겨야겠네요.

지연 : 그건 쓸데없는 걱정이에요. 2030년엔 예순 살도 아직 젊은이일
　　　 텐데요, 뭐.

单　词						
인류	암	과학	챙기다	★ 최근	공통적	실용화
미래	정복하다	우주	쓸데없다	논문	뒤	잔디
학자	인간	에 의하면		생물	현실	
죽음	평균	화성		유지하다	기술	
질병	수명	가능하다		각각	로봇	

第1课　考虑过人类的未来吗？

志燕：敏洙，你考虑过人类的未来吗？

敏洙：为什么突然问这样的问题？

志燕：听说有个学者发表了人类的"未来时间表"。敏洙觉得人最怕什么？

敏洙：这个嘛，是不是死亡或者疾病之类的呀？

志燕：对，但是到了2020年，我们可能可以征服癌症，人类的平均寿命会超过100岁。

敏洙：是吗？如果科学能发展到那个程度，也该可以去宇宙旅行了。

志燕：当然了，只要有钱，去宇宙旅行当然不是不可能的。根据那个学者公布的时间表，2015年人们可以到月球去旅行，2030年说不定就能去火星旅行了。

敏洙：2030年我多大年龄啊？将近60岁，如果要去宇宙旅行，从现在开始就得注意保持身体健康了。

志燕：这是瞎操心，到了2030年，60岁可能还是年轻人呢。

문법과 표현

① A/V-(으)ㄹ 리가 없다

惯用句型，意思是"没有……的道理，没有……的理由"，引申为"不可能……"。

그 친구가 이렇게 늦을 리가 없는데 이상하네.

真奇怪，那个朋友不该迟到这么长时间呀。

열심히 노력하면 안 될 리가 없다.

只要努力就不会做不成。

친구들이 나만 두고 떠났을 리가 없어요.

朋友们不会丢下我走的。

② N에 의하면

用于名词后，意思为"根据……，据……"。

뉴스에 의하면 오늘 밤에 태풍이 온대요.

据新闻报道，今天夜里来台风。

그 친구의 말에 의하면 태권도 배우는 게 어렵지 않대요.

据那个朋友说，学跆拳道不难。

최근 논문에 의하면 화성에 생물이 살고 있다고 한다.

最近有论文说火星上有生物生存。

③ A/V-(으)ㄹ지도 모르다

用于动词或形容词后，意思是"或许，说不定"。

이 옷이 내 동생에게는 좀 작을지도 모르겠어요.

这件衣服我弟弟穿说不定会小。

오후에 비가 올지도 모르는데 우산을 가져가는 게 어때요?

说不定下午会下雨，带伞去怎么样?

마이클 씨가 벌써 고향에 돌아갔을지도 몰라요.

说不定迈克已经回老家了。

1과 인류의 미래에 대해 생각해 본 적이 있어요? **3**

④ N을/를 챙기다

用于名词后，意思是"准备……"。

학교 갈 시간이 다 되었는데 책가방 다 챙겼니?

该上学了，准备好书包了吗?

밖에 나가면 동생 좀 잘 챙겨라.

出去的话，多照顾一下弟弟。

아침밥을 꼭 챙겨 드세요. 그래야 건강이 유지돼요.

早饭一定要吃，这样才能保持健康。

⑤ 쓸데없다

形容词，意思是"没有用的"。

내가 쓸데없는 얘기를 해서 어머니가 걱정하시는 것 같아요.

我说了些没用的话，好像让妈妈担心了。

쓸데없는 걱정 하지 마세요. 다 잘될 거예요.

不用瞎担心，一切都会好的。

너는 내일 모레 시험인데 왜 그렇게 쓸데없이 돌아다니니? 공부하지 않고.

后天就考试了，你怎么还这样瞎转悠? 也不学习。

연습

① 본문을 잘 읽고 대답하세요.

1) 지연이와 민수는 무엇에 대해 이야기합니까?
2) 민수는 사람들이 제일 무서워하는 게 뭐라고 생각합니까?
3) 2020년에 어떤 일이 일어난다고 했습니까?
4) 미래 시간표에 의하면 달나라, 화성 여행은 각각 몇 년에 할 수 있다고 했습니까?
5) 지연이는 왜 민수의 걱정이 쓸데없다고 했습니까?

② 다음 ....에 공통적으로 들어갈 단어를 골라 알맞게 써넣으세요.

> 예쁘다   예뻐하다   슬프다   슬퍼하다   아프다   아파하다
> 덥다   더워하다   기쁘다   기뻐하다   재미있다   재미있어하다

1) ① · 이 옷이 ....데 돈이 모자라서 못 사겠다.
　　　· 언니는 아이들을 ....데 나는 아이들이 ....지 않다.
② · 지난번에 봤던 영화는 참 ....어요.
　　· 내가 웃기는 이야기를 했는데도 사람들이 별로 ....지 않아요.
③ · 아이들은 산타클로스 할아버지의 선물을 받고 모두들 ....습니다.
　　· 나는 유학 시험에 합격해서 참 ....데 어머니는 나를 외국으로 보내야 하는 것 때문에 별로 ....지 않으셨다.
④ · 계단에서 넘어졌을 때 ....지는 않았지만 너무 창피해서 울었어요.
　　· 우리 아버지는 시골에 계신 할머니, 할아버지를 생각하며 늘 가슴 ....니다.
⑤ · 날씨가 ....(으)니까 아무것도 하기 싫어지는데요.
　　· 학생들이 너무 ....서 선생님이 창문을 조금 여셨어요.
⑥ · 너무 ....지 마. 이미 떠난 사람은 어쩔 수 없잖아.
　　· 내가 사랑하던 고양이가 죽어서 너무 ....지만 더 이상 ....지 않겠어요. 나쁜 일은 빨리 잊을수록 좋으니까.

2) 위와 같은 단어들에는 또 어떤 것이 있는지 찾아봅시다.

③ 보기와 같이 연습해 봅시다.

소문, 그 친구가 곧 결혼하다
　가 : 소문에 의하면 그 친구가 곧 결혼할지도 모른대요.
　나 : 그럴 리가 없어요. 한 달 전에 여자 친구와 헤어졌잖아요.

1) 친구들 말, 이번 학기에는 시험을 안 보다
　가 : _____
　나 : _____

2) 한국 친구 말, 학생 식당이 없어지다
　가 : _____
　나 : _____

3) 소문, 하숙비가 또 오르다
　가 : _____
　나 : _____

4) 학자들 연구, _____
　가 : _____
　나 : _____

5) 학생들 말, _____
　가 : _____
　나 : _____

6) _____, _____
　가 : _____
　나 : _____

④ 다음 일을 하려면 무슨 물건을 챙겨야 하는지 써 보고 친구와 서로 말해 봅시다.

1) 등산을 갈 때 : _____
2) 수영하러 갈 때 : _____
3) 외국 여행 갈 때 : _____
4) 학교에 올 때 : _____
5) _____ : _____

⑤ 형과 동생의 대화입니다. 잘 듣고 질문에 대답하세요.

1) 이 대화의 끝에서 어머니는 뭐라고 하셨을까요?
　　① 그런 세상이 올 리가 없지.
　　② 얼른 방 청소나 좀 해라.
　　③ 동생 좀 챙겨 줘라.

2) 형과 동생의 이야기와 다른 것을 고치세요.

　　앞으로 50년쯤 뒤엔 영화에서 보던 것이 다 현실이 될지도 모른다. 컴퓨터 기술이 발전해서 집에서 모든 일을 다 할 수 있게 될 것이다. 로봇도 실용화돼서 청소를 하거나 잔디를 깎아 주는 로봇도 나오겠지만 사람들이 많이 쓰지는 않을 것이다.

⑥ 다음에 대해서 이야기해 봅시다.

1) 앞으로 10년 후에 어떻게 변하게 될지, 무슨 일이 일어날지 말해 봅시다.

	지금의 모습	10년 후의 모습
전화		
컴퓨터		
자동차		
에너지		

2) 과학의 발전으로 인류의 생활은 더욱 편리해질 것입니다. 그러나 또 다른 문제들이 생길 수도 있습니다. 과학의 발전이 인류에게 주는 좋은 점과 나쁜 점에 대해 이야기해 봅시다.

새 단어

单词

인류(人類)	세계의 모든 사람	人类
미래(未來)	앞으로 올 날	未来
학자(學者)	학문을 연구하는 사람	学者
죽음	죽는 것, 죽은 상태	死亡
질병(疾病)	몸의 여러 가지 병	疾病
암(癌)	병의 한 종류	癌症
정복(征服)하다	어려운 일을 이겨 내어 자신의 뜻을 이루다	征服
인간(人間)	사람	人
평균(平均)	어떤 수나 양의 중간을 찾은 것	平均
수명(壽命)	생물의 목숨, 살아 있는 연한	寿命
과학(科學)	자연과 인간 사회의 진리나 법칙을 알아내기 위한 학문	科学
우주(宇宙)	세계를 둘러싸고 있는 공간	宇宙
에 의(依)하면		根据
화성(火星)		火星
가능(可能)하다	할 수 있거나 될 수 있다	可能
챙기다	어떤 일에 필요한 물건을 찾아 한데 모으다, 신경 쓰다	准备
쓸데없다	아무 가치나 뜻이 없다	没用
최근(最近)	요즘	最近
논문(論文)	어떤 주제에 대해 연구한 결과를 적은 글	论文
생물(生物)	생명을 가진 것	生物
유지(維持)하다	어떤 상태가 그대로 이어지다	维持
각각(各各)	하나씩	各自
공통적(共通的)	여럿 사이에 통하거나 관계하는	共通的, 共同的
뒤	후	后, 后面
현실(現實)	지금 실제로 있는 사실	现实
기술(技術)	물건을 만들거나 다루는 재주	技术
로봇	인간과 비슷하게 만들어져 인간이 시키는 것을 하는 기계	机器人
실용화(實用化)	실제로 사용할 수 있게 됨	实用化
잔디		草地

2과 단군이 조선을 세웠어요

　　옛날 하늘나라에 환인이라는 하늘의 임금이 있었다. 환인에게는 환웅이라고 하는 아들이 있었다. 그런데 환웅은 하늘나라에서 살기보다는 땅으로 내려가 살고 싶어했다. 환인은 아들의 뜻을 알고 아들에게 땅을 다스리도록 허락했다. 그리고 땅을 잘 다스릴 수 있도록 비, 구름, 바람과 부하 3,000명을 데리고 가게 했다.

　　땅으로 내려온 환웅은 백두산에 마을을 만들고 백성을 모아 다스리기 시작했다. 이때 환웅이 사는 곳에서 멀지 않은 곳에 호랑이 한 마리와 곰 한 마리가 살고 있었다. 그들은 사람이 되는 것이 소원이었다. 그래서 환웅을 찾아가 사람이 되게 해 달라고 간절히 부탁했다. 환웅은 쑥과 마늘을 주면서 다음과 같이 말했다.

　　"너희들이 굴 속에서 이것만 먹고 백 일 동안 햇빛을 보지 않으면 사람이 될 수 있을 것이다."

　　곰과 호랑이는 쑥과 마늘을 가지고 캄캄한 굴 속으로 들어갔다. 호랑이는 배고픔을 참지 못하고 며칠 만에 굴에서 뛰쳐나왔으나 곰은 백 일 동안 참아 아름다운 여자가 되었다.

　　사람이 된 곰은 결혼을 하고 싶어했다. 그래서 환웅이 잠시 사람으로 변해 그 여자와 결혼을 했다. 이렇게 해서 태어난 아이가 바로 한국을 처음 세운 '단군' 이다. 단군은 더 살기 좋은 곳을 찾아 백두산 아래로 내려와서 그곳에 나라를 세우고 '조선' 이라고 불렀다.

单　词

단군	다스리다	호랑이	굴	뛰쳐나오다	★ 마중	인물
조선	허락하다	곰	햇빛	태어나다	슬픔	
세우다	부하	소원	캄캄하다		웃음	
임금	백성	간절히	배고픔		없어지다	
내려가다	모으다	쑥	만에		신화	

第2课　檀君建立了朝鲜

　　古时候，天上有一个天帝叫桓因，他有一个儿子叫桓雄。但是相比在天上，桓雄更希望到人世间去生活。桓因知道儿子的心思后，就准许儿子去治理人间，还让他带了雨、云、风和3,000名部下去好好治理人间。

　　桓雄来到人间后，在白头山建立了村庄，把百姓召集在一起开始进行治理。这时候，离桓雄住处不远的地方有一头老虎和一头熊，它们希望变成人，所以就来找桓雄，恳求他把自己变成人。桓雄给了它们艾草和大蒜，对它们说：

　　"你们在洞里光吃这个，一百天不见阳光，就能变成人。"

　　熊和老虎拿着艾草和大蒜钻进了漆黑的山洞，老虎忍不住饿，几天以后就从山洞里蹿出来了，熊却忍了一百天，变成了一个美女。

　　变成人的熊想要结婚，桓雄就暂时变成人和那个女子结了婚，他们生下的孩子就是最早建立韩国的"檀君"。为了找一个更适合生活的地方，檀君来到了白头山脚下，在那里建立了一个国家，称为"朝鲜"。

문법과 표현
语法与表达

① N에게 V-도록 허락하다
意思是 "允许……做……"。

어머니께서 나에게 그 사람과 결혼하도록 허락하셨어요.
妈妈允许我和那个人结婚了。
아버지께서 여행 가도록 허락해 주셨어요.
爸爸允许我去旅行了。
선생님께서 학생들에게 일찍 가도록 허락하셨어요?
老师允许学生们早走了吗?

② V-아/어 달라고 부탁하다
意思是 "托……做……"。

나는 친구에게 책을 사 달라고 부탁할 거예요.
我会托朋友帮我买书。
언니가 나에게 조카를 봐 달라고 부탁했어요.
姐姐托我照看外甥。
친구가 나에게 기차역으로 마중 나와 달라고 부탁했어요.
朋友托我到火车站接他。

N을/를 부탁하다

아주머니께 요리를 부탁할 거예요.
我会托大婶给做菜。
여행사 다니는 친구에게 비행기 표 예약을 부탁했어요.
已经托在旅行社工作的朋友预订了机票。
바쁠 때는 동생에게 청소를 부탁해요.
忙的时候托妹妹打扫卫生。

③ A/V-(으)ㅁ

将形容词或动词转换为名词。

동생을 잃어버린 슬픔 때문에 오랫동안 밤마다 잠을 잘 수 없었다.

因为失去弟弟的悲伤，很长一段时间夜夜睡不着觉。

어디에선가 그녀의 웃음소리가 들리는 것 같다.

好像从什么地方传来了她的笑声。

지나가던 사람들이 모두 걸음을 멈추고 그를 바라보았다.

路过的人都停下脚步看他。

④ N 만에

意思是"在……之后"，一般指时间。

한국에 온 지 이틀 만에 취직했어요.

来韩国两天后找到了工作。

없어진 양복을 한 달 만에 다시 찾았어요.

不见的西服一个月后找到了。

헤어진 지 40년 만에 가족을 만났다.

分离40年后又见到了家人。

⑤ A/V-(으)나

意思是"虽然……但是"。

값은 좀 비싸나 좋은 물건입니다.

价格有点儿贵，但产品很好。

술을 많이는 못 마시나 조금은 마실 줄 압니다.

酒量不大，但是能喝一点儿。

친구를 한 시간 동안 기다렸으나 오지 않았다.

等朋友等了1个小时，但是他没来。

연습
練習

① 본문을 잘 읽고 대답하세요.

1) 환인은 환웅에게 무엇을 허락했습니까?
2) 환웅은 무엇을 가지고 땅으로 내려갔습니까?
3) 호랑이와 곰은 환웅에게 무엇을 부탁했습니까?
4) 곰은 어떻게 해서 사람이 되었습니까?
5) 호랑이는 왜 사람이 되지 못했습니까?
6) 단군은 누구이며 어떻게 태어났습니까?

② 다음의 단어를 써서 질문에 대답하세요.

> 모으다   부탁하다   세우다   참다   허락하다

1) 가 : 이 학교가 한국에서 제일 오래된 곳이라지요?
　 나 : 네, _____.

2) 가 : 준석 씨는 취미가 뭐예요?
　 나 : _____.

3) 가 : 밖이 너무 시끄럽지 않아요?
　 나 : _____.

4) 가 : 월급 받으려면 아직 일주일이나 남았는데 어떻게 하지요?
　 나 : _____.

5) 가 : 이번 방학에 우리하고 같이 여행 가지 않을래요?
　 나 : _____.

③ (   )의 말을 사용해 대답하세요.

1) 가 : _____ 씨가 여행 가는 것을 부모님이 허락하셨어요? (V-도록 허락하다)
　 나 : _____.

2) 가 : 친구에게 숙제를 부탁한 적이 있어요? (V-아/어 달라고 부탁하다)
　 나 : _____.

3) 가 : .... 씨는 소원이 무엇입니까? (N이/가 소원이다)

    나 : _____.

4) 가 : 미영 씨가 지난 토요일에 결혼했다지요? (N 만에)

    나 : _____.

5) 가 : 겨울에 산을 오르면서 무엇이 제일 힘들었어요? (N을/를 참다)

    나 : _____.

④ 다음 그림을 보면서 단군 신화를 이야기로 만들어 봅시다.

 ⑤ 신화에 대한 이야기입니다. 잘 듣고 맞으면 ○, 틀리면 X 하세요.

1) 신화는 인간 생활과는 관계가 없고 사람들이 만들어 낸 신들의 이야기일 뿐이다.   ( )

2) 단군 신화를 보고 그때 사람들이 굴 속에서 살았다는 것을 알 수 있다.   ( )

3) 한국의 신화는 대부분 나라를 세운 것과 관계가 많다.   ( )

⑥ 여러분 나라에 대해서 친구들에게 소개해 주세요.

1) 나라를 세운 것에 관한 이야기
2) 역사적인 사건 중 한 가지

	나라를 세운 이야기	역사적인 사건
나오는 인물		
때		
장소		
사건		

새 단어

단군(檀君)　　　한국 최초의 국가인 고조선을 세운 임금　檀君
조선(朝鮮)　　　아주 오랜 옛날부터 써 오는 한국의 국명　朝鮮
세우다　　　　　나라나 기관 같은 것을 처음으로 만들다　建立
임금　　　　　　왕　国王, 君王
내려가다　　　　위쪽에서 아래쪽으로 가다　下去
다스리다　　　　나라·사회·집안 등의 일을 보살피다　治理
허락(許諾)하다　부탁하는 것을 들어 주다　许可
부하(部下)　　　남의 아래에서 그의 명령에 따라 움직이는 사람　部下
백성(百姓)　　　'국민'의 옛말　百姓
모으다　　　　　한 곳으로 오게 하다　收集, 召集
호랑이　　　　　老虎
곰　　　　　　　熊
소원(所願)　　　원하는 것　夙愿
간절(懇切)히　　몹시, 진정으로 바라는 마음으로　恳切地
쑥　　　　　　　풀의 한 종류　艾草
굴(窟)　　　　　땅이나 바위 속으로 길게 난 구멍　山洞
햇빛　　　　　　해에서 나오는 빛　阳光
캄캄하다　　　　아무것도 보이지 않게 몹시 어둡다　漆黑
배고픔　　　　　배가 고픈 상태　饥饿
만에　　　　　　后
뛰쳐나오다　　　세게 뛰어나오다　跑出来
태어나다　　　　이 세상에 나오다　出生
마중　　　　　　오는 사람을 나가서 맞이함　迎接
슬픔　　　　　　괴롭고 답답하여 울고 싶은 마음　悲伤
웃음　　　　　　웃는 일, 웃는 모양이나 소리　笑容
없어지다　　　　있던 것이 없게 되다　消失
신화(神話)　　　신에 대한 이야기　神话
인물(人物)　　　사람　人物

3과 우물 안의 개구리가 될 거예요

다나카 : 마이클 씨, 텔레비전 좀 켜 봐요. 뉴스 시작할 시간인데…….

마이클 : 저도 뉴스를 보려던 참이었어요.

다나카 : 그런데 텔레비전 뉴스는 말이 너무 빨라서 알아듣기 어렵지요?

마이클 : 그렇다고 그것마저 안 들으면 우물 안의 개구리가 될 거예요.

다나카 : 지금 저 아나운서가 뭐라고 그래요?

마이클 : 내년에도 세계 정치와 경제가 불안할 거래요.

다나카 : 지금 이 순간에도 각국에는 끊임없이 전쟁과 사건이 일어나고 있겠지요?

마이클 : 그럴 거예요. 요새는 끔찍한 사건이 하도 많이 일어나서 뉴스 보기가 무서울 정도예요.

다나카 : 그렇게만 생각하지 마세요. 세상은 생각하기에 따라서 비관적일 수도 있지만 낙관적일 수도 있어요. 살인, 유괴 같은 좋지 않은 뉴스도 많지만 착한 사람들의 이야기도 많으니까요.

单 词

우물	불안하다	-(으)ㄹ 정도이다	★ 성별	경기도
개구리	순간	비관적	특징	갯벌
-(으)려던 참이다	각국	낙관적	묶다	감소
마저	끊임없이	살인	충돌	증시
아나운서	끔찍하다	유괴	사망	폭락

第3课 会成为井底之蛙的

田中：迈克，打开电视机，新闻就要开始了……
迈克：正好我也想看新闻呢。
田中：电视新闻的语速太快，很难听懂吧？
迈克：如果就因为这个原因，连新闻都不听的话，会成为井底之蛙的。
田中：现在那个播音员在说什么？
迈克：说明年世界政治和经济可能会不稳定。
田中：就在此时此刻，各国可能也正在不断发生战争和大事件吧？
迈克：应该是的，最近发生了太多可怕的事件，都让人有点儿怕看新闻了。
田中：别这么想。世界可以让人悲观失望，也可以让人开朗乐观，全看你怎么想了。杀人、拐骗等负面的新闻固然很多，但关于好人的消息也很多呀。

문법과 표현
语法与表达

① 우물 안의 개구리
谚语，作为一个名词使用，意思是"井底之蛙"。

우물 안의 개구리가 되지 않도록 많은 경험을 하고 싶어요.
我想多体验一些东西，免得成为井底之蛙。

우리 아들은 학교 공부밖에 몰라서 우물 안의 개구리가 될까 봐 걱정이에요.
我的孩子只知道学习学校里教的东西，我很担心他会成为井底之蛙。

세계 각국 사람들을 만나 보니 내가 그동안 우물 안의 개구리처럼 산 것 같아요.
和世界各国的人一见面，我才发现自己在此之前就像只井底之蛙。

② V-(으)려던 참이다
意思是"正想……"。

안 그래도 내가 너에게 전화를 하려던 참이었어.
我正想给你打电话呢。

나가려던 참인데 마침 친구가 왔어요.
我正想出去，碰巧朋友来了。

나도 그 말을 하려던 참이야.
我也正想说那个呢。

③ N마저
意思是"连……都，连……也"。

오늘 떠나는 마지막 비행기마저 놓쳤으니 어쩌지요?
连今天起飞的最后一班飞机都错过了，怎么办呀?

아버지가 돌아가시고 어머니마저 병들어 누워 계신다고 들었어요.
听说父亲去世了，连母亲也卧病在床。

월급을 다 쓰고 예금해 놓은 것마저 다 써 버렸으니 큰일이군요.
工资都花光了，连存款也都花光了，麻烦大了。

④ A/V-(으)ㄹ 정도이다
意思是"到……的程度"。

너무 웃어서 배가 아플 정도예요.

笑得太厉害，肚子都疼了。

그 문제는 너무 어려워서 어른들도 잘 못 풀 정도래요.

据说那道题太难了，连大人也做不出来。

비가 하도 많이 와서 앞이 안 보일 정도예요.

雨下得太大了，前面都看不清了。

A/V-(으)ㄹ 정도로

意思是"到……的程度"，在句子中作为状语使用。

오늘은 잠을 못 잘 정도로 피곤하네요.

今天真累，觉都睡不着了。

아나운서의 말은 알아듣기 힘들 정도로 빨라요.

播音员的话太快了，很难听懂。

이제는 한국 사람과 농담을 할 정도로 한국말을 잘해요.

现在韩国语说得很好，都能和韩国人开玩笑了。

⑤ 생각하기에 따라(서)

慣用语。意思是"因为想法不同而不同"，引申为"看怎么想的了"。

그 문제는 생각하기에 따라 쉬울 수도 있고 어려울 수도 있어요.

那个问题可以很容易，也可以很难，全看怎么想了。

생각하기에 따라서 즐거울 수도 있고 괴로울 수도 있겠지요.

可以很快乐，也可以很难受，全看怎么想了。

돈은 좋은 것일 수도 있지만 생각하기에 따라서 나쁜 것일 수도 있어요.

钱可以是好东西，也可以是坏东西，全看怎么想了。

보기에[듣기에] 따라(서)

慣用语。意思是"根据怎么看/听而不同"，引申为"看怎么看/听了"。

그 그림은 보기에 따라 어린아이가 그린 그림 같기도 해요.

那幅画也很像是孩子画的，看怎么看了。

말이란 듣기에 따라서 오해를 할 수도 있어요.

话也可能被人误解，看怎么听了。

연습

① 본문을 잘 읽고 대답하세요.

1) 두 사람은 무엇을 보려고 합니까?
2) 뉴스를 안 들으면 어떻게 될 거라고 합니까?
3) 아나운서가 뭐라고 했습니까?
4) 마이클은 왜 뉴스 보기가 무섭다고 합니까?
5) 다나카는 세상을 어떻게 보고 싶어합니까?

② 보기와 같이 연습해 봅시다.

> 도서관에 갈까요?
>   ⇒ 안 그래도 나도 도서관에 가려던 참이었어요.

1) 냉면을 시킬까요?
   ⇒
2) 지금 바쁘세요? 같이 커피나 한 잔 합시다.
   ⇒
3) 더우니까 문을 엽시다.
   ⇒
4) 재미있는 연극이라던데 한번 가 볼까요?
   ⇒
5) 아버지, 컴퓨터를 좀 더 좋은 걸로 바꿔 주세요.
   ⇒
6) _____.
   ⇒

③ 다음 전화 대화를 잘 들어 보세요.

1) 듣고 대답하세요.
   ① 이정숙 씨는 누구입니까?
   ② 이정숙 씨는 왜 경찰서에 전화를 했습니까?
   ③ 이정숙 씨는 어떻게 아이가 없어진 것을 알았습니까?
   ④ 이정숙 씨가 경찰서에 가야 한다면 언제입니까?

2) 잃어버린 아이를 찾고 있습니다. ....에 써넣으세요.

사람을 찾습니다

이름 : 김은아
성별 : 남·여
나이 : .... 세

특징
· 키 : .... cm
· 웃 : ...., 까만색 치마
· 신발 : 까만 구두
· 머리 :

이 어린이를 보신 분은 (02)594-1530으로 연락해 주시기 바랍니다.

④ 다음을 찾아보세요.

| 끔찍한 뉴스 | 불안한 경제 뉴스 |
| 비관적 뉴스 | 낙관적 뉴스 |

1) 다음 신문을 읽고 위와 같은 기사를 찾아보세요.

열차 충돌 500여 명 사망

인도 북동부 서벵골주 디나지푸르 지역 가이산 역 근처에서 2일 오전 열차 두 대가 정면 충돌, 최고 500명이 숨지고 1,000여 명이 부상했다고 인도 관영 PTI 통신이 전했다.

그러나 현지 구조 책임자와 영국 BBC 방송은 적어도 200명이 숨지고 1,000명이 부상했다고 보도했다.

현지 구조 관계자에 따르면 이날 오전 1시 30분 경(한국시간 오전 5시)가이산 역에서 가우하티로 가는 우편 열차와 뉴델리로 가는 특급 열차가 정면 충돌했다. 충돌일 가능성도 졌다. PTI 통신 말을 인용해 전했다. 우편 희생자는 주대 병력이라다.

세계 최대 루 평균 1300 하는 인도에 철도 사고가 최악의 철도 부근에서 발 사망했다.

세계 증시 폭락

日주가 6년만에 최저

美 한달새 10% 떨어져

유럽-亞도 하락 행진

겹치면서 전날보다 4백 52.24엔이나 하락한 14,413.79엔으로 폐장했다.

이 주가는 일본의 거품 경기 붕괴 직후인 92년 8월 18일의 14,30

경기 갯벌 10년 사이 28% 감소

시화지구 등 각종 대규모 간척 사업으로 지난 10년 동안 경기도내 서해안 갯벌 중 28%인 341km²가 사라졌다.

6일 경기도는 지난 해 도내 서해안 갯벌 면적이 838km²로, 지난 87년 1179km²의 28.3%인 341km²가 줄었다로 밝혔다.

이는 다 많이 파괴됐음을 보

이처럼 갯벌 파괴 대규모 간척 사업이 서데 따른 것으로, 시화지 부도 부근 간척 40km², 60km², 영종도 신공항 4시 16km²등의 각종 간척까지 서해안에서 진행

2010년대면 암-에이즈는 '가벼운 병'

美학자들이 본 미래 기술

21세기에는 어떤 과학 기술이 실용화될까.

미국의 조지워싱턴대는 최근 이 물음에 대해 그럴듯한 해답을 내놓았다. 90년대초부터 4차례에 걸쳐 미래 학자 과학 기술자 등 수백 명의 예측을 앙케트로 모아 '미국의 미래 기술(2001-2030)' 이란 자료를 펴낸 것. 앙케트에 응답한 학자들은 2003-2025년

2) 오늘 신문에서 위와 같은 기사를 찾아보세요.

우물	땅을 파서 땅속의 물이 모이도록 해 놓은 것　井
개구리	青蛙
-(으)려던 참이다	막 -(으)려고 하다　正想做……的时候
마저	까지도　连……也
아나운서	播音员
불안(不安)하다	마음이 편하지 않다　不安, 不稳
순간(瞬間)	아주 짧은 시간　瞬间
각국(各國)	각각의 여러 나라, 모든 나라　各国
끊임없이	쉬지 않고 계속해서　不断地
끔찍하다	놀랄 정도로 많거나 커서 싫다　可怕
-(으)ㄹ 정도(程度)이다	……的程度
비관적(悲觀的)	일이 잘 안 될 것으로 보는 것　悲观的
낙관적(樂觀的)	일이 잘될 것으로 보는 것　乐观的
살인(殺人)	사람을 죽이는 것　杀人
유괴(誘拐)	돈을 목적으로 사람을 데려가는 것　拐骗
성별(性別)	남자·여자의 구별　性別
특징(特徵)	다른 것과 비교하여 눈에 띄는 점　特点
묶다	끈으로 잡아 매다　捆, 绑
충돌(衝突)	서로 세게 부딪치는 것　冲突
사망(死亡)	죽음　死亡
경기도(京畿道)	한국의 '도' 이름의 하나　京畿道(韩国地名)
갯벌	바닷물이 들어왔다 나갔다 하는 넓은 땅　滩涂
감소(減少)	줄어드는 것　减少
증시(證市)	'증권 시장'을 줄인 말　证券市场
폭락(暴落)	물건의 값이 갑자기 떨어지는 것　暴跌

4과 비 올 확률이 높지 않아요

미치코 : 준석 씨, 뭘 그렇게 열심히 봐요?

준석 : 아침에 일찍 나오느라고 신문을 못 봐서요.

미치코 : 요즘 뉴스라고는 골치 아픈 것뿐이라서 저는 신문을 볼 때
　　　　텔레비전 프로그램이나 공연 안내가 실린 면만 봐요.

준석 : 그렇지 않아도 저도 볼 만한 공연이 없는지 알아보려던
　　　　참이었는데……. 미치코 씨, 이 야외 공연이 재미있을 것 같은데요.

미치코 : 유명한 가수들이 많이 나오네요. 재미있겠는데요.

준석 : 그럼, 오늘 오후에 같이 갈까요? 저는 아무 약속도 없는
　　　　데…….

미치코 : 그런데 오후에 비가 올 것 같지 않아요? 비가 오면 야외
　　　　공연은 취소될지도 몰라요.

준석 : 잠깐만요. 아, 여기 일기예보가 있네요. 남부 지방에는
　　　　오후에 비가 오는데 서울·경기 지역은 구름만 많이 낀대요.
　　　　비 올 확률이 높지 않아서 괜찮겠는데요.

미치코 : 그럼 공연장 매표소 앞에서 조금 일찍 만나요. 관객이
　　　　많아서 늦게 가면 뒤에서 봐야 할지도 몰라요.

준석 : 공연이 6시에 시작하니까 4시에 매표소 앞에서 만날까요?

미치코 : 좋아요.

单 词

확률	야외	끼다	★ 사장	꾸다	과장	실패하다
골치(가) 아프다	취소하다	매표소	가구	팀	사업	내
프로그램	남부	관객	먼지	시합	당연하다	대전
실리다	지방		약하다	생명	채	해결하다
면	지역		베란다	이메일	늘어나다	

第4课　下雨的概率不大

美智子：俊石，这么专心地看什么呢?

俊　石：早晨为了早出来，没能看报纸。

美智子：近来，所谓新闻都是些让人心烦的东西，所以我看报纸时只看有电视节目预告
　　　　和演出预告的版面。

俊　石：正好我也正在找有没有值得看的演出……美智子，这场露天演出好像挺有意思的。

美智子：有很多著名歌手参加啊，应该很有意思。

俊　石：那今天下午一起去吧? 我没有其它约会……

美智子：可是下午是不是会下雨啊? 要是下雨，露天演出说不定会取消。

俊　石：等一下。啊，这里有天气预报，上面说南部地区下午有雨，首尔、京畿地区只
　　　　是多云。下雨的概率不高，应该没问题。

美智子：那在演出场地售票处前面早点儿见面吧，观众很多，要是去晚了说不定只能在
　　　　后面看。

俊　石：演出6点开始，4点在售票处见面吧?

美智子：好的。

문법과 표현

语法与表达

① A/V-(으)ㄹ 확률이 높다[낮다, 있다, 없다]
意思是 "……的概率高[低、有、没有]"。

낮에는 집에 아무도 없을 확률이 높아요.
白天很有可能家里一个人都没有。

담배를 안 피우는 사람은 암에 걸릴 확률이 훨씬 낮다고 합니다.
据说不吸烟的人得癌的概率低得多。

연락을 안 해 놓으면 사장님을 만날 확률은 거의 없을 거예요.
如果不事先联系，几乎不可能见到社长。

② N(이)라고는 N뿐이다
意思是 "所谓的……，只有……"。

내 방에 가구라고는 책상뿐이다.
我房间里所谓的家具只有书桌。

지금은 나갈 수 없어요. 집에 사람이라고는 저 혼자뿐이거든요.
现在出不去，在家的人只有我一个。

먹을 거라고는 라면뿐이니 라면이라도 먹어야지요.
吃的东西只有方便面，所以就算是方便面也得吃。

N(이)라고는 N밖에 없다[못 V]
意思是 "所谓的……，只有/只能……"。

친구라고는 너밖에 없는데 네가 그럴 수가 있니?
所谓朋友只有你一个，你怎么能这样呢?

한국 노래라고는 '아리랑'밖에 못해요.
会唱的韩国歌曲只有《阿里郎》。

냉장고에 마실 거라고는 물밖에 없다.
冰箱里能喝的只有水。

③ 골치(가) 아프다

惯用型。意思是"头疼、心烦"。

요즘 회사 일이 많아서 골치가 아파요.
最近公司里的工作很多，让人头疼。

저는 요즘 취직 문제로 골치가 아픕니다.
我最近因为就业问题很头疼。

골치 아픈 이야기는 그만두고 즐겁게 놉시다.
别说让人心烦的事了，开心地玩玩吧。

④ 구름[안개, 먼지]이/가 끼다

惯用型。意思是"云/雾/灰尘很多"。

어제는 맑더니 오늘은 구름이 많이 끼었네요.
昨天天气还很晴朗，今天云很多啊。

안개가 많이 낀 날은 특히 운전할 때 조심해야 해요.
雾大的日子，开车要特别小心。

테이프에 먼지가 많이 끼어서 소리가 잘 안 나와요.
磁带上落了很多灰尘，声音放不大出来。

연습

① 본문을 잘 읽고 대답하세요.

1) 미치코 씨는 신문에서 주로 어떤 면을 봅니까?
2) 두 사람은 오늘 오후에 무엇을 보러 가려고 합니까?
3) 오늘 오후의 서울·경기 지역의 날씨는 어떻다고 합니까?
4) 미치코 씨가 왜 일찍 만나자고 했습니까?
5) 두 사람은 어디서 만나기로 했습니까?

② 보기와 같이 연습해 봅시다.

> 가족이 몇 명이세요? (뿐이다)
> ⇒ 가족이라고는 어머니 한 분뿐이에요.

1) 방에 어떤 가구가 있어요? (N밖에 없다) ⇒
2) 한국 친구가 많아요? (N뿐이다) ⇒
3) 친구 결혼식이 있는데 양복 좀 빌려 주세요. (N밖에 없다) ⇒
4) 운동 잘해요? (N밖에 못 V) ⇒
5) 한국 노래를 잘해요? (N밖에 못 V) ⇒
6) _____? ⇒

③ .... 에 공통적으로 들어갈 단어를 찾아 알맞게 고쳐 쓰세요.

> 끼다   나오다   떨어지다   타다   풀다

1) 그 영화에 .... 배우 이름이 뭐예요?
   안내 방송이 .... 데 소리가 작아서 안 들려요.
   딸기는 늦은 봄에 .... (으)니까 겨울에는 비쌀 수밖에 없어요.

2) 이번 추석 때는 버스를 안 .... 고 기차를 .... 야겠어요.
   월급을 .... (으)면 부모님께 선물을 사 드리고 싶어요.
   생선을 너무 센 불에 구우면 .... (으)니까 약한 불에 구우세요.

3) 아이가 5층짜리 아파트 베란다에서 .... 는데 나무에 걸려서 살았대요.

시험에 .... 학생들은 취직을 하거나 다음 해에 다시 시험을 칠 거예요.

생활비가 다 .... 서 할 수 없이 친구한테 조금 꿨어요.

4) 구름이 많이 .... 걸 보니 비가 올 모양이에요.

옷이 너무 작아져서 좀 .... 는데 고쳐야겠어요.

네가 우리 팀에 .... (으)면 이번 시합에서 틀림없이 이길 거야.

5) 문제가 너무 어려워서 하나도 못 .... 요.

네가 자꾸 화를 내니까 내가 더 미안하잖아. 그만 화 ....

머리를 묶는 것보다 길게 .... (으)니까 더 멋있는데요.

④ 친구와 이야기해 봅시다.

1) 지금 가장 골치 아픈 일이 뭐예요?
2) 학교에 다닐 때 어떤 과목이 제일 골치 아팠어요?
3) 지금 한국어를 배우는 데 무엇이 제일 골치 아파요?
4) 지금 여러분 나라에서 가장 골치 아픈 문제는 무엇입니까?
5) .... ?

 ⑤ 아내와 남편의 대화입니다. 잘 들어 보세요.

1) 아내는 남편과 이야기하고 나서 '생명의 전화'에 이메일을 보냈습니다.
.... 에 알맞은 말은 넣으세요.

http://www.lifeline.or.kr

제목 : 어떻게 할까요?

안녕하세요.

제 남편은 .... 도 못하고 10년째 과장 자리에 있는 사람입니다. 요즘은 더 이상 회사 다니기도 괴로우니까 집을 팔아서 사업을 해 보겠다고 합니다.

남편이 그렇게 생각하는 것도 당연하다고 보지만 그동안 벌어 놓은 .... (이)라고는 집 한 채밖에 없습니다. 아이들 교육비는 늘어나고, 요즘 같은 때는 실패할 .... 이/가 높을 것 같아서 반대하고 있습니다. 그렇지만 계속 반대만 할수도 없고, 어떻게 하면 좋을까요?

2) 이 편지를 보고 여러분이라면 어떻게 얘기해 주겠습니까? 답장을 써 보세요.

jhsynn61@unitel.co.kr

제목 : ....

⑥ 다음 일들이 일어날 확률이 얼마나 될지, 그 이유는 무엇인지 친구와 이야기
해 봅시다.

	없다	적다 (낮다)	많다 (높다)	100%	이유
오늘 비 올 확률					
방학 때 고향에 갈 확률					
다음 달에 하숙비가 오를 확률					
3차 세계 대전이 일어날 확률					
내년에 서울에 있을 확률					
몇 년 내에 서울의 교통 문제가 해결될 확률					

새 단어
单词

확률(確率)	어떤 일이 일어날 가능성　概率
골치(가) 아프다	몹시 귀찮다　头疼, 心烦
프로그램	节目
실리다	'싣다'의 피동형　被登载, 被刊登
면(面)	신문이나 책 등의 각 쪽　面, 版
야외(野外)	집 밖　野外, 露天
취소(取消)하다	약속했던 것을 하지 않는 것으로 다시 바꾸다　取消
남부(南部)	남쪽　南部
지방(地方)	어느 한 방면의 땅　地方
지역(地域)	어느 정해진 곳　地区, 地域
끼다	(구름 등이) 퍼져서 가득 차다　（云、雾之类）多
매표소(賣票所)	표를 파는 곳　售票处
관객(觀客)	구경하는 사람　观众
사장(社長)	회사의 대표자　社长
가구(家具)	집안 생활에 쓰는 도구들　家具
먼지	尘土, 灰尘
약(弱)하다	강하지 않다　弱
베란다	주로 아파트의 앞쪽에 붙어 있는 좁고 긴 공간　阳台
꾸다	빌려 쓰다　借
팀	편　组
시합(試合)	서로의 실력을 비교하여 이기고 지는 것을 가리는 것　比赛
생명(生命)	생물이 살아 있게 하는 힘　生命
이메일	电子邮件
과장(課長)	과(課)의 책임자　课长
사업(事業)	돈을 벌기 위해 하는 일　事业
당연(當然)하다	마땅하다, 그렇게 할 수밖에 없다　当然
채	집을 세는 단위　栋, 幢
늘어나다	원래보다 더 커지거나 많아지다　增加
실패(失敗)하다	뜻을 이루지 못하다　失败
내(內)	범위나 구역의 안　内
대전(大戰)	여러 나라가 넓은 지역에 걸쳐 벌이는 큰 싸움　大战
해결(解決)하다	사건이나 문제를 잘 풀다　解决

5과 환경 문제에 관심이 많아요

　　우리의 생활수준이 점점 나아지면서 각 가정에서 나오는 쓰레기도 크게 늘어나고 있다. 그중에서도 특히 문제가 되는 것은 음식물 쓰레기다. 한 해 동안 버려지는 음식물을 돈으로 계산해 보면 서울에서 부산까지 고속 전철을 놓고도 남을 정도라고 한다. 이러한 음식물 쓰레기를 줄이기 위해서는 음식을 먹을 만큼만 만들고 밥이나 반찬이 많을 때는 미리 덜어 놓는 습관을 가지는 게 좋다. 그렇게 하면 쓰레기 처리 비용도 절약할 수 있고 환경도 보호할 수 있을 것이다.

영숙 어머니　　　: 쓰레기를 버리는 것도 꽤 힘든 일이지요?

이웃집 아주머니: 그래요. 더군다나 종류별로 모아서 버려야 하니까 귀찮을 때가 많아요.

영숙 어머니　　　: 그래도 환경을 보호하기 위해서는 우리 같은 주부들이 관심을 가지고 실천해야지요.

이웃집 아주머니: 영숙이 어머니는 항상 환경 문제에 관심이 많은 것 같아요.

영숙 어머니　　　: 환경 문제는 우리의 생명과 직접 관계된 문제이기 때문에 우리 모두가 관심을 가지지 않으면 안돼요.

单 词

환경	음식물	덜다	이웃	주부
수준	놓다 (길을)	습관	더군다나	실천하다
점점	줄이다	처리	종류	관계되다
각	-(으)ㄹ 만큼	절약하다	-별	
쓰레기	반찬	보호하다	귀찮다	

이웃집 아주머니: 신문에서 보니까 우리나라가 선진국에 비해서
　　　　　　　 쓰레기 양이 훨씬 많다고 하던데요.
영숙 어머니 　　 : 그렇대요. 그중에서도 음식물 쓰레기가 특히
　　　　　　　 문제라고 해요.
이웃집 아주머니: 우리도 음식을 만들 때 먹을 수 있을 만큼만
　　　　　　　 만들어야겠어요. 음식을 남겨서 버리는 일처럼
　　　　　　　 아까운 것도 없잖아요.

单 词

선진국	★ 문화	차이	분리수거
양	싫증(이) 나다	심각하다	-류
	수거하다	경제적	

第5课　很关心环境问题

　　随着我们生活水平的提高，每个家庭产生的垃圾也大量增加，其中特别成问题的就是食品垃圾。如果把一年丢弃的食品换算成钱，修一条从首尔到釜山的高速铁路也绰绰有余。要减少这些食品垃圾，最好养成吃多少做多少以及饭菜多的时候先预留一部分的习惯。这样既可以减少处理垃圾的费用，又可以保护环境。

英淑的妈妈 ：倒垃圾也挺累的吧?

邻居大婶　 ：就是啊，而且还得分类，经常觉得很麻烦。

英淑的妈妈 ：即便这样，为了保护环境，我们这些主妇得多关心而且要付诸实践。

邻居大婶　 ：你好像对环境问题一直很关心。

英淑的妈妈 ：环境问题和我们的生命有直接的关系，所以我们不能不关注。

邻居大婶　 ：报纸上说咱们国家比发达国家产生的垃圾多得多。

英淑的妈妈 ：就是啊，据说其中特别成问题的就是食品垃圾。

邻居大婶　 ：做饭的时候，我们得吃多少做多少，没有什么比剩下食物扔掉更可惜的了。

문법과 표현

① N에/에게 관심이 있다[없다]
意思是"对……感/不感兴趣"。

저는 한국 정치에 관심이 많습니다.
我对韩国政治很感兴趣。

영숙 씨가 그 사람에게 관심이 있으면 소개해 줄게요.
英淑要是对那个人感兴趣，我给你介绍一下。

요즘 젊은이들은 전통문화에 관심이 없는 것 같다.
近来年轻人好像对传统文化不感兴趣。

N에/에게 관심을 가지다
意思是"关心/关注……"。

우리 모두가 환경 문제에 관심을 가져야 합니다.
我们都应关注环境问题。

생활이 어려운 이웃들에게 관심을 가집시다.
我们多关心一下周围生活困难的人吧。

인류의 미래에 모두가 관심을 가진다면 과학은 더욱 발전할 것이다.
如果大家都关注人类的未来，科学会发展得更快。

② V-고도 남다
意思是"……还/也/都剩下"，"……还/也/都绰绰有余"。

케이크가 너무 커서 10명이 먹고도 남았어요.
蛋糕太大了，十个人吃还剩下了。

일주일이면 준비를 끝내고도 남을 시간이잖아요.
一星期做准备绰绰有余。

내 방은 다섯 명이 자고도 남을 정도로 넓어요.
我的房间里睡五个人也绰绰有余。

③ V-(으)ㄹ 만큼
意思是"……的程度"。

좋아하는 음식을 골라서 먹을 만큼만 가져가세요.
请挑选喜欢的食品，吃多少拿多少。

빵을 싫증이 날 만큼 먹어서 이젠 더 안 먹겠어요.
吃面包都吃烦了，现在再也不吃了。

한국말로 생각할 수 있을 만큼 한국말을 잘하고 싶어요.
我想学好韩国语，直到能用韩国语思考的程度。

N만큼
意思是"……的程度，像……一样"。

엄마랑 아빠를 하늘만큼 땅만큼 사랑해요.
我深爱着爸爸和妈妈，那份爱就像天地一样(无边无际)。

나도 너만큼 수영을 잘했으면 좋겠다.
我希望能像你一样游泳游得那么好。

그 일은 생각만큼 어렵지 않아요.
那件事不像想的那么难。

④ N-별(로)
意思是"按照……"。

나이별로 앉아 보세요.
请按年龄就坐。

지역별로 쓰레기를 수거하는 방법에 차이가 있어요.
不同的地区收取垃圾的方法有所不同。

이번 여행은 반별로 가려고 합니다.
这次旅行想按班级去。

* 학년별, 학교별, 남녀별, 성별, 종류별
* 按年级，按学校，按男女，按性别，按种类

⑤ A/V-지 않으면 안 되다

意思是"如果不……不行"。

그 일을 내일까지 끝내지 않으면 안 됩니다.

那件事明天必须做完。

세탁기를 고치지 않으면 안 돼요.

洗衣机必须得修好。

기차표를 예매하지 않으면 안 될 거예요.

火车票可能必须得提前买。

⑥ N처럼 A/V-(으)ㄴ/는 N도 없다

意思是"没有像……一样……。"

이 세상에서 사랑처럼 아름다운 것도 없을 거예요.

在这个世界上没有什么比爱情更美好的了。

민수 씨처럼 남의 일을 잘 도와주는 사람도 없어요.

没有人能像敏洙这样热心帮助别人了。

내 친구처럼 김치를 좋아하는 사람도 없어요.

没有人能像我的朋友那样喜欢吃泡菜。

연습

① 본문을 잘 읽고 대답하세요.

1) 생활 쓰레기 중에서 가장 심각한 것은 무엇입니까?
2) 한 해 버리는 음식물을 돈으로 계산하면 어느 정도라고 합니까?
3) 음식물 쓰레기를 줄이기 위해 어떻게 해야 합니까? (2가지)
4) 쓰레기 버리는 일이 왜 힘듭니까?
5) 영숙이 어머니는 우리가 왜 환경 문제에 관심을 가져야 한다고 합니까?

② 보기에서 알맞은 단어를 골라 ....에 넣으세요.

귀찮다	덜다	선진국	수준	실천하다	싫증
심각하다	절약하다	종류	차이	처리	환경

1) 이 문제를 너무 .... 생각하지 마세요.
2) 어젯밤에는 웬 전화가 그렇게 많이 오던지 너무나 ....어요.
3) 경제적으로 발전한 나라를 ....(이)라고 합니다.
4) 가는 곳마다 그 음악을 들려줘서 이제는 그 음악에 ....이/가 났어요.
5) 물건뿐만 아니라 시간도 ....서 쓸 줄 알아야 해요.
6) 가 : 제게는 밥이 너무 많군요.
   나 : 그럼, 이 그릇에 ....서 드세요.
7) 계획한 대로 ....기 어려울 때가 많아요.
8) 문화의 .... 때문에 처음에는 이곳 생활에 적응하기가 힘들었어요.

③ 다음의 문형을 이용해서 대답하세요.

더군다나	에 관심이 있다	V-(으)ㄹ 만큼	V-고도 남다
N처럼 A/V-(으)ㄴ/는 N도 없다		A/V-지 않으면 안 되다	

1) 가 : 오늘 여행사에 전화해서 비행기 표를 예약해 놓으세요.
   나 : 떠나려면 아직 한 달이나 남았는데요.
   가 : _____.

2) 가 : 한국 역사에 대해 잘 아시는군요.
   나 : _____.

3) 가 : 어제 손님을 초대했다고 했는데 아직도 음식이 이렇게 많이 있어요?

　　나 : ....

4) 가 : 준석 씨는 마음이 참 넓은 사람인 것 같아요.

　　나 : 맞아요. ....

5) 가 : 아직도 그 책을 읽고 있어요?

　　나 : 내용이 어려워요. ....

6) 가 : 이 케이크 아주 맛있지요? 좀 더 드세요.

　　나 : 아니에요. ....

④ 지연이와 미치코가 한국 음식에 대해서 이야기하고 있습니다. 잘 듣고 질문에 대답하세요.

1) 미치코는 어떻게 한국 음식을 잘 알게 됐습니까?
2) 미치코는 한국 음식의 특징이 뭐라고 생각합니까?
3) 지연이 집에서는 김치를 사 먹습니까?
4) 그 이유는 무엇입니까?

⑤ 친구들에게 물어봅시다.

1) 친구들에게 한 명씩 돌아가면서 물어보세요.

① 내가 쓰는 물건 중에서 가장 오래된 물건은 무엇입니까? 몇 년이나 되었습니까?

② 내가 버리는 쓰레기 중에서 가장 많이 나오는 것은 무엇일까요? 그것을 줄이거나 다시 쓸 수 있는 방법은 없을까요?

③ 여러분 나라의 쓰레기 문제 중 가장 심각한 것은 무엇입니까? 그것을 처리하는 좋은 방법이 있습니까?

④ 여러분 나라에서도 음식물 쓰레기가 큰 문제입니까? 음식물 쓰레기 문제를 해결할 수 있는 가장 좋은 방법이 무엇입니까?

2) 친구들의 대답을 듣고 다음을 완성해 보세요.

· 우리 반 학생들이 쓰고 있는 물건 중에서 가장 오래된 물건은 ....
씨의 .... (이)며 사용한 지 .... 년이 되었다고 한다.

· 우리 반 학생들이 가장 많이 버리게 되는 쓰레기는 .... (이)고 그것을
줄이는 가장 좋은 방법은 .... 다.

· 각국의 쓰레기 문제 중 많은 나라에서 가장 문제가 되는 것은 ....
(이)며 그것을 처리하는 좋은 방법은 .... 다.

· 음식물 쓰레기가 문제가 되는 나라는 .... (이)며 가장 좋
은 해결 방법을 갖고 있는 나라는 .... 다.

3) 쓰레기 분리수거를 하려고 합니다. 어떤 방법으로 처리해서 버려야 하는
지 자세히 말해 보고 어디에 버리면 좋을지 찾아보세요.

새 단어

単词

환경(環境)	사람이나 생물에게 영향을 주는 자연의 조건 环境
수준(水準)	높고 낮음·좋고 나쁨을 판단하기 위한 근거가 되는 것 水平
점점(漸漸)	조금씩 渐渐地
각(各)	各
쓰레기	못 쓰게 되어 버린 물건 또는 버릴 물건 垃圾
음식물(飮食物)	먹고 마시는 것 食物, 食品
놓다(길을)	어떤 시설을 만들다 布置；安装；架
줄이다	원래보다 작게 하거나 적게 하다 减少
-(으)ㄹ 만큼	……的程度
반찬(飯饌)	밥과 함께 먹는 음식 菜肴
덜다	일정한 양에서 한 부분을 떼어 내다 分，减少
습관(習慣)	오랫동안 반복되어 저절로 된 행동 방식 习惯
처리(處理)	어떤 사물을 다루어 해결함 处理
절약(節約)하다	아껴 쓰다 节约
보호(保護)하다	사람이나 사물이 위험을 당하지 않도록 보살펴 주다 保护
이웃	가까이 있는 곳, 가까이 사는 사람 邻居
더군다나	더구나, 거기에 더 再加上
종류(種類)	어떤 기준에 따라 나눈 것 种类
-별(別)	按照类别
귀찮다	하기 싫다 令人生厌
주부(主婦)	한 가정의 살림을 맡아 보는 여자 主妇
실천(實踐)하다	실제로 하다 实践
관계(關係)되다	有关
선진국(先進國)	경제, 문화 등이 발전한 나라 发达国家
양(量)	量
문화(文化)	文化
싫증(이) 나다	싫은 생각이 나다 变得厌烦
수거(收去)하다	모아서 가져가다 收取
차이(差異)	다른 점 差异
심각(深刻)하다	매우 심하다 严重
경제적(經濟的)	경제에 관한 것 经济的
분리수거(分離收去)	같은 것끼리 나누어 모음 分类收取(垃圾)
-류(類)	类

6과 일회용품의 사용을 줄입시다

지연 : 요즈음은 서울 시내 700여 군데 주유소에서도 시민들의 편의를
　　　위해 재활용품을 수거하고 있대요.

민수 : 나도 기름 넣으러 가는 길에 그동안 모아 두었던 신문지를
　　　가져가 본 적이 있는데 참 편리하던데요.

지연 : 그래서 시민들로부터 좋은 반응을 얻고 있는 모양이에요.

민수 : 환경을 보호하기 위해서는 재활용도 좋지만 무엇보다도
　　　쓰레기를 줄이는 것이 더 중요하지 않겠어요?

지연 : 그래요. 특히 나무젓가락이나 종이컵 같은 일회용품을 덜
　　　써야겠지요.

민수 : 이렇게 계속해서 쓰레기가 늘다가는 지구가 온통 쓰레기로
　　　덮일지도 몰라요.

지연 : 우리들 모두가 꼭 쓰레기를 줄여야 한다는 의식을 가져야지요.

민수 : 하지만 개인의 노력만으로는 한계가 있는 것 같아요. 정부가
　　　적극적으로 나서야 해요. 쓰레기 재활용하는 법도 연구해야
　　　하고요.

单 词

일회용품	편의	무엇보다도	의식	★ 늘리다	오염	봉투	알뜰하다
–여	재활용품	늘다	한계	휴식	원인	화분	
군데	신문지	지구	정부	줄다	대기	깨끗이	
주유소	반응	온통	적극적	체육 대회	배기	꿰매다	
시민	얻다	덮이다	나서다	사고방식	비닐	지도자	

第6课 让我们少用一次性用品吧

志燕：听说为了给市民提供方便，最近首尔市内七百多个加油站在回收可以再利用物品。

敏洙：我去加油的时候曾经把之前攒的报纸带过去，真的很方便。

志燕：因此似乎很受市民的欢迎。

敏洙：为保护环境回收可再利用物品当然很好，但减少垃圾不是更重要吗？

志燕：是啊，特别是应该少用木筷子、纸杯之类的一次性用品。

敏洙：要是垃圾继续这么增加下去，说不定地球就全被垃圾覆盖了。

志燕：我们都应该有必须减少垃圾的意识。

敏洙：可是只靠个人的努力总是有限的，政府应该积极出面，也应该研究垃圾回收再利用的方法。

문법과 표현

① N을/를 줄이다[늘리다]
意思是 "减少[增加]……"。

쓰레기를 줄입시다.
让我们减少垃圾吧。

이 바지 길이를 줄여 주세요.
请把这条裤子的长度缩短。

건강을 위해서는 일하는 시간을 줄이고 휴식 시간을 늘려야 한다.
为了健康，应该减少工作时间，增加休息的时间。

N이/가 줄다[늘다]
意思是 "……缩小[变大，增加]"。

옷을 세탁기에 빨았더니 줄어서 못 입게 됐어요.
用洗衣机洗完衣服一看，缩了很多，不能穿了。

자동차가 늘어서 길이 복잡해요.
汽车增加了，所以路况很复杂。

한국말이 많이 늘었군요.
韩国语大有长进啊。

② 반응을 얻다
惯用词组。意思是 "得到响应，引起反应"。

이 계획이 사람들한테 어떤 반응을 얻게 될지 궁금합니다.
很想知道人们对这个计划会有什么反应。

체육 대회가 학생들에게 좋은 반응을 얻어서 계속하기로 했어요.
运动会得到学生们很好的响应，所以决定继续进行。

그 광고는 사람들로부터 좋은 반응을 얻지 못했다.
那个广告没能得到人们很好的响应。

③ 무엇[누구, 어디]보다도
惯用型，作副词使用。意思是"比什么[谁，哪里]都"。

신발은 무엇보다도 발이 편해야 합니다.
鞋最重要的是要让脚舒服。

준석 씨는 누구보다도 농담을 잘해요.
俊石比任何人都会开玩笑。

제주도에 가게 되면 어디보다도 먼저 한라산에 올라가 볼 거예요.
要是去了济州岛，我首先会去爬汉拿山。

④ V-다가는
意思是"如果一直……"。

그렇게 열심히 일하다가는 쓰러질 거예요.
要是一直这么勤奋工作，会病倒的。

이렇게 비가 오다가는 홍수가 날지도 물라요.
要是雨这么下下去，说不定会发洪水。

텔레비전을 가까이서 보다가는 눈이 나빠질 거예요.
要是一直这么近地看电视，视力会下降的。

⑤ N이/가 N(으)로 덮이다
意思是"……被……覆盖"。

산이 눈으로 덮여서 아름답다.
山上覆盖着一层雪，非常美。

선생님 책상이 책들로 덮여 있어요.
老师的书桌上都是书。

가을엔 거리가 낙엽으로 덮여요.
秋天街道上覆盖着一层落叶。

6 N이/가 나서다

意思是 "……出面"。

쓰레기 문제를 해결하기 위해서는 정부가 나서야 합니다.

要解决垃圾问题，政府应该出面。

그 일은 형님이 나서야 잘 될 거예요.

这件事得哥哥出面才能做好。

집 문제는 아버지가 나서서 풀어야 해요.

房子的问题得爸爸出面解决。

연습

① 본문을 잘 읽고 대답하세요.

1) 요즘 서울 시내 주유소에서 무슨 일을 하고 있습니까?
2) 그 일에 대해 사람들의 반응은 어떻습니까?
3) 환경을 위해서 재활용보다 더 중요한 일은 무엇입니까?
4) 쓰레기가 계속 늘면 어떻게 될 것 같습니까?
5) 쓰레기 문제 해결은 어떻게 해야 될까요?

② 다음의 문형을 이용해서 문장을 만드세요.

N이/가 나서다	N이/가 N(으)로 덮이다	V-다가는	반응을 얻다
N이/가 줄다	N을/를 줄이다	N이/가 늘다	N을/를 늘리다
무엇보다도	누구보다도	어디보다도	N을/를 빼다

1) 가 : 지난번에 소개받은 사람이 어땠어요?
　　나 : .... 그 사람의 사고방식이 아주 마음에 들었어요.

2) 가 : 아니, 이 옷이 왜 이렇게 작아졌니?
　　나 : 세탁기에 넣고 빨았더니 ....

3) 가 : 체육 대회 때 어떤 운동을 하면 학생들에게 ....요?
　　나 : 많은 사람이 함께 할 수 있는 운동을 좋아할 거예요.

4) 가 : 집에 무슨 어려운 문제가 있다고 들었는데 어떻게 됐어요?
　　나 : 저희 형님이 .... 잘 해결됐어요.

5) 가 : 침대가 옷 .... 잖아요. 침대 위 좀 정리하세요.
　　나 : 아까 급히 나가느라고 치우지 못했어요.

6) 가 : 요즘 배가 좀 나온 것 같은데 어떻게 하면 좋을까요?
　　나 : 살을 ....(으)려면 한 번에 많이 먹지 말고 식사량을 ....도록
　　　　하세요.

7) 가 : 이렇게 차를 빨리 운전 .... 사고 나겠어요.
　　나 : 제가 마음이 너무 바빠서 그랬나 봐요. 좀 천천히 가도록 할게요.

③ 환경오염은 아주 심각한 문제가 되었습니다. 어떤 것들이 환경오염의 원인이 되는지 얘기해 봅시다.

　　1) 대기 오염 : ① 자동차의 배기가스
　　　　　　　　　 ② ....
　　　　　　　　　 ③ ....

　　2) 물의 오염 : ① ....
　　　　　　　　　 ② ....
　　　　　　　　　 ③ ....

　　3) 땅의 오염 : ① ....
　　　　　　　　　 ② ....
　　　　　　　　　 ③ ....

④ 오염을 줄이고 환경을 보호하는 방법에는 어떤 것들이 있을까요? '지구를 살리는 방법'에 대해 알아봅시다.

⑤ 여러분은 환경 문제에 대해 얼마나 관심이 있습니까?

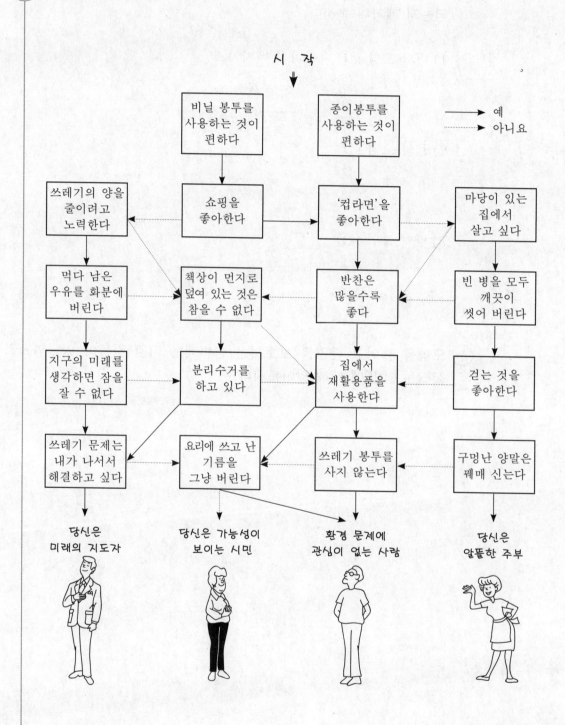

시 작

비닐 봉투를 사용하는 것이 편하다

종이봉투를 사용하는 것이 편하다

→ 예
┈┈► 아니요

쓰레기의 양을 줄이려고 노력한다

쇼핑을 좋아한다

'컵라면'을 좋아한다

마당이 있는 집에서 살고 싶다

먹다 남은 우유를 화분에 버린다

책상이 먼지로 덮여 있는 것은 참을 수 없다

반찬은 많을수록 좋다

빈 병을 모두 깨끗이 씻어 버린다

지구의 미래를 생각하면 잠을 잘 수 없다

분리수거를 하고 있다

집에서 재활용품을 사용한다

걷는 것을 좋아한다

쓰레기 문제는 내가 나서서 해결하고 싶다

요리에 쓰고 난 기름을 그냥 버린다

쓰레기 봉투를 사지 않는다

구멍난 양말은 꿰매 신는다

당신은 미래의 지도자

당신은 가능성이 보이는 시민

환경 문제에 관심이 없는 사람

당신은 알뜰한 주부

새 단어

일회용품(一回用品)	한 번 쓰고 버리는 물건 一次性用品
-여(餘)	多
군데	하나하나의 곳 处, 地方
주유소(注油所)	자동차에 기름을 넣는 곳 加油站
시민(市民)	시에 살고 있는 사람 市民
편의(便宜)	어떤 일을 하는 데 어려움이 없게 하고 필요한 것을 도와주는 것 方便
재활용품(再活用品)	다시 사용할 수 있는 물건 可回收再利用物品
신문지(新聞紙)	报纸
반응(反應)	어떤 자극에 대응하여 일어나는 것 反应
얻다	받다 得到
무엇보다도	어떤 것보다, 가장 最
늘다	많아지다 增加
지구(地球)	地球
온통	全, 都
덮이다	'덮다'의 수동형 被覆盖
의식(意識)	무엇을 알게 되거나 판단하는 기능 意识
한계(限界)	그 이상 더 미칠 수 없는 범위 限度
정부(政府)	政府
적극적(積極的)	어떤 일을 해 나가는 태도가 능동적이고 활발한 것 积极的
나서다	앞장서다 出面
늘리다	많아지게 하다 使增长
휴식(休息)	쉬는 것 休息
줄다	적어지다 减少
체육 대회(體育大會)	(학교나 회사 등에서) 여러 운동 경기를 벌이는 대회 运动会
사고방식(思考方式)	문제를 해결하는 방법과 태도 思维方式
오염(汚染)	더러워짐 汚染
원인(原因)	이유 原因
대기(大氣)	지구를 둘러싸고 있는 모든 공기 大气
배기(排氣)	밖으로 나오는 기체 排气
비닐	塑料
봉투(封套)	여러 가지 물건을 담을 수 있는 주머니 袋子
화분(花盆)	흙을 담아 식물을 기르는 그릇 花盆

깨끗이	干干净净地
꿰매다	바느질하여 붙이다 缝
지도자(指導者)	(어떤 목적이나 뜻을 이루기 위해)사람들을 이끌어 가는 사람 领导
알뜰하다	아끼고 절약하다 精打细算

7과 선봤다는 소문을 들었어

준석 : 지연아, 선을 봤다는 소문을 들었는데 정말이니? 넌 연애결혼을
　　　 하겠다고 하지 않았어?

지연 : 누구한테 들었어?

준석 : 민수한테 들었는데 조건이 아주 좋은 사람이었다면서?

지연 : 무슨 남자가 그렇게 입이 가벼울까? 비밀은 꼭 지키겠다고
　　　 하더니 벌써 다 말했구나.

준석 : 어떤 사람이었는지 궁금한데, 말 좀 해 봐.

지연 : 이모 친구의 동생인데, 좋은 대학을 나온 데다가 집안도 좋고
　　　 잘생겼다고 하도 칭찬을 해서, 한번 만나 보기나 하려고 나갔어.

준석 : 그래서 직접 만나 보니 어땠어?

单 词

이모　　　　　　 -(으)ㄴ/는 데다가　　　　　　 집안　　　　　　 칭찬하다

지연 : 글쎄, 인상은 괜찮았지만 한 번 보고 어떤 사람인지
잘 모르지, 뭐. 난 조건보다는 인간성이 더 중요하다고
생각하거든.

준석 : 네 말이 맞아. 중요한 건 재산이나 조건이 아니라
마음이지. 젊은 사람들이 만나 서로 사랑하고 열심히
사는 것이 행복한 결혼 아니겠니?

지연 : 맞아. 그렇지만 한편으로는 이런 생각도 들어. 적은 돈으로
생활하다 보면 바가지를 긁게 될 거고, 그러다 보면 사랑도
점점 식지 않을까?

준석 : 요즘 여자들이 모두 그렇게 생각하니? 그렇다면 나같이
가난한 사람한테 너처럼 멋있는 여자는 그림의 떡이겠다.

지연 : 아이, 비행기 그만 태워. 네 여자 친구가 네가 졸업할 날만
눈빠지게 기다리고 있는 걸 모르는 줄 알아?

준석 : 하여튼 네 말은 들으니 이제부터 여자 친구에게 더 잘 해
줘야겠다. 혹시 좋은 조건을 가진 남자가 나타나면 마음이
변할까 봐 걱정이 되네.

인상	긁다	★ 사투리	걸치다	고민	눈치(를) 채다
인간성	식다	자꾸	파뿌리	가슴	
재산	빠지다	관용어	깨	떨리다	
한편	혹시	속담	쏟아지다	설레다	
바가지		양다리	앞두다	운명	

第7课　听说你相亲了

俊石：志燕，听说你相亲了，真的吗？你不是说要自由恋爱结婚吗？

志燕：你听谁说的？

俊石：听敏洙说的，听说那个人条件很好。

志燕：这个男人怎么嘴这么不严？说好一定要严守秘密，却已经说出来了。

俊石：真想知道是个什么样的人，说说看。

志燕：是姨妈朋友的弟弟，听人夸奖说毕业于名牌大学，而且家世又好，长得又帅，所以决定见个面，就去了。

俊石：那见面后觉得怎么样？

志燕：这个嘛，印象还不错，不过才见一面，还不知道是个什么样的人。嗯，我觉得人品比条件更重要。

俊石：你说得对，重要的不是财产、条件，而是道德品质。年轻人相遇、相爱，好好过日子，这不就是幸福的婚姻吗？

志燕：对啊，不过另一方面也有这种想法，如果仅凭很少的钱过日子，就会经常抱怨，那样下去爱情是不是也会逐渐冷却？

俊石：现在的女人怎么都这么想呢？那对我这么穷的人来说，像你这样漂亮的女孩儿就是水中月、镜中花了？

志燕：哎呀，别抬举我了。你以为我不知道你的女朋友正眼巴巴地等着你毕业啊？

俊石：反正听你这么一说，我觉得从现在开始得对我女朋友更好一点儿了，真怕要是出现条件好的男人，她会变心。

语法与表达

문법과 표현

① A/V-다면서(요)?

意思是 "听说……, 是吗"。

설악산은 단풍이 아름답다면서요?

听说雪岳山的枫叶很美?

주말에 제주도에 간다면서요?

听说你周末去济州岛?

바바라 씨는 한국에 처음 오셨다면서요?

听说芭芭拉第一次来韩国?

N(이)라면서(요)?

意思是 "听说是……, 是吗"。

외국 여행이 처음이라면서요?

听说这是你第一次出国?

취미가 낚시라면서요? 주말에 함께 낚시 갑시다.

听说你的业余爱好是钓鱼? 周末一起去钓鱼吧。

고향이 부산이라면서요? 그런데 사투리를 전혀 안 쓰시네요.

听说你老家是釜山? 可一点儿方言也没有啊。

② A/V-다고 하더니

意思是 "听说……, 可……" 或者 "听说……, 还真地……"。

오늘 흐리겠다고 하더니 날씨가 아주 좋은데요!

听说今天阴天, 可天气很好啊!

김 선생님이 오늘 모임에 오신다고 하더니 정말 오셨다.

金老师说今天来参加聚会, 还真来了。

남자 친구를 사귄다고 하더니 왜 헤어졌어요?

听说你交男朋友了, 为什么分手了?

③ A/V-(으)ㄴ/는 데다가
意思是 "不但……, 而且……"。

그 꽃은 예쁜 데다가 오래 가서 좋아요.
那种花很漂亮, 而且开的时间长, 很好啊!

그 선생님은 잘 가르치는 데다가 재미있게 수업을 하니까 학생들이 좋아해요.
那个老师教得很好, 而且上课很有意思, 所以学生们都喜欢。

많이 걸은 데다가 점심을 못 먹어서 말할 힘도 없어요.
走了很多路, 而且没吃上午饭, 所以连说话的力气都没有了。

④ 한번 V-아/어 보기나 하다
意思是 "试着……看"。

하숙집을 옮기려고? – 아니, 좋은 방이 있다고 해서 한번 가 보기나 하려고.
想换住的地方? —不, 听说有处好房子, 想去看一下。

아까 그 남자 어때요? 한번 만나 보기나 하세요.
刚才那个男人怎么样? 见一见吧。

어디 가세요? – 지갑을 잃어버렸는데 한번 찾아보기나 해야겠어요.
去哪儿啊? —钱包丢了, 我得去找找看。

⑤ V-다 보면
意思是 "如果一直/常……, 就……"。

한국 사람들을 만나다 보면 한국말을 잘할 수 있을 겁니다.
常和韩国人交往, 就能说好韩国语了。

외국에 계속 살다 보면 생각이 달라질 텐데요.
要是一直住在国外, 想法就会不一样了。

정구를 매일 연습하다 보면 잘 칠 수 있을 거예요.
要是每天都练习网球, 就会打得很好的。

V-다 보니(까)
意思是 "因为一直/常……, 就……"。

한국 사람을 만나다 보니까 한국말을 잘하게 되었습니다.
常和韩国人交流, 所以韩国语说得好了。

재미있게 얘기하다 보니 시간 가는 줄 몰랐어요.

聊得很有意思，都不知道时间已经过了很久。

자꾸 만나다 보니 사랑하게 되었어요.

常常见面，就爱上了。

6 바가지(를) 긁다

慣用语。意思是“发牢骚，唠叨”。

나는 우리 엄마가 바가지 긁는 걸 본 적이 없다.

我没见过妈妈发牢骚。

결혼해서 살다 보면 바가지 긁을 일도 생겨요.

结婚后过日子，会碰到让人发牢骚的事。

돈 문제 때문에 바가지 긁는 사람이 제일 많은 것 같다.

好像因为钱的问题发牢骚的人最多。

7 그림의 떡

慣用语。意思是“画中饼”，引申为“镜中花，水中月”。

그 옷은 너무 비싸서 내겐 그림의 떡이에요.

那件衣服太贵，对我来说是水中月呀。

이런 집은 그림의 떡이지만 구경이나 해 볼까요?

这种房子虽然(对我们来说)是水中月、镜中花，还是参观一下吧？

먹으면 안 된다고 하니 그림의 떡이네요.

说了不能吃，所以就是画中饼而已。

8 비행기(를) 태우다

慣用语。意思是“吹捧，说好听的”。

준석 씨는 언제나 비행기 태우는 말만 해요.

俊石老是说好听的话。

그 말 정말이에요? 비행기 태우는 거 아니지요?

这是真的吗？不是吹捧我吧？

비행기 태우지 말고 느낀 대로 말씀해 주세요.

别光说好听的，怎么想的就请怎么说。

⑨ 눈(이) 빠지도록[빠지게] 기다리다

惯用语。意思是"等得眼珠子要掉下来"、"眼巴巴地等"。

눈 빠지게 기다려도 그 여자는 안 올 거예요.

即使等得眼珠子掉下来，那个女人也不会来的。

왜 이렇게 늦었어요? 눈 빠지게 기다렸잖아요.

怎么这么晚？我等得眼珠子都快掉下来了。

눈이 빠지도록 기다렸다.

等得眼珠子都快掉出来了。

연습
练习

① 본문을 잘 읽고 대답하세요.

1) 민수는 어떤 사람인 것 같습니까?
2) 지연이는 왜 선을 봤습니까?
3) 지연이는 결혼할 때 중요한 것이 무엇이라고 생각합니까?
4) 준석이의 결혼에 대한 생각은 어떻습니까?
5) 준석이는 지연이의 말을 듣고 나서 무엇을 걱정하게 되었습니까?

② 보기와 같이 대답을 만들어 보세요.

> 1) 가 : 이 옷은 저한테 별로 안 어울릴 것 같아요. (입다)
> 나 : 그래도 한번 입어 보기나 하세요.

① 가 : 저는 떡을 안 좋아해요. (먹다)
  나 : ....

② 가 : 벌써 차가 출발했을 텐데. (나가다)
  나 : ....

③ 가 : 그 사람 아주 바쁠 거예요. (시간 있냐고 묻다)
  나 : ....

④ 가 : 열도 안 나고 괜찮은 것 같아요. (병원에 가다)
  나 : ....

⑤ 가 : ....
  나 : ....

> 2) 운동을 매일 하다 ⇒ 운동을 매일 하다 보면 건강해질 거예요.
>   ⇒ 운동을 매일 하다 보니 이젠 운동을 안 하면 이상해요.

① 한국에서 오래 살다   ⇒
                        ⇒

② 그 사람을 자주 만나다   ⇒

                                        ⇒

③ 매일 술을 마시다   ⇒

                                        ⇒

④ 피아노를 매일 한 시간씩 치다 ⇒

                                        ⇒

⑤ 노래를 자꾸 부르다   ⇒

                                        ⇒

③ 보기에서 알맞은 문형을 골라 문장을 완성하세요.

> A/V-다는 소문을 듣다   V-다 보면   V-다 보니(까)   A/V-다고 하더니
> A/V-(으)ㄴ/는 데다가   한번 V-아/어 보기나 하다

1) 전 처음에는 김치를 잘 못 먹었어요. 그렇지만 한국에 와서 매일 ....
이젠 김치가 없으면 밥을 못 먹어요.

2) 가 : 어제 왜 학교에 안 왔어요?
   나 : 열이 .... 기침을 해서 못 왔어요.

3) 가 : 미영이가 다음 달에 유학을 간대.
   나 : 그래? 난 미영이가 이번 달에 ....

4) 가 : 미안하지만 오늘 거기에 못 가겠어.
   나 : 그러지 말고 좋은 일이 있으니까 ....

5) 가 : 어제 우리 집에 전화 .... 왜 안 했어요?
   나 : 도서관에서 늦게까지 공부하느라고 잊어버렸어요.

④ 다음 대화의 ....에 알맞은 표현을 넣으세요.

> 그림의 떡   눈(이) 빠지다   바가지(를) 긁다
> 비행기(를) 태우다   입이 가볍다   입이 무겁다

1) 미영 : 너 다른 사람한테 이 얘기를 하면 안 돼. 비밀이야.
   유진 : 알았어. 걱정하지 마. 난 ....

2) 지민 : 와, 저 집 참 크고 멋있다. 수영장도 있는 데다가 테니스장도 있네.
          내가 저런 집을 사게 되면 네게 방 하나 줄게.
   준구 : 그렇게 되면 좋겠지만 저 집은 우리 같은 학생에겐 ....

3) 미치코 : 다나카 씨 여자 친구는 정말 좋겠어요. 다나카 씨처럼 성격 좋고,
            멋있고, 재미있는 사람을 사귀니까요.
   다나카 : 어, 오늘 왜 이래요? .... 아무리 그래도 난
            지금 커피 살 돈도 없어요.

4) 영민 : 승호 씨, 이번에 아들 낳았다면서요? 축하해요. 한턱내야겠네요.
   승호 : 고마워요. 그런데 한턱은 다음에 낼게요. 이번 달에는 돈은 벌써 다
          써 버려서 월급 받는 날만 .... 기다리고 있거든요.

5) 준구 : 아침부터 기분이 안 좋아 보이는데 무슨 일 있어?
   영민 : 글쎄, 아침에 나오는데 아내가 .... 게다가 버
          스를 놓쳐서 지각을 했어.

⑤ 다나카와 미영이의 대화입니다. 잘 들리지 않는 부분에 알맞은 말을 골라 보
세요.

1) ① 도대체 누구랑 한대?
   ② 도대체 행복예식장이 어디래?
   ③ 도대체 누구한테 들었어?

2) ① 남자는 정말 입이 가볍구나.
   ② 비행기 태우지 마.
   ③ 세상에 믿을 남자 하나도 없구나.

⑥ 우리의 생활에서 많이 쓰이는 관용어와 속담입니다. 무슨 뜻인지 알아봅시다.

1) 바람맞다   2) 양다리 걸치다
3) 제 눈에 안경이다   4) 국수를 먹다
5) 검은 머리 파뿌리 되도록   6) 깨가 쏟아지다

⑦ 다음의 이메일을 보고 여러분의 의견을 말해 봅시다.

보내는 사람: "은주" 〈eunju@hankuk.ac.kr〉
받는 사람 : "미영" 〈miyoung@hanmin.co.kr〉

   미영아, 민수 씨와의 결혼을 앞두고 다른 사람한테는 말 못 할 고민이 생겼어. 얼마 전에 어떤 남자를 만났는데, 처음 만난 순간부터 가슴이 떨리고 설레었어. 민수 씨와는 어렸을 때부터 가깝게 지내다가 결혼을 약속한 사이라서 편안하다는 느낌만 있을 뿐이고 이런 가슴 떨림은 없었거든. 그 사람을 그 뒤 몇 번 더 만났는데, 만나면 만날수록 우리의 만남이 운명이라는 생각이 들어. 이런 느낌은 태어나서 처음이고 민수 씨에게서는 한 번도 느껴 보지 못했어. 이게 사랑일까? 만일 이게 사랑이라면 민수 씨와의 결혼을 다시 생각해 봐야 하지 않을까? 그런데 요즘 민수 씨도 이런 사실을 눈치 챈 것 같아. 어제는 진실한 사랑이란 순간의 감정이 아니라 오래되고 편안한 거라는 이야기도 했어. 내가 어떻게 해야 할까?

---

1) 여러분이 미영이라면 은주에게 어떻게 얘기해 주겠습니까?

2) 여러분이 은주라면 어떻게 하겠습니까?

3) 여러분이 민수라면 어떻게 하겠습니까?

새 단어
单词

이모(姨母)	어머니의 언니나 여동생　姨妈
-(으)ㄴ/는 데다가	-(으)ㄴ/는 것뿐만 아니라　此外, 而且
집안	家里
칭찬(稱讚)하다	잘한다고 말하다　称赞
인상(印象)	무엇을 직접 보거나 듣거나 겪어서 그것이 마음에 주는 느낌　印象
인간성(人間性)	人品, 人性
재산(財産)	개인이나 단체가 가진 경제적 가치가 있는 모든 것　财产
한편(便)	다른 면에서는　一方面
바가지	물을 푸거나 물건을 담는 그릇　瓢
긁다	(손톱 등으로)무엇의 표면을 문지르다　挠, 刮
식다	차가워지다　凉, 冷却
빠지다	제자리에서 밖으로 나오다　掉, 漏
혹시(或是)	만약에　或许
사투리	어떤 지방에서 쓰는 표준어가 아닌 말　方言
자꾸	계속해서 여러 번　常常
관용어(慣用語)	그 사회에서 자주 쓰이는 표현　惯用语
속담(俗談)	옛날부터 내려오는 민간의 격언　谚语
양다리(兩-)	양쪽 다리　两条腿
걸치다	어떤 물체를 다른 물체에 얹어 놓다　挂
파뿌리	백발(白髮)을 비유적으로 이르는 말　葱根
깨	芝麻
쏟아지다	한꺼번에 많이 떨어지다　洒, 涌
앞두다	목적까지 일정한 시간이나 거리를 남겨 놓다　之前
고민(苦悶)	마음속으로 괴로워하고 애를 태움　苦闷
가슴	胸口, 胸膛
떨리다	몸이나 몸의 일부가 자꾸 흔들리다　抖
설레다	마음이 가라앉지 않고 들떠서 두근거리다　心情激动
운명(運命)	모든 것을 지배하는 초인간적인 힘에 의해 이미 정해져 있는 것　命运
눈치(를) 채다	남의 마음이나 사정을 재빨리 미루어 깨닫다　看出来
진실(眞實)하다	거짓이 없이 참되고 바름　真实
감정(感情)	어떤 현상이나 일에 대해 일어나는 마음이나 느낌　感情

8과 한국말을 잘한다면서 칭찬해요

준석 : 바바라 씨, 한국에 온 지 얼마나 됐지요?

바바라 : 벌써 일 년이 다 되었네요. 더듬거리면서 한국말을 배우기
　　　　시작한 것이 엊그제 같은데.

수지 : 맞아요. 세월이 참 빠른 것 같아요.

준석 : 서울에 처음 도착했을 때 첫인상이 어땠어요?

바바라 : 우선 많은 아파트 촌과 자동차로 가득한 도로를 보고
　　　　놀랐어요. 내가 상상했던 것과는 너무 달라서요.

수지 : 저는 서울에 아직도 남아 있는 아름다운 한옥이 참 인상
　　　　깊었어요.

바바라 : 그래요. 서울은 옛날 집과 현대식 건물이 잘 어울려 있는
　　　　도시인 것 같아요.

준석 : 그동안 한국 사람들로부터 질문도 많이 받았지요?

수지 : 내가 한국어로 말하면 한국말을 어디에서 배웠냐면서
　　　　궁금해해요. 외국인이 한국말을 하는 것이 신기한 모양이에요.

바바라 : 저는 "왜 한국말을 공부하세요?"나 "왜 한국에 오셨어요?"
　　　　같은 질문을 많이 받았어요.

수지 : 또 몇 살이냐든지 결혼은 했느냐든지 하는 질문을 받을
　　　　때도 있는데 그런 때는 정말 당황하게 돼요.

준석 : 그래요. 한국 사람들은 처음 만난 사람에게도 그런 질문을
　　　　많이 하지요. 그렇지만 그걸 기분 나쁘게 생각하지 마세요.
　　　　관심의 표현이니까요.

바바라 : 그렇군요.

单　词

더듬거리다	아파트 촌	한옥	★유창하다	정신	기대하다
엊그제	가득하다	현대식	다행이다	시설	조사하다
세월	상상하다	당황하다	쏜살같다	작문	

第8课　夸奖我韩国语说得好

俊石　：芭芭拉，来韩国多久了？

芭芭拉：已经一年了，结结巴巴地学韩国语就像是昨天的事。

秀芝　：是啊，时间过得很快。

俊石　：刚到首尔的时候，第一印象怎么样？

芭芭拉：首先看到那么多的住宅小区和满街的汽车，吃了一惊，因为和我预想的大不一样。

秀芝　：首尔保留下来的漂亮韩屋给我留下了很深的印象。

芭芭拉：是啊，首尔好像是个传统建筑和现代建筑和谐共存的城市。

俊石　：这段时间韩国人问了你不少问题吧？

秀芝　：我说韩国语，他们就很好奇，问在哪儿学的。他们好像觉得外国人说韩国语很新奇。

芭芭拉：很多人问我"为什么学韩国语"、"为什么来韩国"等问题。

秀芝　：有人问多大年龄、结婚了没有的时候，让我很不知所措。

俊石　：是啊，韩国人对第一次见面的人也常问这样的问题，但别生气，这是表示关心。

芭芭拉：原来是这样啊。

문법과 표현
语法与表达

① A/V-다/자/냐/라면서

用于形容词或动词后面，在表示叙述、共动、疑问、体词的间接引语后加면서，意思是"说……"。

한국말을 유창하게 잘한다면서 칭찬해서 기분이 좋았어요.
听人夸奖韩国语说得好、很流畅，心情很好。

마이클 씨가 같이 공원에 가자면서 전화했어요.
迈克来电话说一起去公园。

내 동생은 누가 자기 옷을 입고 나갔냐면서 화를 냈어요.
我弟弟生气地问谁穿他的衣服出去了。

아무도 안 다쳐서 다행이라면서 기뻐했어요.
高兴地说很幸运没有人受伤。

② V-(으)ㄴ 것이 엊그제 같다

意思是"……就像昨天的事"。

고등학교를 졸업한 것이 엊그제 같은데 벌써 10년이 지났네요.
已经过了10年了，好像昨天才高中毕业似的。

이번 학기를 시작한 것이 엊그제 같은데 내일이 졸업식이군요.
这个学期好像昨天才开学，明天就要举行毕业典礼了。

한국에 처음 와서 당황해하던 것이 엊그제 같은데.
刚来韩国不知所措的情景就好像是发生在昨天。

③ 세월이 (쏜살같이) 빠르다[지나가다]

惯用语。意思是"时光如箭，岁月如梭"。

계절이 바뀌는 걸 보니 세월이 정말 빠르네요.
又换季了，时间过得真快呀。

세월이 쏜살같이 지나갔어요.
光阴如箭，岁月如梭。

정신없이 일하다 보면 세월이 더 빨리 지나가는 것 같아요.
如果投入忙忙碌碌的工作，时间好像过得更快了。

④ N(으)로 가득하다
意思是"充满……"。

지갑이 동전으로 가득해서 무거워요.
钱包里满满的都是硬币，沉甸甸的。

부엌이 음식으로 가득한 걸 보니 손님이 오시는 모양이군요.
厨房里到处都是吃的，看来要来客人。

영화를 보러 갔는데 극장 앞이 사람들로 가득해서 그냥 집으로 돌아왔다.
去看电影，发现剧场前面都是人，就干脆回家了。

⑤ A/V-(으)ㄴ냐든지 A/V-(으)ㄴ냐든지
这一句型连接使用，表示罗列，意思是"问……、……"。

한국말이 어려우냐든지 한국말을 왜 배우느냐든지 하는 질문을 많이 받았어요.
常有人问韩国语难不难、为什么学韩国语等等。

어머니는 제 여자 친구가 얼굴은 예쁘냐든지 공부는 잘하느냐든지 하는
질문을 하면서 귀찮게 했어요.
妈妈问我的女朋友漂亮不漂亮、学习好不好，真让人心烦。

저는 호텔을 예약할 때 아침 식사가 포함되느냐든지 운동 시설이 있느냐든지를
꼭 물어봐요.
我订宾馆的时候，一定会问包不包早餐、有没有运动设施等等。

A/V-았/었(느)냐든지 A/V-았/었(느)냐든지
表示问题罗列，意思是"问……、……"。

방학 동안 여행을 갔었다고 했더니 재미있었냐든지 날씨는 좋았냐든지 여러
가지를 물었어요.
(我)一说假期出去旅行了，就问有没有意思、天气好不好等好多问题。

결혼은 했는냐든지 왜 안 했느냐든지 하는 질문을 받으면 정말 곤란해요.
(有人)问结婚没有、为什么不结婚等问题的时候，真的很为难。

왜 저녁을 안 먹었냐든지 왜 그냥 왔냐든지 하면서 걱정했어요.
担心地问为什么没吃晚饭、为什么就这么来了。

연습

① 본문을 잘 읽고 대답하세요.

1) 바바라는 한국에 온 지 얼마나 되었습니까?
2) 바바라는 처음 한국에 왔을 때 왜 놀랐습니까?
3) 수지는 서울에서 무엇이 인상적이었습니까?
4) 수지와 바바라는 한국 사람들로부터 어떤 질문을 많이 받았습니까?
5) 준석이의 말에 의하면 한국 사람들은 왜 외국인에게 질문을 많이 한다고 합니까?

② 문장을 완성하세요.

1) 보기에서 알맞은 단어를 골라 .... 에 넣으세요.

┌───┐
│   도로   세월   엊그제   칭찬   한옥   현대식   │
└───┘

① 서울에는 아직도 전통적인 .... 이/가 남아 있습니다.
② 대학교를 졸업한 것이 .... 같은데 벌써 10년이 지났어요.
③ 요즘은 전보다 .... 이/가 더 빨리 간다고 느껴져요.
④ 어제는 작문 숙제를 잘했다고 선생님께 .... 을/를 받았어요.
⑤ 어디든지 큰 도시에는 .... 건물이 많은 것 같다.
⑥ 출퇴근 시간에는 자동차들이 많아서 .... 이/가 주차장 같다.

2) 보기에서 알맞은 단어를 골라 .... 에 맞게 쓰세요.

┌───┐
│ 가득하다   다행이다   당황하다   더듬거리다   상상하다   어울리다 │
└───┘

① 처음에 한국에 왔을 때는 ....면서 한국말을 했어요.
② 그 옷에는 빨간 구두가 ....(으)ㄹ 것 같아요.
③ 그렇게 큰 사고가 났는데 많이 안 다쳐서 정말 .... 요.
④ 그 사람을 만나 보니 .... 았/었던 것보다 훨씬 예쁘더군요.
⑤ 갑자기 기대하지 않은 질문을 해서 너무 ....
⑥ 도로가 자동차와 사람들로 ....

③ 다음 대화를 완성하세요.

1) 가 : 내년 봄에 졸업하지요?
   나 : 그래요. .... 이/가 엊그제 같은데.

2) 가 : 어떤 질문이 대답하기 어려운가요?
   나 : .... 냐든지 .... 냐든지 하는 질문이 대답하기
       어려워요.

3) 가 : 그 사람 오늘 무슨 일이 있나요?
   나 : 글쎄요. .... 다/라면서 ....

4) 가 : 어떨 때 당황하게 돼요?
   나 : .... (으)ㄹ 때가 있는데 그럴 때는 .... 게
       돼요.

④ 김 선생님과 이 선생님의 대화입니다. 잘 듣고 대답하세요.

1) 김 선생님은 왜 기분이 나빴습니까?
   ① 자기에게 질문을 많이 해서
   ② 조사하는 사람들이 마음대로 표시해서
   ③ 학교에 못 가서

2) 조사하는 사람들은 종이에 뭐라고 표시했을까요?

┌───┐
│ ◆ 성별 : 여자 (○) / 남자 (   )   │
│ ◆ 직업 : 주부 (   ) / 회사원 (   ) / 선생님 (   ) / 기타 (   ) │
│ ◆ 질문 : 서울공원을 짓는 것에 대해서 어떻게 생각하십니까? │
│   ① 짓는 것이 좋다   (   )   │
│   ② 짓지 않아야 한다   (   )   │
│   ③ 잘 모르겠다   (   )   │
└───┘

⑤ 친구와 같이 이야기해 봅시다.

1) 세월이 빨리 간다고 느낄 때는 언제입니까?

2) ① 한국 사람들이 어떤 질문을 했을 때 당황했습니까?
   ② 그런 질문에 어떻게 대답했습니까?

3) 한국에 도착했을 때 첫인상이 어땠습니까?

모습 \ 사람	나			
공항				
사람들				
서울대학교 (언어교육원)				

새 단어

单词

더듬거리다	잘 모르는 일을 생각해 가면서 말하다	结巴
엊그제	이삼 일 전, 며칠 전	两三天前, 几天前
세월(歲月)	지나가는 시간	时间, 岁月
아파트 촌(村)	많은 아파트로 마을을 이루고 있는 모양	住宅小区
가득하다	분량이나 수효가 한도에 차다	满满的
상상(想像)하다	머릿속으로 그려서 생각하다	想象
한옥(韓屋)	한국식 집	传统韩式建筑
현대식(現代式)	현대의 유형이나 분위기에 맞는 형식	现代式
당황(唐慌)하다	너무 놀라서 어떻게 해야 할지 모르다	慌张, 不知所措
유창(流暢)하다	글을 읽거나 말을 할 때 막히지 않고 자연스럽게 하다	流畅
다행(多幸)이다	일이 잘 되어서 좋다	幸运
쏜살같다	아주 빠르다	像箭一样快
정신(精神)	사고나 감정을 조절하는 인간의 마음	精神
시설(施設)	이용할 수 있는 장치	设施
작문(作文)	글을 씀, 자기의 감상이나 생각을 글로 씀	作文
기대(期待)하다	어떤 일이 일어날 것이라고 생각하고 기다리다	期待
조사(調査)하다	자세히 살펴보다	调查

9과 친한 친구도 가족처럼 생각해요

　　수지와 바바라는 길지 않은 한국 생활에서 경험하고 느낀 것이 흥미롭고 즐겁다. 그들은 한국 사람들의 친절한 마음씨에서 좋은 인상을 받았다. 여러 가지 괴로웠던 일과 즐거웠던 일들이 고향에 돌아가서도 좋은 추억이 될 것 같다. 어제도 수지와 바바라는 재미있는 경험을 했다.

바바라　: 어제는 수지와 함께 하숙방을 구하러 돌아다녔어요.

수지　　: 부동산에 가서 아저씨한테 독방을 두 개 구한다고 했어요. 그랬더니 왜 친구인데 한 방을 쓰지 않느냐면서 우리를 이상하게 쳐다봤어요.

준석　　: 하하. 한국 사람들은 친한 친구도 가족처럼 생각하니까 방도 같이 쓸 수 있다고 생각하거든요.

바바라　: 우리는 개인의 자유와 사생활을 더 중요하게 여기는 관습 속에서 자랐기 때문에 그런 생각은 이해하기 힘들어요.

수지　　: 그리고 한국 사람들은 주말에 혼자 자신만의 시간을 갖기보다는 다른 사람들과 함께 지내기를 더 좋아하는 것 같아요.

바바라　: 또 한국 사람들은 정이 많은 것 같아요. 조금만 친해지면 아주 가까운 사람처럼 대해 줘요.

单 词

흥미롭다	개인	관습	대하다
추억	자유	자라다	
돌아다니다	사생활	자신	
독방	여기다	갖다	

수지 : 맞아요. 지난번에 제가 아팠을 때 하숙집 아주머니께서
       친어머니처럼 저를 보살펴 주시더군요. 저는 그때 고향에
       계신 어머니 생각이 나서 아주머니에게 정말 고마움을
       느꼈어요.

바바라 : 그렇게 가깝게 대해 주시는 것도 좋지만 어떤 때는
        정말 부담이 돼요.

친어머니	★ 정의롭다	옳다
보살피다	고통	예절
부담	판단하다	

第9课　把好朋友当成一家人

　　秀芝和芭芭拉在不长的韩国生活中经历、感受的东西很有意思，也很愉快，她们对韩国人的热心肠印象很好。回国后，那些难过、快乐的事都会成为很好的回忆。昨天，秀芝和芭芭拉谈起了有趣的经历。

芭芭拉：昨天我和秀芝一起去找寄宿的人家了。

秀芝　：去了房地产中介，跟那儿的大叔说要找两个单间，他很奇怪地看着我们，问我们既然是朋友，为什么不住一间。

俊石　：哈哈，韩国人把好朋友当成家里人，所以觉得可以共住一个房间。

芭芭拉：我们在更尊重个人的自由和私生活的习俗中长大，所以很难理解这种想法。

秀芝　：而且韩国人周末好像更喜欢和别人一起过，而不是自己过。

芭芭拉：还有，韩国人好像很重情意，关系稍微亲近了一点儿，就像很亲的人一样对待。

秀芝　：对，上次我生病的时候，我住的那家的大婶就像亲生母亲一样照顾我。那时，我想起了在老家的妈妈，真的很感谢大婶。

芭芭拉：那样亲近地待人当然很好，不过有时候让人觉得很有压力。

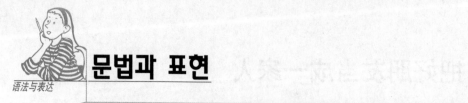

문법과 표현

语法与表达

① N-롭다

名词后面加롭다，将其转换为形容词，意思是"像……一样"。

나는 자유로운 새처럼 되고 싶어요.

我想像鸟儿一样自由自在。

그 사람은 정의롭게 살다가 죽었어요.

那个人正义凛然地过了一辈子。

그 평화로운 마을에서 끔찍한 사건이 일어났다.

那个祥和的村子里发生了件可怕的事。

② 그랬더니

惯用型，意思是"然后，……就……"。

배가 아프다고 했어요. 그랬더니 이 약을 주었어요.

(我)说肚子疼，就给了(我)这种药。

어머니가 나갔어요. 그랬더니 아이가 울기 시작했어요.

妈妈出去了，孩子就开始哭了。

결혼하자고 했어요. 그랬더니 갑자기 화를 냈어요.

(我)说我们结婚吧，她就突然发脾气了。

＊ 결혼을 축하한다고 했어요. 그렇게 말했더니 영숙 씨가 기뻐했어요.

＊ (我)说祝新婚幸福，永淑就高兴起来了。

쉬면서 음악을 들었어요. 그렇게 했더니 기분이 좋아졌어요.

一边休息，一边听音乐，这样心情就好起来了。

③ N을/를 A-게 여기다

意思是"认为……"。

그 사람은 사생활을 아주 중요하게 여깁니다.

那个人认为私生活很重要。

우리는 다른 사람의 고통은 가볍게 여기기 쉽다.

我们很容易轻视别人的痛苦。

내 말을 너무 기분 나쁘게 여기지 마세요.

别因为我的话太生气。

N을/를 N(으)로 여기다
意思是"把……当作……"。

나를 바보로 여기지 마세요.
别把我当傻瓜。
내 말을 농담으로 여기면 곤란해요.
要是把我的话当成玩笑就麻烦了。
그분은 제 형을 제 동생으로 여긴 것 같아요.
他好像把我的哥哥当成我的弟弟了。

④ V-는 관습[습관, 사고방식]
意思是"……的风俗[习惯、思维方式]"。

여자들만 집안일을 하는 관습은 고쳐야 해요.
应该改变只有女人干家务的风俗。
그 사람은 밥 먹은 후에 담배를 피우는 습관이 있어요.
那个人有吃完饭抽烟的习惯。
나만 잘 살면 된다는 사고방식은 버려야 해요.
应该丢掉自己过得好就万事大吉的想法。

⑤ A/V-더군(요)
表达直接的体验。

지난번 시험은 생각보다 어렵지 않더군요.
上次考试没我想象的难。
지난 주말에 민석 씨 집에 갔는데 민석 씨 여동생이 정말 예쁘더군요.
上个周末去了民锡家，民锡的妹妹真漂亮啊。
아까 마이클 씨와 점심을 먹었는데 마이클 씨는 매운 음식도 잘 먹더군요.
刚才和迈克一起吃了午饭，迈克很喜欢吃辣的东西。

연습

① 본문을 잘 읽고 대답하세요.

1) 수지와 바바라는 어제 무엇을 했습니까?

2) 수지와 바바라는 어떤 방을 원합니까?

3) 한국 사람들은 주말에 어떻게 지내는 것을 좋아합니까?

4) 수지는 하숙집 아주머니가 잘 보살펴 주셨을 때 누구 생각이 났습니까?

5) 바바라는 너무 가깝게 대해 주면 기분이 어떻다고 했습니까?

② 1) 보기에서 알맞은 단어를 골라 .... 에 넣으세요.

┌───┐
│ 경험   독방   마음씨   사생활   인상   자유   추억 │
└───┘

① 개인의 .... 와/과 .... 이/가 가장 중요한 것이라고 생각해요.

② 저는 무엇보다도 .... 이/가 착한 사람이 좋습니다.

③ 그 사람의 .... 만으로 사람을 판단하는 것은 옳지 않은 것 같습니다.

④ 아무리 많이 배워도 .... 이/가 없는 사람은 생각이 깊지 않은 것 같습니다.

⑤ 사람마다 어렸을 때의 아름다운 .... 이/가 있지요.

⑥ .... 은/는 혼자 쓰니까 편하기는 하지만 비싸요.

2) 보기에서 알맞은 단어를 골라 .... 에 맞게 고쳐 쓰세요.

┌───┐
│ 대하다   보살피다   부담이 되다   여기다   흥미롭다 │
└───┘

① 제가 가장 중요하게 .... 는 것은 자기 일을 열심히 하는 거예요.

② 남대문시장에서 물건을 파는 사람들의 모습은 .... 요.

③ 그 사람이 저에게 너무 친절하게 해 줄 때는 아주 .... 요.

④ 그분은 고향의 부모님처럼 저를 .... 주시는 분입니다.

⑤ 그분은 언제나 저를 아이처럼 .... 서 그분 앞에서는 제가 아이가 된 것 같아요.

③ 다음 문형을 이용해서 대답하세요.

> 그랬더니   A/V-더군요
> N을/를 N(으)로 여기다   V-는 습관

1) 가 : 바바라 씨, 어제 박물관에 잘 다녀왔어요?
   나 : ....

2) 가 : 마이클 씨는 아침에 일어나면 제일 먼저 무엇을 해요?
   나 : ....

3) 가 : 하숙집 아주머니가 참 친절하신 것 같아요.
   나 : ....

4) 가 : 무슨 일이 있나요?
   나 : 약속을 잊어버리고 친구에게 연락을 못했어요.
   ....

④ 준석이와 지연이의 대화입니다. 잘 듣고 맞는 것을 찾으세요.

1) ①   ②   ③

2) ①   ②   ③

3) ① (   )
   ② (   )

⑤ 같이 이야기해 봅시다.

1) 한국에서의 경험

2) 한국의 관습과 여러분 나라의 관습을 비교해 봅시다.

	한국			
가족				
결혼				
예절				

새 단어

흥미(興味)롭다	재미를 느낄 만하다 有趣
추억(追憶)	지나간 일을 돌아보며 생각함 记忆, 回忆
돌아다니다	여기저기 다니다 逛, 转悠
독방(獨房)	혼자 쓰는 방 单间
개인(個人)	단체 안의 하나의 사람 个人
자유(自由)	자기 마음대로 행동하는 일 自由
사생활(私生活)	개인의 생활 私生活
여기다	마음속으로 그렇게 생각하다 认为, 觉得
관습(慣習)	한 사회에서 오랫동안 습관화된 질서나 규칙 习惯
자라다	커지다 长大
자신(自身)	자기 自身, 自己
갖다	가지다 带着
대(對)하다	상대하다 对, 对待
친(親)어머니	자기를 낳은 어머니 亲生母亲
보살피다	어린이나 가난한 사람을 돌봐 주다 照顾
부담(負擔)	어떤 일에 대하여 의무나 책임이 있음 负担
정의(正義)롭다	正义凛然
고통(苦痛)	아픔 痛苦
판단(判斷)하다	判断
옳다	틀리지 않다 正确
예절(禮節)	예의 礼节

10과 백성들의 도움으로 살아나곤 했대요

1392년 고려가 망하고 조선이 세워진 후에 처음 1세기 동안은 나라가 발전되고 정치가 안정되었다. 조선 시대에 들어와서 지배 계급인 양반이 국가의 발전을 위해 많은 노력을 한 덕분에 조선 초에는 백성들 모두가 편안하게 지냈다. 그러나 16세기 초부터 양반들은 권력을 함부로 사용하기 시작했다. 더군다나 그들은 백성들을 위해서 일하기보다는 자신들의 재산을 모으는 데만 열중하였다. 백성들은 점점 살기가 어려워져서 고향을 버리고 돌아다니거나 산속에 들어가서 도둑이 되는 경우가 많이 있었다. 임꺽정이라는 의적이 나타난 것은 바로 이러한 때였다.

单 词

-곤 하다	안정되다	양반	권력	의적
고려	시대	국가	함부로	
조선	지배	덕분	열중하다	
세기	계급	초	경우	

마이클: 준석 씨, 임꺽정이라는 조선 시대의 의적에 대해서 아세요?

준석　: 그럼요. 아마 한국 사람들이라면, 누구든지 임꺽정에 대해서 들어 봤을 걸요.

마이클: 어떤 사람이었는데요?

준석　: 그는 원래 천민 출신이었는데 비록 무식하기는 했지만 아주 힘이 세고 정의로운 사람이었다고 해요.

마이클: 그런데 어떻게 해서 도둑이 되었어요?

준석　: 가난한 사람들을 돕기 위해서 도둑이 되었다고 해요.

마이클: 어떻게 도와주었는데요?

준석　: 부자들의 물건을 훔쳐다가 가난한 사람들에게 나누어 주었대요.

마이클: 위험하지 않았을까요?

준석　: 물론 위험했겠지요. 몇 번이나 잡혀서 죽을 뻔했는데 백성들의 도움으로 살아나곤 했대요. 그러나 결국은 잡혀서 사형을 당하고 말았지요.

마이클: 어려운 백성들이 잘 살 수 있는 사회를 만들어 보려던 꿈을 이루지 못하고 죽었군요.

원래	-아/어다(가)	당하다	★ 짜다
천민	나누다	이루다	해고
비록	결국		목적
무식하다	사형		

第10课　据说在老百姓的帮助下多次死里逃生

　　1392年高丽灭亡、朝鲜建国后的第一个世纪里，国家发展，政治安定。进入朝鲜时代后，统治阶级——贵族两班为了国家的发展做出了很多努力，因此朝鲜初期，百姓的生活都很安定。但是，从16世纪初开始，贵族们开始滥用职权，而且他们更热衷于聚敛自己的财产，而不是为百姓谋福利。百姓的生活越来越苦，很多人要么背井离乡四处流浪，要么隐身在深山中做了强盗。一个名叫林居正的绿林好汉就是在这时候出现的。

迈克：俊石，你知道朝鲜时代的那个叫林居正的绿林好汉吗？

俊石：当然，韩国人中大概没有人不知道林居正的。

迈克：他是个什么样的人啊？

俊石：他原来出身于贱民，虽然没什么学识，但力气很大，很有正义感。

迈克：可他怎么成了强盗呢？

俊石：据说是为了帮助穷人才当了强盗。

迈克：怎么帮的呢？

俊石：据说他偷富人的东西分给穷人。

迈克：不危险吗？

俊石：当然危险了，他几次被捕差点儿死了，在百姓的帮助下多次死里逃生，不过最后还是被抓住处死了。

迈克：他没能实现让穷苦百姓过上好日子的梦想就死了啊。

문법과 표현

语法与表达

① V-곤 하다

表示动作的反复。

나는 가끔 피곤해서 버스에서 자곤 해요.

有时候，我因为太累，就在公共汽车上睡觉。

시험 공부할 때 밤을 새우곤 했어요.

准备考试时，经常熬夜。

어머니는 돌아가신 할머니를 생각하시고 가끔 울곤 하십니다.

想起去世的奶奶，妈妈常常哭。

② N(에) 들어와서

意思是"进入……后"。

20세기에 들어와서 여러 나라에서 전쟁이 났습니다.

进入20世纪以后，很多国家发生了战争。

이번 달에 들어와서 청첩장을 세 장이나 받았어요.

进入这个月以后，就收到了三张请柬。

올해 들어와서 할아버지가 두 번이나 쓰러지셨어요.

今年以来，爷爷就病倒了两次。

③ N 덕분에[으로]

意思是"托……的福"。

선생님 덕분에 이제 한국말을 잘하게 되었어요.

托老师的福，现在韩国语说得很好了。

저는 부모님 덕분에 건강하게 공부하고 있습니다.

托父母的福，我身体很健康，正在学习。

친구들 덕분으로 고생을 안 하고 잘 지냅니다.

托朋友们的福，没受什么苦，过得很好。

V-(으)ㄴ/는 덕분에[으로]

意思是"托……的福"。

선생님이 도와주신 덕분에 잘하게 되었어요.

多亏老师帮忙，现在做得很好了。

부모님이 걱정해 주시는 덕분에 건강합니다.

托父母惦记，(我)身体很好。

장학금을 받은 덕분으로 계속 공부할 수 있었습니다.

多亏得了奖学金，能够继续学习。

④ V-는 데(에) 열중하다[열중이다]
意思是 "热衷于⋯⋯"。

이야기하는 데에 열중해서 설명을 못 들었어요.

光顾了说话了，忘了听介绍。

책 읽는 데 열중해서 정류장을 지나갔어요.

光顾着看书，坐过站了。

철수는 공부는 안 하고 노래 부르는 데에 열중이에요.

哲洙不学习，光热衷于唱歌。

⑤ A/V-(으)ㄴ/는 경우가 (많이) 있다[없다]
意思是 "(经常)有[没有] ⋯⋯的情况"。

옷이 생각보다 비싼 경우가 많이 있어요.

衣服经常比预想的要贵。

선생님도 틀리는 경우가 가끔 있어요.

老师有时候也会犯错。

은행은 제시간에 안 여는 경우가 없어요.

银行从来不按时开门。

A/V-(으)ㄴ/는/(으)ㄹ 경우(에)(는)
意思是 "在⋯⋯的情况下"。

음식이 너무 짠 경우 물을 더 넣으세요.

如果饭菜太咸了，就请再放点儿水。

혼자 쓰는 경우에는 하숙비를 더 내야 해요.

如果自己住，就得多交住宿费。

옷이 맞지 않을 경우에는 바꿔 드려요.

要是衣服不合身，可以给您换。

6 비록 A/V-지만

意思是"虽然……，但是"。

이 선생님은 비록 나이가 많지만 생각은 젊은이 같아요.

李老师虽然年龄大，但想法和年轻人一样。

이 집은 비록 오래되었지만 어려서부터 살아서 이사 가고 싶지 않아요.

这个房子虽然年头有点久了，但我从小就住在这里，所以不想搬家。

나는 비록 작은 집에서 가난하게 살지만 마음만은 부자예요.

虽然我在很小的房子里过着贫困的日子，但是精神上却很富有。

7 V-아/어다(가)

表示做完前一个动作后，带着其状态做后面的动作。

도서관에서 책을 빌려다가 읽었어요.

从图书馆借了书读。

시장에 가는 길에 과일 좀 사다 주세요.

去市场的路上请给(我)买点儿水果。

케이크를 만들어다 친구에게 선물로 주었다.

做了个蛋糕送给朋友。

8 N을/를 당하다

意思是"受……"。

철수가 그 사람에게 유괴를 당했다.　(그 사람이 철수를 유괴했다.)

哲洙被那个人拐骗了。（那个人拐骗了哲洙。）

그는 젊은 사장에게 해고를 당했다.　(젊은 사장은 그를 해고했다.)

他被年轻的社长解雇了。（年轻的社长解雇了他。）

내 친구는 어제 교통사고를 당했어요.

我的朋友昨天出了交通事故。

연습

① 본문을 잘 읽고 대답하세요 .

1) 조선 초에 양반들은 백성들을 위해 어떻게 했습니까?
2) 임꺽정이 나타났을 때의 조선 사회는 어땠습니까?
3) 임꺽정은 어떤 사람이었습니까?
4) 그는 가난한 백성들을 어떻게 도와주었습니까?
5) 그가 이루어 보려던 꿈은 무엇이었습니까?
6) 백성들은 임꺽정을 좋아했습니까?

② 보기와 같이 연습해 봅시다 .

1) 수영을 잘하다
  가 : 어떻게 그렇게 수영을 잘하게 되었어요?
  나 : 매일 연습한 덕분에 이렇게 잘하게 되었어요.

① 한국말을 잘하다
② 김치를 잘 담그다
③ 몸이 건강하다
④ 넓은 아파트로 이사하다
⑤ 좋은 하숙집을 구하다
⑥ ....

2) 비가 오면 어떻게 해요? ⇒ 택시를 타곤 해요.

① 운전을 할 때 길을 모르면 어떻게 해요? ⇒
② 시내에 갈 때 어디에 자주 들러요?   ⇒
③ 요즘 어떤 꿈을 자주 꿉니까?   ⇒
④ 일요일에 날씨가 좋으면 무엇을 해요?   ⇒
⑤ ....? ⇒

3) 사다
  가 : 저 지금 슈퍼에 가는데 뭐 부탁할 것 없어요?
  나 : 그럼, 우유 하나만 사다 주세요.

① 빌리다
  가: 어제 뭐 했어요?
  나: 도서관에서 ....

② 사다

　가: 배가 고프네요.

　나: 저도 그래요. ....

③ 훔치다

　가: 의적이 뭐예요?

　나: 부자들의 물건이나 돈을 ....

④ 만들다

　가: 이 케이크 맛있네요. 미영 씨가 만들었어요?

　나: 아니에요. ....

③ 다음의 표현을 써서 질문에 대답하세요 .

┌───┐
│ 덕분에　　　　　　　함부로　　　　　　당하다　　　　비록 A/V-지만 │
│ A/V-(으)ㄹ 경우에(는)　　　　　　원래　　　　N에 열중하다 │
└───┘

1) 한국어 공부가 힘들 텐데 계속할 거예요?

　.. .

2) 옆집 아저씨가 회사에도 못 나가시고 누워 계시다면서요?

　.. .

3) 임꺽정은 처음부터 부자들의 물건을 훔쳤나요?

　.. .

4) 정류장을 벌써 지났는데 아직도 모르고 있었어요?

　.. .

5) 지난 주일에 이사를 했다던데 힘들었지요?

　.. .

6) 사람들이 건강에 관심이 많아지면서 약을 많이 먹는다면서요?

　.. .

7) 아침에 차가 막히곤 하던데 어떻게 9시까지 학교에 가세요?

　.. .

④ 의사와 환자의 대화입니다. 잘 들으세요 .

1) ①   ②   ③

2) 의사는 이 여자에게 무엇을 해 보라고 했습니까? 모두 골라 ✓ 하세요.
　　① 운동하세요　　(　　)　　　② 운전하세요　　　　　(　　)
　　③ 우세요　　　　(　　)　　　④ 개를 키우세요　　　(　　)
　　⑤ 주무세요　　　(　　)　　　⑥ 약을 드세요　　　　(　　)
　　⑦ 참으세요　　　(　　)　　　⑧ 남편에게 열중하세요 (　　)
　　⑨ 혼자 사세요　 (　　)　　　⑩ 저에게 전화하세요　(　✓　)

⑤ 다음을 듣고 맞으면 O, 틀리면 X 하세요 .

1) (　　　　　)
2) (　　　　　)

⑥ 이야기해 봅시다 .

1) 다른 나라에도 임꺽정과 같은 사람이 있었습니까? 책에서 읽었거나 여러
　 분 나라의 이야기를 들은 적이 있으면 친구들에게 얘기해 주세요.

질문 ＼ 나라				
언제 살았던 사람입니까?				
어떤 사람이었습니까?				
결국 어떻게 되었습니까?				

2) 임꺽정과 같이 좋은 목적을 위해서 물건이나 돈을 훔치는 것에 대해서 어
　 떻게 생각합니까?

⑦ 그림을 보고 이야기해 보세요 .

....
....
....
....
....
....
....
....
....
....
....
....
....
....
....
....
....
....
....
....
....
....

새 단어

単词

-곤 하다	자주 하다　经常……
고려(高麗)	918년~1392년까지 한반도에 있던 나라　高丽
조선(朝鮮)	1392년~1910년까지 한반도에 있던 나라, 근세 조선　朝鮮
세기(世紀)	100년, 시대　世纪
안정(安定)되다	편하고 조용하다　安定
시대(時代)	역사적으로 구분된 기간　时代
지배(支配)	다스림　统治, 支配
계급(階級)	지위·직업·재산 등이 비슷한 집단　阶级
양반(兩班)	조선 시대의 상류 계급　两班, 贵族
국가(國家)	나라　国家
덕분(德分)	고맙게 도와줌　托……的福
초(初)	처음, 초기　初
권력(權力)	지배자가 갖는 사회적인 힘　权力
함부로	생각 없이 마구, 되는 대로　胡乱
열중(熱中)하다	한 가지 일에 정신을 쓰다　热衷于
경우(境遇)	만나게 되는 사정이나 형편　情况
의적(義賊)	의(義)로운 도둑　绿林好汉, 侠盗
원래(元來)	原来
천민(賤民)	지위가 낮고 천한 백성　贱民
비록	虽然
무식(無識)하다	교육받지 않았다　没学识
-아/어다(가)	어떤 일을 하고 그 일의 결과를 가지고 다른 곳으로 가는 것을 나타내는 표현　表示做完某件事之后,带着其结果做下一个动作
나누다	分
결국(結局)	마침내, 드디어　最终
사형(死刑)	死刑
당(當)하다	受
이루다	꿈이나 목적을 그대로 되게 하다　实现
짜다	咸
해고(解雇)	고용주가 직원을 그만두게 함　解雇
목적(目的)	이룩하려고 하는 목표나 방향　目的

11과 지역에 따라 차이를 보였습니다

　　서울의 고등학생 가운데 반 이상이 과외를 하고 있고, 한 달 평균 과외 비용은 25만 원인 것으로 조사되었습니다. 김정수 기자의 보도입니다.

　　최근 한 연구소가 서울의 고등학교 남학생 1,200명을 대상으로 조사한 것을 보면 3학년 학생 가운데 49%, 2학년 학생 가운데 52.8%가 과외 수업을 받는 것으로 나타났습니다. 서울 고등학생의 반 이상이 과외를 하고 있는 셈입니다.

　　지역별로는 강남구와 서초구 같은 강남 지역 학생들은 69%가 과외를 받고 있으나, 노원구와 중랑구 같은 강북 지역 학생들은 39%밖에 안 되어 지역에 따라 차이를 보였습니다.

　　한 달 과외 비용은 평균 25만 원으로, 고등학교 3개월 등록금 15만 2천 원에 비하면 상당히 많은 편입니다. 또 이 금액은 도시 근로자의 한 달 월급의 23%가 되므로 과외비가 심각한 문제가 된다는 것을 알 수 있습니다. 실제로 50% 이상의 부모가 과외를 시키는 것이 힘들다고 말했습니다.

　　EBC, 김정수였습니다.

单 词

가운데	나타나다	상당히	★대부분	주택	세면도구	엎드리다	적당하다
과외	-(으)ㄴ/는 셈이다	근로자	입시	심부름	휴대폰	통계	보름
기자	구	-(으)므로	제도	실시하다	카세트	시기	
보도	강남	실제로	원하다	결과	자장면	단위	
대상	강북	시키다	서비스	응답자	초등학교	취업	

第11课　不同的地区情况有所不同

　　据调查，首尔的高中生中一半以上接受课外辅导，平均一个月的费用是25万韩元。金正洙记者报道。

　　最近一个研究所对1,200名首尔高中男生进行了调查，结果表明，高三学生中有49%、高二学生中有52.8%接受课外辅导，也就是说首尔高中生的一半以上接受课外辅导。

　　按地区来看，江南区和瑞草区等江南地区学生的69%接受课外辅导，芦原区和中浪区等江北地区的学生中却只有39%，不同的地区情况有所不同。

　　一个月的课外辅导费用平均为25万韩元，与高中三个月的学费15.2万韩元相比，费用相当高。而且，这一数额相当于城市工人一个月工资的23%，说明课外辅导费用已经成为一个严重的问题，实际上50%以上的父母表示让孩子接受课外辅导负担很重。

　　以上是EBC金正洙的报道。

문법과 표현

语法与表达

① (N에 따라) N(에) 차이를 보이다[차이가 있다, 차이가 나다]
意思是 "根据……不同，……不同"。

나이에 따라 사고방식에 차이를 보인다.
年龄不同，思考方式也有所不同。

김치는 지방에 따라 맛에 차이가 있다.
地方不同，泡菜的味道也所有不同。

아이들과 어른은 기차 요금에 차이가 납니다.
孩子和成人的火车票价格不同。

② N 가운데
意思是 "在……中"。

서울 시민 가운데 반 이상이 고향으로 내려갔어요.
首尔市民中一半以上回了老家。

환경 문제 가운데 쓰레기가 가장 큰 문제군요.
在环境问题中，垃圾是最大的问题。

양반들 가운데 함부로 권력을 사용하는 사람이 많았습니다.
贵族中有很多人滥用权力。

＊이름을 가운데 써 주세요.
＊请把名字写在中间。

가운데 앉으면 잘 보여요.
坐在中间就能看清楚了。

③ A/V-(으)ㄴ/는 것으로 나타나다[조사되다]
意思是 "据调查[有迹象显示]……"。

강남 지역의 커피 값이 강북 지역에 비해 30% 비싼 것으로 나타났습니다.
据调查，江南地区的咖啡价格比江北地区贵30%。

대부분의 부모들은 새로운 입시 제도에 반대하는 것으로 조사되었습니다.
据调查，大多数父母反对新的高考制度。

서울 시민의 반 이상은 전셋집에 살고 있는 것으로 나타났다.
据调查，一半以上的首尔市民住的是租的房子。

④ N을/를 대상으로 조사하다[연구하다]
意思是"以……为对象进行调查[研究]"。

일반 음식점을 대상으로 음식 값을 조사했어요.
针对一般饭店调查了饭菜的价格。

대학생들을 대상으로 원하는 직업을 조사했다.
以大学生为对象调查了喜欢的职业。

어린이를 대상으로 발음에 대해서 연구했습니다.
以儿童为对象,研究了发音。

⑤ A/V-(으)ㄴ/는 셈이다
意思是"应该说……,算是……"。

이 자동차가 가격은 싸지만 기름이 많이 들기 때문에 저 자동차보다 비싼 셈이다.
这台汽车虽然价格便宜,但耗油多,应该说比那台汽车贵。

오늘이 12월 23일이니 올해도 다 간 셈이다.
今天是12月23日,所以今年就算已经过去了。

이 식당의 음식 값은 맛과 서비스를 생각하면 별로 비싸지 않은 셈이다.
如果考虑到味道和服务的话,这家餐厅饭菜的价格不算贵。

⑥ A/V-(으)므로
意思是"因为……,所以"。

서울은 주택이 부족하므로 아파트를 더 지어야 한다.
首尔的住宅不足,所以还得建公寓。

경제 사정이 나빠졌으므로 취직하기도 어려워질 것이다.
经济情况恶化了,所以就业也会变得困难。

쓰레기를 많이 버리므로 환경이 나빠집니다.
排出很多垃圾,所以环境在恶化。

* 경제 사정이 나빠졌기 때문에 취직하기도 어려워질 것이다.

* 因为经济情况恶化了，所以就业也会变得很难。

쓰레기를 많이 버리기 때문에 환경이 나빠집니다.

因为排出很多垃圾，所以环境在恶化。

⑦ N을/를 시키다
意思是"让……做……"。

동생에게 심부름을 시켰어요.

指使弟弟干活儿了。

누가 그 일을 시켰어요? – 박 선생님께서 시키셨어요.

谁让干的那件事? —朴老师让干的。

저 학생은 키가 커서 농구를 시키면 좋겠어요.

那个学生的个子很高，让他打篮球肯定不错。

V-(으)라고 시키다
意思是"让……做……"。

어머니는 나에게 약을 사 오라고 시키셨어요.

妈妈让我买药来。

친구가 꽃을 사라고 시키더군요.

朋友让(我)买花。

선생님이 책을 읽으라고 시키셨어요.

老师让读书。

연습

① 본문을 잘 읽고 대답하세요 .

1) 서울의 고등학생 가운데 몇 %가 과외를 하고 있습니까?
2) 과외 받는 학생을 학년별로 비교해 보세요.
3) 지역별로는 어떤 결과가 나타났습니까?
4) 한 달 과외 비용과 다른 비용을 비교해 보세요.
5) 왜 과외비가 심각한 문제가 됩니까?

② 다음은 서울의 어느 백화점에서 실시한 조사 결과입니다 . 잘 듣고 질문에 답하세요 .

1) '휴가 갈 때 세 가지만 가져갈 수 있다면?' 이라는 질문에 대한 여성 응답자들의 대답으로 맞는 것은 어느 것입니까?

①			②			③		
돈	36%		돈	38%		돈	34%	
세면도구	38%		세면도구	36%		세면도구	36%	
휴대폰	34%		휴대폰	34%		휴대폰	38%	

2) '누구와 같이 갈 것인가?' 라는 질문에 대한 여성 응답자들의 대답으로 맞는 것은 어느 것입니까?

①			②			③		
친구	45%		친구	45%		친구	45%	
애인	32%		애인	10%		애인	10%	
가족	27%		가족	32%		가족	27%	

③ 잘 읽고 대답하세요 .

1) 영자는 카세트 녹음기를 25,000원 주고 한 달 전에 샀다. 그런데 벌써 두 번이나 고장이 나서 수리비만 10,000원도 더 들었다. 영철이는 30,000원 주고 1년 전에 산 카세트 녹음기가 아직 한 번도 고장이 안 났다. 그럼 누가 싸게 산 셈일까?

2) 형기는 유치원에 다니는 동생과 자장면을 먹었다. 한 그릇을 나누어
   먹었는데 둘이 반반 똑같이 먹었다. 형기는 초등 학교 6학년이다. 누가
   더 많이 먹은 셈일까?

3) 시험공부를 하던 마이클과 준석이는 너무 피곤해서 잠깐 자게 되었다.
   준석이는 책상에 엎드려서 1시간을 잤고 마이클은 침대에 누워서 30분을
   잤다. 누가 더 잘 잔 셈일까?

④ 왼쪽 그림과 오른쪽 통계 결과를 보고 신문 기사를 만들어 보세요 .

〈첫 배낭여행 시기〉   〈적당한 여행 기간〉

단위 : %

대학 2학년 ▮▮▮▮▮▮▮▮ 37.5

대학 3학년 ▮▮▮▮▮▮▮ 33   한 달   (61%)

졸업 후 취업 전 ▮▮▮▮▮ 20   한 달 이상 (17%)

대학 1학년 ▮ 5.5   보름 정도   (8%)

대학 4학년 ▮ 4

⑤ 친구들을 대상으로 자기가 알고 싶은 것을 조사해 보세요 .

이름 \ 조사내용			

⑥ 위 조사 결과를 보고 기사를 써 보세요 .

새 단어

单 词

가운데	-중에 中间
과외(課外)	학교 공부 외에 따로 하는 것 课外辅导
기자(記者)	신문, 잡지나 뉴스의 글을 쓰는 사람 记者
보도(報道)	나라 안팎의 일을 알려 줌 报道
대상(對象)	행동의 목표가 되는 것 对象
나타나다	나와서 눈에 보이다 出现
-(으)ㄴ/는 셈이다	-(으)ㄴ 것과 마찬가지다 算是
구(區)	区
강남(江南)	서울에서 한강의 남쪽 江南
강북(江北)	서울에서 한강의 북쪽 江北
상당(相當)히	꽤, 매우 相当地
근로자(勤勞者)	정해진 시간 동안 일하는 사람 工人
-(으)므로	-기 때문에, -(으)니까 表示因果关系的连接词尾, 因为……所以……
실제(實際)로	사실, 진짜로 实际上
시키다	하게 하다 让, 使
대부분(大部分)	반이 넘는, 거의 모두 大部分
입시(入試)	입학시험 入学考试
제도(制度)	制度
원(願)하다	바라거나 청하다 希望, 想要
서비스	服务
주택(住宅)	집 住宅
심부름	다른 사람에게 일을 해 오도록 시키는 것 使唤, 跑腿
실시(實施)하다	실제로 행하게 하다 实施
결과(結果)	结果
응답자(應答者)	물음에 대답하는 사람 应答者
세면도구(洗面道具)	세수하는 데 쓰는 여러 가지 도구 洗漱用具
휴대(携帶)폰	手机
카세트	磁带
자장면	중국 된장에 볶은 국수 炸酱面
초등학교(初等學校)	7살부터 12살까지 다니는 학교 小学
엎드리다	배를 바닥에 붙이거나 팔다리를 짚고 몸 전체를 길게 뻗다 卧倒
통계(統計)	统计
시기(時期)	정해진 때 时期

단위(單位)	单位
취업(就業)	직업을 얻음　就业
적당(適當)하다	알맞다　恰当，适当
보름	15일，15일 동안　15天

12과 어떻게 생각하느냐에 따라 다르지

　옛날 어느 산골에 우씨네와 허씨네가 살고 있었는데, 두 집 모두 아들이 둘씩 있었다. 우씨네와 허씨네의 큰아들은 부채를 만들어 팔고, 작은아들은 우산을 팔아 생계를 이어 나갔다. 그런데 우씨네는 큰아들과 작은아들 걱정에 언제나 한숨만 쉬었다. 비가 오는 날에는 부채를 팔러 나간 큰아들이 사람들한테 놀림을 받을 것이고, 해가 나는 날에는 우산을 팔러 나간 작은아들이 사람들에게 웃음거리가 될 것이라고 생각하기 때문이었다. 그러나 옆집 허씨네는 항상 웃음소리가 끊이지 않았다. 비가 오는 날은 우산을 팔고 있는 작은아들이 신 날 것이고, 해가 나는 날은 큰아들이 부채를 많이 팔 수 있을 것이라는 생각을 하면 기쁘지 않을 수 없었다. 허씨네는 비가 오나 해가 나나 함박웃음이 터지고, 우씨네는 비가 와도 해가 나도 마음이 어두운 이유는 무엇일까?

＊　　　　　＊　　　　　＊

민석 : 이제 대학 입학시험이 한 달밖에 안 남았어.

지영 : '한 달밖에'라니? '한 달이나' 남았잖아.

민석 : 한 달 동안 뭘 하겠어? 난 아무리 생각해도 재수를 해야 할 것 같아.

지영 : 왜 그렇게 생각하니? 한 달 동안에도 충분히 정리할 수 있어.

单 词

생계	웃음거리	터지다
잇다	끊이다	재수하다
한숨	신(이) 나다	
놀림	함박웃음	

민석 : 너는 머리도 좋고 열심히 했으니까 잘할 수 있겠지만, 나는 안될 게 뻔해. 그냥 포기하고 마음 편하게 지내는 게 좋겠어.

지영 : 너는 '우산 장수와 부채 장수' 이야기도 안 들어 봤어? 모든 일은 어떻게 생각하느냐에 따라 다른 거야.

민석 : 어떻게 다른데?

지영 : 한 달이 남았다는 건 일주일밖에 없어서 준비할 수 없는 경우보다 훨씬 낫잖아. 그러니까 지금부터라도 최선을 다해.

민석 : 글쎄, 잘할 수 있을까?

-(으)ㄹ 게 뻔하다	★ 화제	떨어지다	끝
포기하다	자식	비교하다	긍정적
	코미디언	우겨지다	부정적
	제목	시절	

第12课　看怎么想了

　　古时候，一个山沟里住着姓牛和姓许的两家人，两家都有两个儿子。牛家和许家的大儿子都做扇子卖，小儿子都卖雨伞维持生计。可是，牛家父母总是因为担心大儿子和小儿子而长吁短叹。因为他们认为，下雨的时候，去卖扇子的大儿子会被人们取笑，太阳出来了，去卖雨伞的小儿子又会被人笑话。但是，邻居许家却总是笑声不断，他们认为，下雨的日子卖伞的小儿子会很高兴，太阳出来，大儿子可以卖掉很多扇子，想到这就非常开心。许家无论下雨还是出太阳都笑呵呵的，牛家无论下雨还是出太阳都心情不好，原因是什么呢？

＊　　　　　　＊　　　　　　＊

民锡：现在离高考只剩下一个月了。

志英："只剩下一个月"？还剩下"一个月"呢。

民锡：一个月里能干什么呢？我再怎么想都觉得可能得复读。

志英：为什么这么想啊？一个月里完全可以整理好。

民锡：你脑子聪明，又认真学习，能做好。可是我肯定不行，我想干脆放弃，心情轻松地生活。

志英：你没听说"卖雨伞的小贩和卖扇子的小贩"的故事吗？一切都看你怎么想的了。

民锡：怎么不一样？

志英：剩下一个月不是比只剩下一周不能做准备好得多吗？所以从现在开始尽最大的努力吧。

民锡：这个嘛，能行吗？

문법과 표현

1 A/V-(으)/느냐에 따라 다르다

意思是"根据……的不同而不同"。

날씨가 어떠냐에 따라 기분도 달라지곤 해요.

心情随天气的不同发生变化。

방이 얼마나 크냐에 따라 방 값이 달라집니다.

房价因为房子的大小发生变化。

똑같은 영화도 누구와 보느냐에 따라 느낌이 달라요.

同一部电影也因为和谁一起看而感觉不同。

2 N-거리

意思是"……的材料[资料]"。

사람들의 웃음거리가 되고 싶지 않아요.

不想成为人们的笑柄。

그런 일은 화젯거리가 될 만한 일이 아니에요.

那种事不足以成为谈资。

집에 오는 길에 시장에 들러서 반찬거리를 샀다.

回家的路上顺便去市场买了菜。

3 S-(으)나 S-(으)나

意思是"无论……, 还是……"。

어머니들은 비가 오나 눈이 오나 자식들을 걱정하십니다.

那些做妈妈的无论下雨还是下雪都为孩子担心。

코미디언은 괴로우나 즐거우나 사람들을 웃겨야 해요.

喜剧演员无论难过还是高兴都要让人们笑起来。

이제부터 두 사람은 기쁘나 슬프나 서로 아끼며 살아가겠습니까?

从现在开始,两个人能够无论高兴还是悲伤都会互相呵护着生活下去吗?

④ A/V-(으)ㄹ 게 뻔하다
意思是 "肯定……, 明摆着……"。

그 책의 제목을 보니 재미없을 게 뻔해요.

看那本书的题目就知道肯定没意思。

안 봐도 다 알 수 있어. 아직까지 자고 있을 게 뻔해.

不看也知道，肯定还在睡觉。

저렇게 공부를 안 하니 이번에도 떨어질 게 뻔하지.

那么不学习，这次肯定也考不上。

연습

① 본문을 잘 읽고 대답하세요.

1) 우씨네와 허씨네의 아들은 무엇을 해서 생계를 이어 나갔습니까?
2) 우씨 부부는 왜 매일 한숨을 쉬었습니까?
3) 허씨 부부는 왜 비가 오나 해가 나나 신이 났습니까?
4) 민석이와 지영이는 지금 무엇을 하는 사람입니까?
5) 민석이와 지영이의 한 달에 대한 생각은 어떻게 다릅니까?
6) 민석이와 지영이의 생활 태도를 비교해 보세요.

② 다음의 문장을 완성하세요.

1) 다음 .... 에 알맞은 단어를 골라 쓰세요.

놀림	산골	생계	웃음거리	한숨	함박웃음

① 어머니께서 걱정 때문에 .... 만 쉬십니다.
② .... 에 나무가 우거져서 공기가 깨끗합니다.
③ 사람에게는 .... 을/를 이어 나가는 일이 무엇보다 중요합니다.
④ 다른 사람의 .... 이/가 되는 일은 하지 않는 것이 좋겠지요.
⑤ 요즘 우리 집은 기쁜 일로 .... 이/가 가득합니다.
⑥ 어린 시절 친구들에게 .... 을/를 받은 적이 있어요?

2) 다음 .... 에 알맞은 단어를 골라 맞게 고쳐 쓰세요.

끓이다	신이 나다	재수하다	정리하다	포기하다

① 대학 입학시험에 떨어져서 .... 는 학생들이 많이 있습니다.
② 친구들과 무엇을 할 때 가장 .... 요?
③ 시험이 이틀밖에 안 남아서 이제는 알고 있는 것을 .... 야 해요.
④ 그 광고를 본 사람들의 전화가 .... 지 않고 온다.
⑤ 어떤 일이든지 .... 지 않고 끝까지 노력하는 일이 중요하지요.

3) 보기에서 알맞은 표현을 골라 .... 에 맞게 고쳐 쓰세요.

> 가슴이 터지다   배가 터지다   울음이 터지다   웃음이 터지다

① 슬픈 영화를 보다가 마침내 .... 아/어 나왔어요.
② 너무 많이 먹어서 .... (으)ㄹ 것 같다.
③ .... (으)ㄹ 것처럼 답답할 때는 산에 올라가 보세요.
④ 그 코미디언은 얼굴만 봐도 .... 아/어 나와요.

③ 다음 대화를 완성하세요.

1) 가 : 그 사람 결혼했니?
   나 : .... (이)라니? ....
2) 가 : 그 학생은 .... 나 .... 나 열심히 하는 학생이에요.
   나 : 그래서 그런지 도서관에서 자주 봤어요.
3) 가 : 그 사람이 뭐라고 할까?
   나 : .... (으)ㄹ 게 뻔해. 지난번에도 그랬잖아.
4) 가 : 외국에서 공부하려면 돈이 많이 필요할까?
   나 : .... 냐에 따라 다르지.
5) 가 : 그 친구는 지금 뭘 하고 있을까?
   나 : 안 봐도 뻔해. .... 고 있겠지.

④ 다음은 전화 내용입니다. 잘 듣고 맞으면 O, 틀리면 X 하세요.

1) (   )
2) (   )
3) (   )
4) (   )

5) 다음은 성격이 다른 두 사람에 대한 이야기입니다 .

1) 잘 듣고 맞으면 ◯, 틀리면 × 하세요.
① 내 동생의 성격은 긍정적이다. ( )
② 내 동생과 같이 있으면 기분이 좋아진다. ( )
③ 내 동생은 곧 취직을 한다. ( )
④ 부모님은 부정적인 성격의 동생 때문에 걱정이 많으시다. ( )

2) 잘 듣고 맞으면 ◯, 틀리면 × 하세요.
① 이 사람은 옛날이나 지금이나 걱정거리가 많은 사람이다. ( )
② 다른 사람들도 이 사람의 성격을 좋아했다. ( )
③ 생활 태도를 긍정적으로 바꾸고 나니 일의 결과도 좋아졌다. ( )

6) 같이 이야기해 봅시다 .

1) ① 위의 듣기 5번의 1)과 2)에 나오는 사람의 성격을 비교해 봅시다.

② 여러분 나라에 위와 같은 성격의 사람을 표현하는 말이나 속담이 있으면 친구들에게 이야기해 주세요.

③ 여러분 가족이나 친구 중에 위의 듣기에 나온 것 같은 성격을 가진 사람이 있습니까? 있으면, 예를 들어 이야기해 주세요.

7) 이야기해 봅시다 .

1) 어려운 일이 생기면 여러분은 누구와 의논합니까?

2) 여러분이 한 달밖에 살 수 없다면 여러분은 어떻게 하겠습니까?

새 단어

单词

생계(生計)	살아 나가는 방법	生计
잇다	앞뒤가 끊어지지 않게 하다	连接
한숨	걱정이 있을 때 쉬는 숨	叹气
놀림	놀리는 것	取笑
웃음거리	웃음을 받을 만한 사람 또는 일	笑柄
끊이다	멈추다	断
신(이) 나다	매우 즐겁다	来兴致
함박웃음	크게 웃는 웃음	哈哈大笑
터지다	웃음 따위가 한꺼번에 나오다	爆发
재수(再修)하다	시험에 떨어져 그 시험을 위해 다시 공부하다	复读
-(으)ㄹ 게 뻔하다	그렇게 될 것이 분명하다	肯定
포기(抛棄)하다	하던 일을 그만두다	放弃, 抛弃
화제(話題)	이야깃거리	话题
자식(子息)	아들과 딸	子女
코미디언		喜剧演员
제목(題目)		题目
떨어지다	시험에서 실패하다	落(榜)
비교(比較)하다	서로 같은 점과 다른 점을 알아보다	比较
우거지다	풀과 나무가 매우 많다	茂盛
시절(時節)	때, 일생의 어느 한 동안	时节, 时候
끝	마지막	头, 尽头
긍정적(肯定的)	어떤 일이나 생각을 그렇다고 하는 것	肯定的
부정적(否定的)	어떤 일이나 생각을 그렇지 않다고 하는 것	否定的

13과 아빠가 밥을 해 준다고 놀려요

우리는 맞벌이 부부다. 나는 집에서 만화를 그리고 아내는 직장에 다니기 때문에 일반 맞벌이 부부와는 달리 내가 집에서 초등학교 1학년 딸아이의 밥을 챙겨 주는 경우가 많다. 그런데 어느 날, 딸아이가 시무룩한 표정으로 학교에서 돌아왔다.

아빠 : 나래야, 왜 그렇게 시무룩해 보이니? 학교에서 무슨 일 있었니?

나래 : 오늘 친구들한테, "우리 아빠는 매일 맛있는 음식을 만들어 주신다!" 하고 자랑했어요.

아빠 : 그런데 친구들이 뭐라고 했어?

나래 : 그랬더니 "박나래는요, 아빠가 밥을 해 준대요." 하면서 막 놀리잖아요.

아빠 : 아이구 참. 우리 나래가 그것 때문에 기분이 나빴구나. 나래야, 그건 친구들이 나래가 부러워서 그런 거야.

나래 : 뭐가 부러워요?

아빠 : 나래 친구들은 엄마만 음식을 챙겨 주지만 나래는 엄마와 아빠가 모두 음식을 만들어 주니까 그렇지.

나래 : 정말 친구들이 나를 부러워할까요?

아빠 : 그럼, 그렇고말고. 자, 어서 손 씻고 저녁 먹자.

나래 : 네, 아빠.

单 词

맞벌이	시무룩하다	부럽다
직장	표정	-고말고(요)
와/과 달리	막	

                *   *   *

남편 : 여보, 오늘 나래가 학교에서 친구들한테 놀림을 받았나 봐.

아내 : 왜요?

남편 : 아빠가 음식을 만들어 준다고 자랑했더니 오히려 친구들이
　　　아빠가 밥을 해 준다고 놀린 모양이야.

아내 : 그래요? 아빠가 밥을 하는 것이 아이들에게는 이상하게 여겨지나
　　　보군요. 사실, 다른 집 아빠들에 비하면 당신이 집안일을 많이
　　　하는 편이죠.

남편 : 그렇다고 집안일을 모두 내가 맡아 하는 건 아니잖아.

아내 : 음식 만드는 일만 당신이 도와줘도 어딘데요.

남편 : 그건 내가 직접 음식 만들어 먹는 일을 좋아하니까 그렇지.

아내 : 아무튼 당신은 집안일에 대한 편견이 별로 없어서 다행이에요.
　　　집안일은 여자가 하는 것이라고 생각하는 사람들이 많잖아요.

남편 : 아직도 우리 사회에는 유교적 사고방식이 지배적이라서 그런 것
　　　같아. 나래가 크면 남녀평등에 대한 사람들의 생각이 더 많이
　　　달라지겠지.

오히려	지배적	★ 한산하다	남녀 차별
사실	남녀평등	억지로	사회적
편견		기본적	
유교적		성능	

第13课 笑话我是爸爸给做饭

　　我们夫妻都工作，我在家画漫画，妻子去单位上班，所以和一般的双职工不同，我经常在家里给上小学一年级的女儿做饭。可是有一天，女儿一脸不高兴地从学校回来了。

父亲：娜莱，怎么这么不高兴啊？学校里发生什么事了吗？

娜莱：今天我很自豪地跟朋友说"我爸爸每天给我做好吃的。"

父亲：那朋友们怎么说？

娜莱：他们说"朴娜莱说爸爸做饭"，一个劲儿地取笑我。

父亲：哎哟，真是的，我们娜莱是因为这个生气了。娜莱呀，那是朋友们羡慕你才那样做的。

娜莱：羡慕什么呀？

父亲：因为娜莱的朋友们都是只有妈妈给做饭，而娜莱却是爸爸、妈妈都给做饭呀。

娜莱：朋友们真的羡慕我吗？

父亲：嗯，当然啦。来，快洗手吃晚饭吧。

娜莱：好的，爸爸。

丈夫：亲爱的，今天娜莱好像在学校里被朋友们取笑了。

妻子：为什么？

丈夫：可能是她炫耀说爸爸给做饭，反倒被朋友取笑吧。

妻子：是吗？看来对孩子们来说，爸爸给做饭是件很奇怪的事。比起别人的爸爸，你确实做家务活儿算多的。

丈夫：不过，我也不是把家务活儿都包了呀。

妻子：光帮忙做饭这件事就很了不起呀。

丈夫：那是因为我喜欢自己做饭吃嘛。

妻子：反正你对家务活儿没什么偏见，真是幸运，有好多人认为家务活儿是女人的事。

丈夫：看来我们的社会中儒家思想还占据主流，娜莱长大以后，人们对于男女平等的看法会发生很多变化吧。

문법과 표현
语法与表达

① N와/과 달리
意思是 "与……不同"。

한국은 우리나라와 달리 사계절이 있다.
韩国和我们国家不同，有四个季节。

나와는 달리 내 동생은 운동을 잘한다.
我弟弟和我不一样，他体育很好。

오늘은 보통 때와 달리 거리가 한산하다.
今天和平常不同，街道上很冷清。

② N이/가 부럽다
意思是 "羡慕……"。

나는 부자가 부럽다.
我很羡慕有钱人。

저는 재주 많은 사람이 부러워요.
我羡慕多才多艺的人。

A/V-(으)ㄴ/는 것이 부럽다
意思是 "羡慕……"。

나는 그 친구 머리가 좋은 것이 부럽다.
我羡慕那个人脑子聪明。

나는 내 친구가 운동을 잘하는 것이 부러워요.
我羡慕那个朋友擅长体育。

③ A/V-고말고(요)
意思是 "当然……"。

우리 집에 오실 거예요? - 그럼요. 가고말고요.
到我家来吗? —当然了，当然去。

하기 싫은 것을 억지로 한 적이 있어요? - 그럼요. 있고말고요.
很不情愿地做过你不想做的事吗? —当然，当然做过。

N(이)고말고(요)
意思是"当然是……"。

시험에 합격했다니 기쁜 일이지요? -기쁜 일이고말고요.
听说考试合格了，高兴吧? —当然高兴了。

민수 씨는 좋은 사람이지? -좋은 사람이고말고.
敏洙是个好人吧? —当然是个好人。

④ 오히려
副词，意思是"反而，反倒"。

오히려 기본적인 것을 모를 때가 많아요.
基本的东西反倒经常不知道。

자동차를 타는 것보다 걷는 것이 오히려 빠르다.
走着反倒比坐汽车更快。

어른들보다 오히려 어린이의 의견이 더 나을 때도 있다.
有时候孩子的建议反倒是比成年人的更好。

⑤ 그렇다고 A/V-(으)ㄴ/는 것은 아니다
意思是"不是因此就……"。

컴퓨터를 싸게 샀다. 그렇다고 성능이 나쁜 것은 아니다.
电脑是花了很少的钱买的，但并不因此性能就差。

봄이 왔다. 그렇다고 아주 따뜻해진 것은 아니다.
春天来了，但并不因此就应该很暖和了。

나는 학교를 졸업했어요. 그렇다고 공부가 끝난 것은 아니에요.
我从学校毕业了，但并不因此就不再学习了。

6 N만 A/V-아/어도 어딘데(요)
意思是"仅……就很了不起"。

우리 집은 학교에서 가깝지만 교통이 불편해요. -거리만 가까워도 어딘데요.
我家离学校很近，但交通不方便。—光离着近就已经很不错了。

우리 남편은 가끔 설거지만 해 줘요. -설거지만 해 줘도 어딘데요.
我丈夫偶尔只刷刷碗。—光刷碗就已经很不错。

한자는 읽지만 뜻은 잘 몰라. -한자만 읽을 줄 알아도 어딘데.
汉字能读，但是不知道意思。—光会读就很了不起了。

연습

① 본문을 잘 읽고 대답하세요 .

1) 나래 아빠와 엄마는 무슨 일을 합니까?
2) 나래는 왜 아빠가 밥을 챙겨 줍니까?
3) 나래는 오늘 학교에서 왜 친구들에게 놀림을 받았습니까?
4) 나래 친구들은 정말로 나래를 부러워했습니까?
5) 나래네 집에서는 누가 집안일을 합니까?
6) 나래와 나래 친구들의 차이는 무엇입니까?

② 다음 문장을 완성하세요 .

1) 보기에서 알맞은 단어를 골라 .... 에 넣으세요.

| 남녀평등　맞벌이　사고방식　지배적　직장　편견　표정 |

① 학생들을 위한 편의 시설을 늘리자는 의견이 .... 이다.
② 사람마다 .... 이/가 다르기 때문에 가끔 오해가 생깁니다.
③ 밝은 .... (으)로 이야기하는 사람에게 화를 낼 수는 없지요.
④ 앞으로는 여자나 남자나 일을 해야 하기 때문에 .... 부부가 많아 질 거예요.
⑤ 가 : 여자만 집안일을 해야 한다는 생각을 하는 사람이 있더군요.
　　나 : 아직도 그렇게 .... 의 사고가 전혀 없는 사람들이 있나요?
⑥ .... 을/를 자주 옮기는 것은 별로 좋지 않아요.
⑦ 직업에 대한 .... 은/는 없어져야 해요.

2) 보기에서 알맞은 단어를 골라 .... 에 맞게 고쳐 쓰세요.

| 놀림을 받다　맡아 하다　부럽다　시무룩하다　챙기다 |

① 어렸을 때 친구들한테 .... (으)면 혼자 울었어요.
② 그 사람은 회사의 힘든 일을 거의 혼자 .... 고 있어요.
③ 그 친구가 .... 얼굴로 아무 말도 하지 않고 있어요.
④ 저는 건강하지 못해서 운동을 잘하는 친구들이 ....
⑤ 전에는 어머니가 모든 걸 .... 주셨는데 요즘은 어머니가 안 계시 니까 제가 해요.

③ 다음 대화를 완성하세요 .

> A/V-고말고(요)　　　그렇다고 A/V-(으)ㄴ/는 것은 아니다
> 오히려　　N와/과 달리　　N만 A/V-아/어도 어딘데(요)

1) 가 : 오늘도 손님이 많았어요?

　　나 : 아니요, _____ .

2) 가 : 엄마, 이번 제 생일에 컴퓨터 사 주실 거죠?

　　나 : 그럼, _____ .

3) 가 : 오늘도 늦었어요?

　　나 : 네, _____ .

4) 가 : 남편이 집안일을 많이 도와주나요?

　　나 : 네, 그런 편이죠. _____ .

5) 가 : 아직 교과서의 단어를 50% 정도밖에 못 외웠어.

　　나 : _____ . 나는 시험공부를 시작도 못했어.

④ 남편과 아내의 대화입니다 . 잘 듣고 맞는 답을 고르세요 .

1) ①　　　　　②　　　　　③

2) ①　　　　　②　　　　　③

⑤ '여자로 태어나는 것이 아니라 여자로 만들어진다.' 는 말에 대해 어떻게 생각합니까? 친구들과 이야기해 봅시다 .

6 이야기해 봅시다 .

1) 우리가 사는 사회의 남녀 차별에 대해 이야기해 봅시다.

집안일	
직업	
사회적 편견	(예: 여자가 담배 피우는 것…)

2) 어떻게 하는 것이 남녀평등이라고 생각하십니까?

3) 우리 사회에서 여자가 주로 하는 직업과 남자가 주로 하는 직업이 있습니까?
   그 이유는 무엇인 것 같습니까?

남자가 주로 하는 직업	여자가 주로 하는 직업

새 단어
単词

맞벌이	부부가 모두 직업을 가지는 것 双职工
직장(職場)	회사와 같이 사회에서 일을 하는 곳 工作单位
와/과 달리	와/과 다르게 与……不同
시무룩하다	마음에 불만이 있는 것처럼 말이 없다 不高兴, 气鼓鼓
표정(表情)	마음속의 생각과 감정이 얼굴에 나타나는 것 表情
막	몹시 很, 非常
부럽다	남의 좋은 것을 보고 나도 그렇게 되었으면 하다 令人羡慕
-고말고(요)	물론 그렇다 表示肯定, 当然
오히려	보통 생각과는 달리 다른 것이 낫다 反而
사실(事實)	实际上
편견(偏見)	공정하지 못한 생각 偏见
유교적(儒敎的)	儒家的
지배적(支配的)	支配性的
남녀평등(男女平等)	남자와 여자의 지위와 역할이 같다는 것 男女平等
한산(閑散)하다	한가하고 여유가 있다 冷清
억지로	무리하게 강제로 勉强
기본적(基本的)	基本的
성능(性能)	기계나 물건이 가진 능력 性能
남녀 차별(男女差別)	남자와 여자를 차이를 두고 다르게 대하는 것 男女不平等
사회적(社會的)	社会的

14과 한국어 가르치는 데에 더 몰두하게 돼요

민수　　　：외국 사람들에게 우리말을 가르치는 국어 선생님이라면서요?

최 선생　：네. 하지만 국어 선생이라는 말보다는 한국어 선생이란 말이 맞지요.

민수　　　：국어 선생님과 한국어 선생님은 어떻게 달라요?

최 선생　：우선 가르치는 대상부터 달라요. 국어 선생은 우리나라 학생들에게 우리말을 더 정확하게 사용하도록 하는 데 중점을 두고 가르치지요. 하지만 한국어 선생은 외국인이 우리말을 배워 잘 사용할 수 있도록 가르치지요.

민수　　　：그렇군요. 우리는 자신도 모르는 사이에 우리말의 표현들을 저절로 알게 되지요. 하지만 우리에게 아무리 쉬운 표현이라고 해도 외국인에게는 어려운 점이 많겠네요.

최 선생　：그렇지요. 그래서 짧은 시간에 우리말을 알기 쉽고 정확하게 가르쳐야 하는 것이 한국어 선생의 임무예요.

민수　　　：학생들이 한국어를 배우는 목적은 대개 뭐예요?

최 선생　：한국에 관심이 있어서 왔다는 학생이 많아요. 또, 여러 나라의 말을 잘하면 직업 선택의 폭도 넓어진다고 해요. 그밖의 여러 가지 필요에 의해 배우는 것 같아요.

민수　　　：방학에는 교포들도 우리말을 배우러 많이 온다고 들었는데요.

单　词

몰두하다	저절로	선택
중점	임무	폭
-는 사이에	대개	에 의해(서)

최 선생 : 맞아요. 그중에는 그냥 부모가 한국어를 배우라니까 왔다는
          학생도 있지만, 자기가 한국인이기 때문에 한국어를 알아야
          한다고 생각해서 스스로 왔다는 학생도 많아요.
민수   : 외국인과 교포들에게 한국어를 가르치시는 보람도 있겠네요.
최 선생 : 그럼요. 처음에는 한국어를 한마디도 못하던 학생이 어느
          정도 지나서 한국말로 이야기하는 걸 보면 보람을 느껴요.
          그래서 한국어 가르치는 데에 더 몰두하게 되는 것 같아요.

스스로	★ 발걸음	꺼지다
보람	산업	다양하다
한마디	파괴하다	내용
	전체	필요성

第14课　更专心教韩国语了

敏　洙：听说你是给外国人教韩国语的语文老师？

崔老师：是，不过与其说是语文老师，不如说是韩国语老师更对。

敏　洙：语文老师和韩国语老师有什么不同？

崔老师：首先教的对象不同，语文老师重点是教咱们国家的学生更正确地使用韩国语，
　　　　而韩国语老师是教外国人学习并学好韩国语。

敏　洙：原来如此。我们不知不觉之间自然而然地学会了韩国语的用法，但对我们来说
　　　　再简单的用法对外国人来说也会有很多困难。

崔老师：是啊。所以在很短的时间里简单、正确地教韩国语是韩国语老师的任务。

敏　洙：学生们学韩国语的目的大概是什么？

崔老师：很多学生是因为对韩国感兴趣来的。而且，他们说学好几个国家的语言，择业
　　　　的范围也会更宽，好像也有因为其他各种需要来学习的。

敏　洙：听说放假时也有很多侨胞来学韩国语。

崔老师：对，其中虽然有些学生是因为父母让学韩国语来的，但是也有很多学生自己意
　　　　识到是韩国人就必须学会韩国语而自愿来的。

敏　洙：觉得教外国人和侨胞韩国语很有意义吧。

崔老师：是的。看到刚开始一句韩国语都不会说的学生过了一段时间后能说韩国语，觉
　　　　得很有意义，所以更专心教韩国语了。

문법과 표현
语法与表达

① V-는 데(에) 몰두하다
意思是"埋头于[专心于]……"。

영화 보는 데 몰두해서 전화 소리도 못 들었다.
专心看电影，所以连电话铃声也没听见。

책 읽는 데에 몰두하다 내릴 지하철역을 놓치고 말았어요.
专心看书，所以错过了该下的地铁站。

연구하는 데만 몰두해서 결혼할 생각을 안 해요.
埋头做研究，所以没想结婚。

N에 몰두하다
意思是"埋头于[专心于]……"。

공부에 몰두하다 보니 이렇게 늦었는지 몰랐어요.
埋头学习，不知道已经这么晚了。

컴퓨터 게임에 몰두하면 밥 먹는 것도 잊어버려요.
埋头玩电脑游戏，连吃饭都忘了。

② N에 중점을 두다
意思是"把重点放在……"。

그 학생은 무엇보다도 학교생활에 중점을 둔다.
相比其他的，那个学生把重点放在了学校生活上。

그 신문은 경제 문제에 중점을 두고 있다.
那份报纸把重点放在了经济问题上。

V-는 데(에) 중점을 두다
意思是"把重点放在……"。

우리는 많은 글을 읽는 데 중점을 두고 가르친다.
我们重点教阅读很多文章。

그는 환경을 깨끗이 하는 데 중점을 둔다.
他把重点放在保持环境卫生上。

③ V-는 사이(에)
意思是 "……的时候"。

마이클 씨는 남들이 노는 사이에 열심히 공부했어요.
其他人玩的时候，迈克刻苦学习。

산업 발전에만 몰두하는 사이에 환경이 많이 파괴되었다고 합니다.
据说埋头发展产业时，环境已经遭到了很大的破坏。

나도 모르는 사이에 발걸음이 지하철역으로 향했다.
我在不知不觉之间走向了地铁站。

④ N에 의해(서)
意思是 "根据……"。

한국어 실력에 의해 급이 결정됐어요.
根据韩国语水平评定等级。

이번 시험 결과에 의해서 우등상을 받을지 못 받을지 결정된대요.
根据这次考试的结果，决定能不能得优秀奖。

모든 결과는 그 사람의 노력에 의해 달라진다.
所有的结果都因为那个人的努力而发生变化。

⑤ A/V-다/자/냐/라니까
意思是强调 "说……"。

내가 대공원에 간다니까 조카를 데리고 가라고 했어요.
我说去大公园，就让我带侄子去。

극장에 같이 가자니까 피곤해서 싫대요.
我说一起去剧场，(他)说累了不想去。

어디 가느냐니까 시장에 간다고 했어요.
问去哪儿，说去市场。

내 우산을 가져가라니까 괜찮다고 했어요.
让(他)带我的雨伞去，(他)说没关系。

연습

① 본문을 잘 읽고 대답하세요 .

1) 국어 선생과 한국어 선생이 다른 점은 무엇입니까?
2) 일 년 중에서 언제 재외 교포들이 한국어를 배우러 많이 옵니까?
3) 교포 학생들이 왜 자기 스스로 한국어를 배우려고 합니까?
4) 최 선생님은 언제 한국어 가르치는 보람을 느낍니까?

② 다음 문형을 이용해서 문장을 만드세요 .

V-다가	V-는 사이에	N에 몰두하다
N에 의해서	V-(으)라니까	N에 중점을 두다

1) 가 : 한국말을 잘하시는 것 같은데 왜 2급반에서 공부하세요?
   나 : 쓰기와 말하기 시험 점수 _____ 2급으로 정해졌어요.
2) 가 : 도서관에 가자고 하더니 지금 어디로 가고 있는 거예요?
   나 : 맛있는 음식 냄새가 나니까 나도 _____ 식당으로 발이
   가네요. (모르다)
3) 가 : 옷을 살 때 무엇에 _____ 고 선택해요?
   나 : 저는 무엇보다도 디자인을 중요하게 생각해요.
4) 가 : 형한테 밥 먹으라고 했니?
   나 : 네, 그런데 지금 편지 _____ 고 있어서 식사하
   러 안 나오네요. (쓰다)

③ 보기에서 알맞은 단어를 골라 _____ 에 넣으세요.

발전	보람	선택	스스로	임무	저절로	폭	한마디

1) 미안하다는 말 _____ 하기가 그렇게 어려운가요?
2) 군인의 _____ 은/는 나라를 지키는 것입니다.
3) 70년대에 들어와서 한국의 경제가 빠른 속도로 _____ 되었습니다.
4) 이 컴퓨터는 전기를 절약하기 위해 20분 이상 사용하지 않으면 _____
   꺼지도록 돼 있습니다.
5) 어려운 사람을 돕는 일은 힘들지만 _____ 이/가 있어요.
6) 그 식당은 메뉴가 너무 다양해서 _____ 하기 어려울 정도예요.

7) 한강은 상당히 .... 이/가 넓은 강입니다.

8) 옛날에는 누군가가 깨워 줘야 일어났는데 요즘은 .... 일어나요.

④ 보기와 같이 연습해 보세요.

> "나는 대공원에 가요." "조카를 데리고 가라."
> → 내가 대공원에 간다니까 조카를 데리고 가라고 했어요.

1) "어디 가요?" "시장에 가요."
→ ....

2) "제가 말하기 곤란해요." "말하지 마세요."
→ ....

3) "복권을 같이 삽시다." "싫어요."
→ ....

4) "제 숙제 좀 도와주세요." "오늘은 바빠서 안 되겠는데요."
→ ....

5) "은행에 같이 가요." "따라와요."
→ ....

6) ....
→ ....

⑤ 라디오 방송 내용입니다. 잘 들어 보세요.

1) 이것은 무엇에 대한 광고입니까?

① ② ③

6 다음은 라디오의 음악 프로그램입니다 . 잘 들어 보세요 .

1) 들은 내용의 제목을 만들어 보세요.

　　..

2) 이 내용에 의하면, 우리가 정말 걱정해야 할 것은 몇 %입니까?

7 친구와 이야기해 보세요 .

1) 외국어 배우기가 어려운데도 외국어를 배워야 하는 이유가 뭘까요?

2) 한국어 배우기의 쉬운 점과 어려운 점을 각각 이야기해 봅시다.
　또, 특히 배우기 어려웠거나 아직도 이해가 잘 안 되는 문법이나 표현을
　이야기해 봅시다.

3) 여러분 나라의 말을 우리가 배운다면, 쉬운 점과 어려운 점은 각각 무엇
　입니까?

	쉬운 점	어려운 점

새 단어
单 词

몰두(沒頭)하다	한 가지 일에 모든 신경을 쓰다, 열중하다 埋头于
중점(重點)	중요한 것 重点
–는 사이에	……期间
저절로	자기도 모르게 自然而然地
임무(任務)	자기가 맡은 일, 해야 할 일 任务
대개	대체로, 대부분 大概
선택(選擇)	고르는 것 选择
폭(幅)	范围, 宽度
에 의(依)해(서)	由, 被……
스스로	자기가 하고 싶어서, 자기 힘으로 自觉地, 自动地
보람	한 일에 대해서 나타난 좋은 결과 意义
한마디	짧은 말 一句
발걸음	걸음 脚步
산업(產業)	产业
파괴(破壞)하다	부수거나 깨뜨려서 쓸 수 없게 만들다 破坏
전체(全體)	모두, 다 全体, 整体
꺼지다	'끄다'의 피동형 熄灭
다양(多樣)하다	모양이 여러 가지이다 多种多样
내용(內容)	内容
필요성(必要性)	꼭 소용이 있음 必要性

15과 약도 좋지만 쉬는 게 제일이야

　인류에게 최악의 재앙이 될 가능성이 있는 '죽음의 감기'가 조만간 세계를 강타할 것이라고 독일의 한 잡지 최신호에서 경고했다. 1918년에는 불과 몇 개월 만에 10억 명이 감기에 걸려 2천만 명이 목숨을 잃은 적이 있다고 하면서 이와 비슷한 위력을 가진 죽음의 감기가 곧 닥쳐올 것이라고 그 잡지는 전하고 있다.

　또 이 잡지는 1918년 감기 사망자 수가 1차 세계 대전 희생자의 2배에 달한다고 하면서 중세의 대질병들도 이렇게 짧은 기간 내에 많은 인간을 사망케 하지는 않았다고 밝혔다.

　그 잡지는 '죽음의 감기'가 1890년, 1900년, 1957년, 1968년에도 지구를 습격, 수십만 명의 인명을 빼앗아갔다고 설명했다. 일단 '죽음의 감기'가 발생하면 불과 3주 만에 전 세계로 확산되기

单　词

최악	최신	목숨	달하다	일단
재앙	호	위력	중세	발생하다
가능성	경고하다	닥쳐오다	밝히다	전
조만간	불과	전하다	습격	확산되다
강타하다	억	희생자	인명	

때문에 예방 주사약이 개발된다 하더라도 소용이 없을 것으로 전망된다고 한다.

엄마 : 우리 애가 감기에 걸린 것 같아요.

의사 : 증세가 어떤가요?

엄마 : 열이 많이 나고 목도 아프대요. 기침도 심하고요.

의사 : 언제부터 그러기 시작했지요?

엄마 : 어제 저녁부터요. 머리를 감고 나서 말리지도 않고 학교에 가더니만 오후부터 열이 나기 시작하더군요.

의사 : 입을 '아'하고 크게 벌려 보세요.

아이 : 아.

의사 : 목이 많이 부었군요. 우선 이틀치를 처방해 드릴 테니까 일단 먹여 보세요. 이번 감기는 지독해서 약 먹고 며칠 쉬어야 할 거예요.

엄마 : 내일 학교에는 안 보내는 게 좋겠죠?

의사 : 될 수 있으면 안 가는 게 좋겠는데요. 약도 좋지만 감기에는 푹 쉬는 게 제일이거든요.

엄마 : 네, 고맙습니다.

예방	전망하다	-치	★ 놀랍다	우정	통증
주사약	증세	처방하다	심장병	딱	진통제
개발하다	벌리다 (입을)	지독하다	상황	풀리다 (피로가)	안약
소용없다	붓다	푹	후회하다	소화제	해열제

第15课　吃药固然好，但休息最好

　　德国某杂志的最新一期警告说，有可能成为人类最大灾难的"致死感冒"总有一天会给全世界造成严重的危害。杂志说，1918年，在短短几个月内有十亿人感冒，两千万人死于感冒，与之威力相当的致死感冒很快就会来临。

　　这份杂志还说，1918年因感冒而死亡的人数相当于第一次世界大战死亡者的两倍，中世纪的大疾病也没有在这么短的时间里夺去这么多人的生命。

　　这份杂志说，"致死感冒"在1890年、1900年、1957年、1968年袭击地球，夺走了数十万人的性命。它还预言说，如果爆发"致死感冒"，不到三周就会扩散到全世界，所以即便开发出针剂，也没有什么用处。

妈妈：我的孩子好像得了感冒。

医生：什么症状？

妈妈：发高烧，说嗓子疼，咳嗽也很厉害。

医生：从什么时候开始这样的？

妈妈：从昨天晚上开始的。洗了头之后没有干就去学校了，下午开始发烧。

医生：张大嘴巴，说"啊"。

孩子：啊。

医生：嗓子肿得很厉害，先开两天的药让她吃吃看。这次感冒很厉害，吃了药也得休息几天。

妈妈：明天最好不让她去学校，是吧？

医生：最好别去，吃药固然很好，但得了感冒最好能好好休息。

妈妈：好的，谢谢。

문법과 표현

① 불과 N 만에
意思是"不过……就"。

한국말을 배운 지 불과 두 달 만에 한국 사람과 이야기를 하다니 놀랍군요.
学韩国语不过两个月，就能和韩国人聊天，真让人惊讶。

그 어려운 문제를 불과 10분 만에 다 풀어서 모두 깜짝 놀랐어요.
不过10分钟就解开了那道难题，让大家都大吃一惊。

내 친구는 수영 배우러 다니겠다고 했는데 시작한 지 불과 사흘 만에 그만두었다.
我的朋友说要去学游泳，但开始才3天就不学了。

② N에 달하다
意思是"达到……"。

서울 인구가 천만 명에 달하니 서울이 복잡할 수밖에 없죠.
首尔的人口达到了一千万，首尔当然很拥挤。

생활 쓰레기 중에서 음식 쓰레기가 30%에 달한다고 해요.
据说生活垃圾中食品垃圾达到30%。

어제 그 가수의 공연을 보기 위해서 만 명에 달하는 관객이 모였다.
昨天为了看那个歌手的演出，聚集了一万名观众。

③ S-다고[라고] 밝히다
意思是"表明/表示……"。

그 의사는 이 약이 심장병 예방에 도움이 된다고 밝혔다.
那个医生表示，这种药有利于预防心脏病。

서울시는 앞으로 시민 생활에 불편이 없도록 하겠다고 밝혔다.
首尔市表示，将来要消除市民生活的不便之处。

그것이 거짓말이라고 밝혀지면 그땐 어떡하시겠어요?
如果那被证实是谎言，那时候该怎么办呢？

④ 일단 A/V-(으)면
意思是 "如果[一旦]……"。

일단 배가 부르면 아무 일도 하고 싶은 생각이 없어진다.
一旦填饱了肚子，想做什么的想法就没有了。
일단 써 보면 얼마나 좋은지 알 수 있을 거예요.
先用用，就会知道多么好了。
일단 약속을 하면 무슨 일이 있어도 지켜야 합니다.
一旦约定了，无论发生什么事都要遵守。

* 일단 밥부터 먹고 시작합시다.
* 先吃了饭再开始吧。
그 사람이 누구인지 궁금하면 일단 만나 보세요.
如果想知道那个人是谁，就先见一见吧。

⑤ A/V-다 하더라도
意思是 "就算……也"。

상황이 어렵다 하더라도 낙관적으로 생각하는 것이 좋아요.
就算情况很困难，最好也往乐观的方向想。
지금 떠난다 하더라도 제시간에 도착하기 힘들 거예요.
就算现在离开，可能也很难准时到达。
내일 비가 온다 하더라도 계획대로 모임을 가지겠어요.
就算明天下雨，也要按计划聚会。

⑥ 소용(이) 없다
惯用语，意思是 "没有用"。

이 남은 동전은 우리나라에 가면 소용이 없으니까 다 써 버립시다.
剩下的这些硬币带回我们国家也没有用了，都花掉吧。
이제 와서 후회해도 소용이 없어요. 미리 조심을 했어야지.
现在后悔也没有用了，应该早点儿注意才是。

옷이 마음에 들어도 몸에 맞지 않으면 소용이 없어요.

衣服就算喜欢，如果不合身，也没有用。

7 A/V-더니만

用在形容词或动词后面，表示前面的体验是后一事实的原因、条件，有时也用于强调前后的变化。

동생이 어제 늦게 자더니만 아침에 못 일어나는군요.

弟弟昨天睡得很晚，早晨起不来了。

영미는 어렸을 때부터 노래를 잘하더니만 결국 가수가 됐네요.

英美小时候唱歌就唱得很好，结果成了歌手。

이사 올 때는 이 방이 크더니만 지금은 물건이 많아서 작네요.

搬来的时候，这个房子很大，现在东西多了，房子就感觉小了。

연습
练习

① 본문을 잘 읽고 대답하세요 .

1) 독일의 한 잡지에 어떤 기사가 났습니까?
2) 1918년에 어떤 일이 있었습니까?
3) '죽음의 감기' 는 몇 번이나 지구를 습격했습니까?
4) 이 감기를 왜 '죽음의 감기' 라고 부릅니까?
5) 아이가 감기에 걸린 원인은 무엇입니까?
6) 감기에 제일 좋은 것은 무엇입니까?

② 친구와 함께 다음 대화를 완성해 보세요 .

환자 : 감기에 걸린 것 같아요.
의사 : _____ ?
환자 : 열이 많이 나고, _____ 고 _____ 요.
　　　 또 _____ 도 _____ 요.
의사 : 그럼, 우선 _____ 테니까 잡숴 보세요.
환자 : 네, 고맙습니다.

③ 다음 밑줄 친 곳에 알맞은 표현을 써넣으세요 .

| 불과 | 소용없다 | 일단 | 조만간 |

1) 가 : 이 소설책 한번 읽어 봐.
　　나 : 소설책은 모르는 단어가 많아서 읽을 자신이 없어.
　　가 : _____ 읽어 봐. 생각하는 거하고 다를 수도 있으니까.
2) 가 : 지난번 시험을 너무 못 봐서 걱정이야.
　　나 : 끝난 일 가지고 후회해도 _____ 는 일이야.
　　　　 다 잊어버리고 다음 시험이나 잘 보도록 열심히 준비하는 게 낫지 않
　　　　 겠어?
3) 가 : 엄마, 방 청소 다 했어요.
　　나 : 뭐라고? 그렇게 더럽던 방을 _____ 에 다 청소했다고? (10분)
4) 가 : 이렇게 차가 늘다가는 길이 주차장이 되겠어요.
　　나 : 계속 그렇게 늘지는 않을 거예요. _____ 뭔가 달라질 거예요.

④ 보기에서 알맞은 문형을 골라 .... 에 써넣으세요 .

> N에 달하다 　　　　 A/V-다 하더라도 　　　 A/V-더니만
> A/V-다고 밝히다 　　 N도 좋지만

1) 가 : 어제 신문 봤니?
　　나 : 응, 이번 사건에 정부는 _____지만 난 그렇게
　　　　생각하지 않아. (잘못이 없다)

2) 가 : 어떤 사람이 돈 때문에 친구와의 우정이 깨져 버렸대요.
　　나 : 돈이 아무리 _____ 친구를 잃으면 무슨 소용이 있겠어
　　　　요? (많다)

3) 가 : 난 요즘 젊은 아이들을 이해할 수 없어요. _____ 바지를
　　　　찢어서 입는 건 정말 이상해요. (멋)
　　나 : 이해하세요. 우리 어렸을 때도 우리 부모님들이 똑같은 말씀을 하셨
　　　　을 거예요.

4) 가 : 심장병 어린이를 위한 수술 비용을 모으고 있다면서요?
　　나 : 네, 지금까지 모인 금액이 _____. (2억 원)

5) 가 : 민수가 안경을 썼더라.
　　나 : 그렇게 컴퓨터에 _____ 결국 눈이 나빠졌구나.
　　　　(열중하다)

⑤ 다음 밑줄 친 곳에 알맞은 말을 보기에서 골라 써넣으세요 .

> 깜빡 　　　 딱 　　　 텅 　　　 푹

1) 이 신발이 내 발에 .... 맞아요.
2) 친구와 한 약속을 .... 잊어버릴 뻔했어요.
3) 피곤할 때는 .... 자고 나면 피로가 풀릴 거예요.
4) 월급을 다 써서 통장이 .... 비었어요.

6 약의 종류와 그 약이 필요한 경우를 연결해 보세요 .

1) 소화제 •   • 통증이 심할 때 먹는 약
2) 기침약 •   • 눈이 아플 때 눈에 넣는 약
3) 진통제 •   • 기침이 날 때 먹는 약
4) 안약   •   • 소화가 안 될 때 먹는 약
5) 해열제 •   • 열이 많이 날 때 먹는 약

7 라디오 방송입니다. 잘 들으세요 .

1) 오늘은 몇 월 며칠입니까?

10						
일	월	화	수	목	금	토
				1	2	3
4	5	6	7	8	9	10
11	12	13	14	15	16	17
18	19	20	21	22	23	24
25	26	27	28	29	30	31

11						
일	월	화	수	목	금	토
1	2	3	4	5	6	7
8	9	10	11	12	13	14
15	16	17	18	19	20	21
22	23	24	25	26	27	28
29	30					

12						
일	월	화	수	목	금	토
		1	2	3	4	5
6	7	8	9	10	11	12
13	14	15	16	17	18	19
20	21	22	23	24	25	26
27	28	29	30	31		

2) 여기에서 월요일을 힘들지 않게 하는 방법으로 어떤 것을 소개했습니까?
① 일요일에 집에서 푹 쉰다.
② 일요일에 재미있는 일을 만든다.
③ 좋아하는 사람과 월요일에 약속을 한다.

⑧ 여러분 나라에서는 어떻게 감기를 예방하고, 감기에 걸렸을 때 어떻게 하는지 서로 이야기해 봅시다 .

	자기 나라			
감기 예방 하는 방법				
특별히 먹는 음식				
못 먹게 하는 음식				
감기를 낫게 하는 특별한 방법				

새 단어

최악(最惡)	가장 나쁨　最恶, 最坏
재앙(災殃)	자연의 변동과 이상한 사고　灾难
가능성(可能性)	실현될 수 있음, 어떤 일이 될 것 같음　可能性
조만간(早晚間)	앞으로 얼마 안 가서　迟早
강타(强打)하다	세게 치다, 큰 타격을 주다　沉重打击
최신(最新)	가장 새로운 것　最新
호(號)	차례를 나타내는 데 쓰는 말　号, 期
경고(警告)하다	조심하라고 알리다　警告
불과(不過)	不过
억(億)	100,000,000　亿
목숨	생명　生命
위력(偉力)	위대한 힘　威力
닥쳐오다	어떤 일이나 시간이 가까이 오다　来临
전(傳)하다	소식을 알리다　传递, 传达
희생자(犧牲者)	어떤 일로 인하여 죽은 사람　牺牲者
달(達)하다	어떤 수량·정도가 되다　达到
중세(中世)	5～15세기 경　中世纪
밝히다	분명하게 보이다　表明, 公开
습격(襲擊)	갑자기 적을 공격함　袭击
인명(人命)	사람의 생명　人命
일단(一旦)	한번, 우선　一旦
발생(發生)하다	새로 생기다　发生
전(全)	모든　全
확산(擴散)되다	흩어져 퍼지다　扩大, 扩散
예방(豫防)	무슨 일이 일어나기 전에 미리 막음　预防
주사약(注射藥)	针剂
개발(開發)하다	새로운 것을 만들어 실용화하다, 발전시키다　开发
소용(所用)없다	필요 없다　没有用
전망(展望)하다	멀리 바라다 보다　预料, 展望
증세(症勢)	병으로 나타나는 현상　症状
벌리다 (입을)	입을 펴서 열다　张开
붓다	살이 부풀어 오르다　肿
-치	-분　份
처방(處方)하다	병의 증세에 따라 약을 만들다　开(药)
지독(至毒)하다	심하다　厉害

푹	아주 많이, 깊게　酣, 沉
놀랍다	놀랄 만하다　令人吃惊
심장병(心臟病)	心脏病
상황(狀況)	어떤 일의 그때의 모습이나 형편　情况
후회(後悔)하다	이전의 잘못을 깨닫고 뉘우치다　后悔
우정(友情)	친구 사이의 정　友情
딱	정확히 잘 맞는 모양　正好
풀리다 (피로가)	(피로가) 없어지다　消除
소화제(消化劑)	소화를 돕는 약　消化药
통증(痛症)	아픈 증세　疼痛
진통제(鎭痛劑)	아픔을 멈추게 하는 약　止痛药
안약(眼藥)	눈에 넣는 약　眼药
해열제(解熱劑)	몸의 열을 내리는 데 쓰는 약　退烧药

16과 미리 연락을 하면 달려가 발이 되겠습니다

'미리 외출 시간을 연락해 주면 달려가 발이 되겠습니다.'

이것은 택시 광고가 아니다. 장애인들의 외출을 도와주는 한 자원봉사 단체의 광고 문구이다. 순수한 시민 단체인 이 모임은 혼자만의 힘으로는 전혀 외출할 수 없는 장애인들에게 운전기사의 역할을 하고 있다. 이 모임이 알려지면서 봉사받고 싶어하는 장애인의 수는 늘어나고 있는 데 반해 봉사를 자원하는 사람들은 이에 크게 못 미친다고 한다.

또한 장애인을 위한 기본적인 편의 시설이 부족한 것도 문제이다. 최근 한 조사에 의하면 우리나라 공공 기관과 교통 시설의 장애인 편의 시설 설치율은 28%에 지나지 않는다고 한다.

单 词

외출하다	단체	역할	지나지 않다
장애인	문구	미치다	
자원하다	힘	공공 기관	
봉사	운전기사	설치율	

올가 : 오늘 아침 학교 오는 길에 다리가 불편한 사람이 겨우 겨우 버스에 오르는 걸 봤어요. 장애인들이 대중교통을 이용하기가 좀 편하면 좋겠어요.

준석 : 아닌 게 아니라 버스 계단은 좀 높아서 보통 사람들에게도 불편하지요. 그러니 몸이 불편한 사람들은 얼마나 힘들겠어요?

올가 : 한국은 최근 경제적으로 몰라보게 발전했지만 장애인을 위한 시설은 그리 많지 않은 듯해요. 시청, 우체국, 은행 같은 곳에서 장애인을 위한 시설은 좀처럼 볼 수 없어요.

준석 : 물론 장애인을 위한 편의 시설을 만드는 것도 중요하지만, 항상 그들에 대해 관심을 갖는 자세가 필요하지 않을까요?

올가 : 맞아요. 장애인을 위해 시설은 해 놨는데 보통 사람들이 함부로 사용하는 경우도 있잖아요.

준석 : 그래요. 사실 하려고만 들면 장애인을 돕는 일은 먼 데 있는 것은 아니지요.

겨우	좀처럼	★ 평범하다	전용
대중	자세	말다툼	
몰라보게		가입하다	
그리		장벽	

第16课 如果事先联系，我们会来到您身边帮助您外出

"如果事先告诉我们您外出的时间，(我们)就会奔过去帮助您出门。"

这不是出租车的广告，是帮助残疾人外出的一个志愿服务团体的广告语，这个团体是纯粹的市民团体，他们为无法靠自己的力量出门的残疾人充当司机。随着这个团体渐渐广为人知，希望得到这种服务的残疾人数量正在增加，而与此相反，志愿提供服务的人却相去甚远。

此外，为残疾人提供的基本便利设施不足也是一个问题，最近的一次调查显示我国公共机关和交通设施中，残疾人便利设施设置的比例不过28%。

奥尔加：今天从学校回来的路上，看到一个腿脚不方便的人很艰难地上公共汽车。要是残疾人乘坐大众交通能方便一些就好了。

俊石 ：就是，公共汽车的台阶有点儿高，对一般人来说都不方便，身体有残疾的人该多么费劲呀？

奥尔加：韩国最近经济上取得了飞跃性的发展，但是残疾人设施却好像不那么多，市政府、邮局、银行等地方很难看到为残疾人设置的设施。

俊石 ：为残疾人提供便利设施当然很重要，但一直对他们保持关心的态度不是更必要吗？

奥尔加：对，很多时候是为残疾人设置了设施，一般人却乱用。

俊石 ：是啊，其实只要想做，帮助残疾人并不是一件遥不可及的事。

문법과 표현

① A/V-(으)ㄴ/는 데(에) 반해
意思是"相比……"。

지하철은 빠르고 편해서 좋은 데 반해 사람이 많아서 불편해요.
地铁又快又方便，很好，但是人太多，不方便。

그 식당요? 맛은 괜찮은 데 반해 서비스는 그저 그렇더군요.
那个饭店？味道不错，但服务很一般。

전 술은 잘 마시는 데 반해 담배는 전혀 못합니다.
我很能喝酒，但是一点儿也不会抽烟。

② N에 지나지 않다
意思是"不过是……"。

그곳에서 일한 것은 연습에 지나지 않았다.
在那个地方工作不过是练习。

저는 평범한 회사원에 지나지 않는데요.
我不过是一个平凡的公司职员。

그런 일은 꿈에 지나지 않는 것이니 잊어버리도록 해.
那种事情不过是做梦，所以忘掉吧。

③ 아닌 게 아니라
惯用型，意思是"的确、果然"。

한자는 어려워서 배우기가 힘들어요. -아닌 게 아니라 외국 사람한테는 어려울 거예요.
汉字很难，不好学。—的确如此，对外国人来说应该很难。

그 사람 만나 보니 어땠어요? -아닌 게 아니라 들은 대로 괜찮은 사람이던데요.
见到那个人，觉得怎么样？—果然和听说的一样，是个不错的人。

이 계획은 실천하기 어렵지 않겠어요? -아닌 게 아니라 좋은 계획이지만 실천하기는 어려울 것 같아요.
实施这个计划不难吗？—确实如此，计划很好，但是实施起来好像很难。

④ 몰라보게 V

意思是"……得认不出"。

제가 떠나 있는 동안 고향이 몰라보게 달라졌어요.

我不在的期间，家乡变化太大，都不认识了。

1년 동안 몰라보게 자랐구나.

一年间长了很多，都不认识了。

동네가 몰라보게 좋아져서 참 놀랐습니다.

村庄变得很好，都不认识了，真让人吃惊。

⑤ 그리 A/V-지 않다

意思是"不怎么……"。

학교에서 집까지는 그리 멀지 않아요.

从学校到家不怎么远。

말다툼을 그리 심하게 하는 것 같지는 않았어요.

吵嘴吵得好像没那么厉害。

직접 밥을 해 먹으면 돈이 그리 많이 들지 않습니다.

如果自己做饭吃，不会花那么多钱。

⑥ A/V-(으)ㄴ/는 듯하다

意思是"好像……"。

박 선생이 회사 일로 요즘 골치가 아픈 듯해요.

朴先生最近好像因为公司的事很头疼。

어머니가 주무시는 듯해서 전화를 바꿔 드리지 않았어요.

妈妈好像在睡觉，所以没让她接电话。

피아노 치는 걸 들으니 연습을 전혀 안 한 듯하더군요.

听他弹钢琴，好像一点儿也没练。

A/V-(으)ㄹ 듯하다

意思是"好像要……"。

날씨가 추울 듯해서 옷을 많이 입고 나왔어요.

天气好像很冷，所以出来时穿了很多衣服。

하늘을 보니 비가 올 듯하네요.

看一下天空，发现好像要下雨了。

내가 같이 가자고 하니까 그 친구도 갈 듯하던데요.

我说一起去，那个朋友好像也要去。

⑦ V-(으)려고만 들다

意思是"只想……"。

컴퓨터는 배우려고만 들면 누구나 쉽게 배울 수 있습니다.

只要想学电脑，任何人都能很轻松地学会。

하려고만 들면 못할 일이 어디 있겠어요?

只要想做，哪里有做不了的事?

나쁘게 생각하려고만 들지 말고 한번 좋은 쪽으로도 생각해 봅시다.

不要只想不好的，往好的方向想想看吧。

연습

① 본문을 잘 읽고 대답하세요.

1) '미리 연락하면 달려가 발이 되겠습니다'는 무슨 광고입니까?
2) 자원 봉사자는 충분합니까?
3) 한국 교통 시설의 장애인 편의 시설은 어떻습니까?
4) 장애인을 위한 편의 시설을 만드는 것보다 더 필요한 것은 무엇입니까?

② 다음 ....에 알맞은 단어를 넣으세요.

기본적으로	몰라보게	미치다	발전하다
외출하다	좀처럼	최근	해결하다

1) 가 : 박 선생님 계시면 좀 바꿔 주세요.
   나 : 지금 잠깐 .... 실례지만 누구십니까?
2) 와! 너 오래간만이다. 그동안 .... 예뻐졌구나.
3) 가 : 난 똑똑하고, 재미있고, 멋있고, 게다가 나만 사랑해 주는 사람을 만
      나고 싶어.
   나 : 그렇지만 그런 사람은 .... 만나기 힘들걸.
4) 서울은 하루라도 빨리 심각한 교통 문제를 ....다고 생각합
   니다.
5) 그 일을 시작하기 전에 .... 알아 둬야 할 것들이 몇 가지 있
   습니다.

③ 보기와 같이 연습해 봅시다.

> 가 : 구름이 많이 끼었네요. (비가 오다)
> 나 : 구름이 많이 낀 걸 보니 비가 올 듯하군요.

1) 가 : 손님이 많이 오셨네요. (음식이 조금 모자라다)
   나 : ....
2) 가 : 이 책에는 한자가 많군요. (읽는 데 시간이 많이 걸리다)
   나 : ....
3) 가 : 저 식당에 사람이 많군요. (음식 맛이 좋다)
   나 : ....

4) 가 : 길이 많이 막히네요. (지하철이 낫다)

　　나 : ....

5) 가 : 비가 자주 내리네요. (곧 추워지다)

　　나 : ....

④ 다음의 문형을 이용하여 문장을 완성하세요 .

> V-(으)려고만 들다　　　N에 지나지 않다　　　그리 A/V-지 않다
> A/V-(으)ㄴ/는 데 반해　　A/V-(으)ㄴ/는/(으)ㄹ 듯하다

1) 그 집은 편의 시설이 .... 교통이 불편한 것 같더군요.
　(많다)

2) 최근 여기서 .... 곳에 큰 병원이 생겨서 차들이 많아졌
　습니다. (멀다)

3) 일이 많은 편도 아니니까 .... (으)면 빨리 끝낼 수 있어요.
　(하다)

4) 가 : 내게 그렇게 많은 돈이 있으면 우리나라에 가난한 사람이 한 사람도
　　　없도록 할 텐데요.

　　나 : 하지만 그건 어디까지나 꿈에 .... 일이야.

5) 더 이상 기다려 봐도 .... ㄴ/는데, 그냥 떠나는 것이
　좋겠어요. (오다)

⑤ 정구와 민지의 대화입니다. 잘 들으세요 .

1) 이 여학생은 이 대화의 끝에서 어떻게 대답했을까요?
　① 역시 장애인 문제는 정부가 관심을 가져야 해.
　② 장애인을 돕는 자원 봉사 단체에 가입하면 어때?
　③ 나도 이번 주말에 설악산에 가 볼까?

2) 이 대화의 알맞은 제목을 고르세요.
　① 장애인에 대한 정부의 관심
　② 장애인을 힘들게 하는 장벽들
　③ 장애인 전용 주차장 만들기

3) 이 두 사람은 어떤 생각을 가지고 있습니까?
   ① 설악산에 올라간 장애인이 부럽다.
   ② 이들은 장애인에게 별로 관심이 없다.
   ③ 우리 생활 속에는 장애인에게 불편한 것이 많다.

⑥ 친구들과 함께 이야기해 봅시다 .

1) 여러분은 자원 봉사해 본 경험이 있습니까? 경험이 있다면 언제 어디에서
   무슨 일을 했는지 자세하게 소개해 보세요.

내용＼사람				
언제				
어디에서				
무슨 일				
보람 있던 경험				

2) 우리가 어떤 곳에서 어떤 일로 자원 봉사할 수 있을지 함께 이야기해 보세요.
   ①
   ②
   ③
   ④
   ⑤

3) 여러분 나라에서는 장애인을 위해 어떤 일들을 하고 있습니까?
   또 그들을 위한 시설은 어떻게 되어 있습니까?

자기 나라			

새 단어

외출(外出)하다	밖에 나가다 外出
장애인(障碍人)	신체적 또는 지적으로 도움이 필요한 사람 残疾人
자원(自願)하다	스스로 지원하다 志愿，自愿
봉사(奉仕)	국가·사회를 위해 헌신적으로 일함 服务
단체(團體)	모임 团体
문구(文句)	글의 구절 语句
힘	力量，力气
운전기사(運轉技士)	운전하는 사람 司机
역할(役割)	구실, 임무 作用
미치다 (수에)	이르다 达到
공공기관(公共機關)	사회의 여러 사람들이 함께 이용하는 기관 公共机关
설치율(設置率)	설치한 비율 设置比例
지나지 않다	불과하다 不过
겨우	어렵게 힘들여 勉强
대중(大衆)	수가 많은 여러 사람 大众
몰라보게	보고도 인식하지 못할 정도로 看不出
그리 (-지 않다)	그렇게 (-지 않다), 그 정도로 (-지 않다) 那么
좀처럼 (-지 않다)	不容易，不轻易
자세(姿勢)	어떤 일에 대한 마음가짐 姿态，态度
평범(平凡)하다	뛰어나거나 특별하지 않다 平凡
말다툼	말싸움 吵嘴
가입(加入)하다	조직이나 단체에 들어가다 加入
장벽(障壁)	방해가 되는 것 障碍，壁垒
전용(專用)	한 가지 목적으로만 쓰는 것 专用

17과 설날은 큰 명절 중의 하나예요

바바라 : 세계 어느 나라에나 명절이 있고 그날에는 전통적인 풍속이나 놀이가 있는 것 같아요. 한국에도 독특한 설날 풍속과 정월 놀이가 있겠지요?

선생님 : 그래요. 한국도 마찬가지예요. 한국에서는 설날이 큰 명절 중의 하나예요. 오늘은 설날의 독특한 풍속과 정월 놀이에 대해서 얘기해 줄게요. 설빔이라는 말 들어 봤어요?

다나카 : 네, 설날에 입는 새 옷을 말하지요?

선생님 : 맞아요. 어른들은 새로 지은 바지저고리에 흰 두루마기를 입었고 아이들은 색동옷을 입었어요.

바바라 : 설날이 되면 누구나 다 설빔을 입었나요?

单词

명절	정월	두루마기
풍속	설빔	색동
독특하다	저고리	

선생님 : 그렇다고 할 수 있지요. 특히 아이들은 설빔을 입으려고 설날이 오기를 손꼽아 기다리곤 했대요. 그래서 가난한 집에서도 아이들을 실망시키지 않으려고 어머니는 섣달 그믐날 밤을 새우며 새 옷을 지으셨다고 해요.

마이클 : 제 친구한테 들었는데 한국에서는 설날 아침에 세배하고 세뱃돈을 받는다면서요?

올가 : 세배요?

선생님 : 아, 세배는 설날 아침에 어른들께 드리는 첫인사를 말해요. 우선 아침에 음식을 차려서 조상들에게 차례를 지내지요. 그리고 집안 어른들께 세배를 드리고 나서 아침 식사를 해요. 식사 후에는 이웃 어른들을 찾아다니며 세배를 드리고요.

다나카 : 참 좋은 풍속이군요.

선생님 : 그래요. 세배를 받는 어른은 찾아온 아이들에게 세뱃돈을 주고 어른들에게는 술과 음식을 내놓지요. 그리고 세배 온 사람에게 희망에 찬 덕담을 해요.

마이클 : 잘 알겠어요.

선생님 : 그러면 내일은 정월 놀이를 같이 해 볼까요?

손꼽다	짓다 (옷을)	차례	덕담	★ 국립
섣달	세배	내놓다 (음식을)		버선
그믐날	세뱃돈	희망		
새우다 (밤을)	조상	차다		

第17课　春节是重要的节日之一

芭芭拉：世界上任何一个国家都有节日，那一天会有传统的风俗或游戏，韩国也有独特的春节风俗和正月游戏吧？

老　师：当然，韩国也不例外。在韩国，春节是重要的节日之一。今天，我们来谈一下春节独特的风俗和正月玩儿的游戏，你们听说过过年的衣服吧？

田　中：是的，是说春节穿的新衣服吧？

老　师：对，成年人穿新做的韩式上衣和裤子，外面罩白色的韩式长袍，孩子们穿条纹的彩缎衣服。

芭芭拉：春节的时候都穿过年的衣服吗？

老　师：可以这样说，特别是孩子们，他们常常为了等着穿过年的衣服掐着手指头盼着过年。所以，即便是穷人家，为了不让孩子们失望，妈妈也在大年除夕熬夜赶做新衣服。

迈　克：听我的朋友说，在韩国，春节那一天早上要拜年、收压岁钱？

奥尔加：拜年？

老　师：啊，拜年就是指春节那一天早上向长辈行礼。早晨要先摆上食品，向祖先祭祀，然后向家里的长辈拜年，然后吃早餐。吃完饭后，到邻家的长辈那里去拜年。

田　中：真是一种好风俗啊。

老　师：是啊，接受拜年的长辈给来的孩子们压岁钱，给成年人拿出酒和饭菜，而且对来拜年的人说充满期待的吉祥话。

迈　克：明白了。

老　师：那明天一起玩儿正月玩儿的游戏吧？

문법과 표현

① N은/는 N 중의 하나이다

意思是"……是……之一"。

불고기는 외국인이 좋아하는 음식 중의 하나이다.

烤肉是外国人喜欢吃的菜之一。

서울대학교는 여러 국립대학 중의 하나이다.

首尔大学是几个国立大学中的一个。

N은/는 N의 하나이다

意思是"……是……之一"。

연극은 공연 예술의 하나이다.

话剧是表演艺术之一。

자동차는 요즘 내 관심거리의 하나이다.

汽车是最近我关心的话题之一。

② N에 N을/를 입다[신다, 쓰다]

意思是"……配……"，一般指穿着。

이 옷에 어떤 구두를 신으면 좋을까요?

这件衣服配什么样的皮鞋好呢?

긴 치마에 분홍 저고리를 입었어요.

长裙子配了一件粉红色的韩式上衣。

이 코트에 까만 모자를 쓰면 어울리겠어요.

这件外套配黑色的帽子会很协调。

③ 손꼽아 기다리다

惯用型，意思是"掐着手指头盼"。

내 동생은 선물을 받으려고 크리스마스가 오기를 손꼽아 기다리곤 했어요.

我的妹妹为了收到礼物，常常掐着手指头盼着圣诞节的到来。

드디어 손꼽아 기다리던 방학이 왔구나!

掐着手指头盼望的假期终于来到了!

어머니께서는 내 졸업식 날을 손꼽아 기다리셨다.

妈妈掐着手指头盼着我毕业典礼的那一天。

4 N에 (가득) 차다

意思是"充满······"。

그 사람은 사고 소식을 듣고 슬픔에 찬 얼굴로 돌아갔어요.

那个人听说了出事故的消息后，满脸悲伤地回去了。

선생님의 말씀을 듣고 그 학생은 희망에 가득 찼다.

听了老师的话，那个学生满怀希望。

편지를 받고 실망에 차서 한숨을 쉬었다.

接到信后，(他)满心失望，叹了口气。

연습

① 본문을 잘 읽고 대답하세요.

1) 설날 한국 사람들은 어떤 옷을 입었습니까?
2) 아이들은 왜 설날이 오기를 손꼽아 기다렸습니까?
3) 어머니들은 섣달 그믐날 밤에 무엇을 하셨습니까?
4) 설날 아침에 어떤 풍속이 있습니까?
5) 세배를 받는 어른들은 어떻게 합니까?

② 보기와 같이 연습해 봅시다.

> 형/청바지, 스웨터
> 가 : 누가 형이에요?
> 나 : 청바지에 스웨터를 입은 학생이 형이에요.

1) 동생   / 까만 바지, ...
2) 어머니   / ...., 분홍 저고리
3) 조카   / ....
4) 친구   / ....
5) 선생님   / ....
6) .... / ...., ...

③ 보기에서 단어를 골라 .... 에 알맞게 써넣으세요.

> 드리다   받다   주다   지내다   짓다   차다   차리다   하다

1) 어머니들은 밤새도록 한복을 .... 서 아이들에게 입히셨다.
2) 아이들은 어른들께 세배를 .... 고 세뱃돈을 .... 다.
3) 설날 아침에 온 가족이 차례를 .... 고 아침 식사를 .... 다.
4) 설날 아침에 음식을 .... 느라고 어머니는 바쁘시다.
5) 어른들은 아이들에게 세뱃돈을 .... 다.
6) 설날 아침에 희망에 .... 새해를 계획한다.

④ 설날 풍속에 관한 이야기입니다. 잘 듣고 알맞은 답을 ....에 쓰세요.

1) 이것은 .... 입니다.
2) 이것은 .... 입니다.
3) 이것은 .... 입니다.
4) 이것은 .... 입니다.

⑤ 지연이와 바바라의 대화입니다. 잘 듣고 맞으면 O, 틀리면 X 하세요.

1) 바바라는 지난 겨울에 한국에 왔습니다.　　　　　　　(　　　)
2) 바바라는 지연이와 같이 설날을 보내려고 합니다.　　　(　　　)
3) 바바라는 지연이에게 세배하는 법을 배웠습니다.　　　(　　　)
4) 바바라는 설날에 신으려고 버선을 사 놓았습니다.　　　(　　　)

⑥ 여러분 나라에서 제일 큰 명절에 대해 서로 이야기해 보세요.

질문 ＼ 나라	자기 나라			
무슨 명절 이에요?				
언제예요?				
특별히 하는 게 뭐예요?				
무슨 음식을 먹어요?				
어떤 풍속이 있어요?				

새 단어

単词

명절(名節)	민속적인 행사를 하며 지내는 특별한 날 节日
풍속(風俗)	오래 전부터 내려오는 생활문화에 대한 사회적 관습 风俗
독특(獨特)하다	다른 것과 특별히 다르다 独特
정월(正月)	음력 1월 正月
설빔	설날에 입는 새 옷 新年穿的新衣服
저고리	한복의 윗부분의 옷 韩式上衣
두루마기	외출할 때 웃옷 위에 입는 긴 옷 韩式长袍
색동(色-)	여러 종류의 색 彩缎
손꼽다	숫자를 손가락으로 세다 扳着指头(数)
섣달	음력 12월 腊月
그믐날	한 달의 마지막 날 阴历每个月最后一天
새우다 (밤을)	밤을 자지 않고 지내다 熬(夜)
짓다 (옷을)	만들다 做
세배(歲拜)	연말이나 연초에 하는 인사 拜年
세뱃돈(歲拜-)	세배를 하고 어른에게 받는 돈 压岁钱
조상(祖上)	할아버지 이상의 윗대 어른 祖先
차례(茶禮)	명절이나 조상의 생일을 맞아 조상께 올리는 제사 祭祀
내놓다 (음식을)	가지고 있는 것을 내주다 拿出
희망(希望)	좋은 결과를 기대하는 마음 希望
차다	가득하다 满
덕담(德談)	설날이나 명절 때 상대편이 잘되기를 바라는 뜻의 말이나 인사 吉祥话
국립(國立)	나라에서 세움 国立
버선	한복에 신는 양말과 같은 것 韩式套袜

18과 윷놀이는 아이나 어른 할 것 없이 다 좋아해요

선생님 : 오늘은 정월 놀이를 하기로 했지요? 우선 윷놀이를 해 봅시다.

바바라 : 이 네 개의 작은 막대기들을 윷이라고 하나요? 한 면은 평평하고 다른 한 면은 둥근 모양이군요. 어떻게 하지요?

선생님 : 그 막대기들을 위로 던져요. 그리고 바닥에 떨어진 윷의 면에 따라 도, 개, 걸, 윷, 모로 구별해서 점수를 매기는 거예요.

다나카 : 그럼 이 판은 뭐예요?

선생님 : 윷판이라고 하는데 각각 자기 편이 얻은 점수대로 그 위에서 윷말을 옮기는 거예요. 상대방 말에게 잡히지 않고 먼저 나는 쪽이 이겨요.

마이클 : 재미있겠군요.

선생님 : 네. 윷놀이는 누구나 쉽게 할 수 있는 신나는 놀이라서 아이나 어른 할 것 없이 다 좋아해요. 그럼 편을 나누고 시작합시다. 이제부터 자기 편 응원을 열심히 하세요.

单 词

윷놀이	던지다	걸	매기다 (점수를)	상대방
막대기	바닥	윷	판	나다
평평하다	도	모	편	쪽
둥글다	개	구별하다	윷말	응원하다

선생님 : 오늘은 바람이 불어서 연날리기에 좋겠어요.

마이클 : 우리나라에서도 연날리기를 하는데 한국의 연 모양은 좀
　　　　 다른 것 같아요.

선생님 : 대나무 틀에 한지를 붙여서 만드는데 세모, 네모, 마름모
　　　　 등 여러 가지 모양이 있어요.

마이클 : 빨리 날려 보고 싶어요.

선생님 : 마이클 씨는 연날리기를 많이 해 본 것 같네요. 우리 연싸움
　　　　 한번 해 볼까요?

마이클 : 연싸움요?

선생님 : 연줄이 끊어지지 않게 얼레를 조절하면서 높이 날리는 쪽이
　　　　 이기는 거예요.

마이클 : 좋아요. 저는 자신 있어요.

연	한지	얼레	★ 농촌	밤	피부
날리다	세모	조절하다	대보름	잣	짓다 (농사를)
대나무	네모		감자	호두	
틀	마름모		고구마	땅콩	

第18课　不论大人孩子都喜欢掷芄茨游戏

老　　师：今天我们约好玩儿正月游戏了吧？先玩儿掷芄茨吧。

芭芭拉：这四个小棍子就叫芄茨吗？一个面是平的，另一个面是圆形的，怎么玩儿呢？

老　　师：把那些棍子向上扔，根据掉到地上的芄茨的面分为道、盖、格、芄、冒，给不同的分数。

田　　中：那这个板子叫什么？

老　　师：叫芄盘，按照自己那一方的分数在上面走子儿，不被对方的子儿吃掉先走到头的就赢了。

迈　　克：一定很有意思。

老　　师：是啊，芄茨游戏很容易，谁都能玩儿，很有意思，所以不论老少都喜欢玩儿。那我们分组开始玩儿吧。从现在起为自己那一组好好加油吧。

　　　　　　　　　　＊　　　　　　　＊　　　　　　　＊

老　　师：今天有风，适合放风筝。

迈　　克：我们国家也放风筝，但是韩国的风筝样子有点儿不一样。

老　　师：(韩国的风筝)是在竹架上贴上韩纸做成的，有三角形、四方形、菱形等各种形状。

迈　　克：好想快点儿放啊。

老　　师：迈克好像放过很多次风筝，我们来斗一下风筝吧。

迈　　克：斗风筝？

老　　师：调整好线轴，风筝线不断，同时还能飞得高的一方赢。

迈　　克：好，我有信心。

문법과 표현

语法与表达

1 N(이)(나) N(이)(나) 할 것 없이

意思是"无论……还是……"。

그 영화를 보고 남자나 여자나 할 것 없이 모두 울었어요.

看完那个电影，不论男人女人都哭了。

도시나 농촌 할 것 없이 사람이 많아요.

无论城市还是农村，都有很多人。

요즘은 너 나 할 것 없이 그 이야기뿐이에요.

最近无论是谁都在谈论那件事。

2 V-기에 좋다

意思是"适合……"。

우리 하숙집은 조용해서 공부하기에 좋아요.

我们住的人家非常安静，适合学习。

이 음식은 안 매워서 아이들이 먹기에 좋아요.

这种食品不辣，适合孩子们吃。

오늘은 차가 별로 안 다녀서 운전하기에 좋습니다.

今天车不多，适合开车。

연습

① 본문을 잘 읽고 대답하세요 .

1) 윷의 모양은 어떻습니까?
2) 윷놀이의 점수는 어떻게 매깁니까?
3) 윷말은 어떻게 움직입니까?
4) 윷놀이는 누가 할 수 있는 놀이입니까?
5) 한국의 연은 어떻게 만듭니까?
6) 연싸움은 이떻게 합니까?

② 보기와 같이 연습해 봅시다 .

1) 언제, 차가 안 막히다
    가 : 언제 차가 안 막혀요?
    나 : 요즘은 아침이나 저녁이나 할 것 없이 언제나 막혀요.

① 누가, 불고기를 좋아하다
② 어디, 복잡하다
③ 어느 계절, 제주도가 아름답다
④ 누가, 그 가수를 좋아하다
⑤ 무슨 음식, ...
⑥ ...., ...

2) 그 하숙집
    가 : 그 하숙집은 어떤 점이 좋아요?
    나 : 가까워서 학교 다니기에 좋아요.

① 이 가방
② 윷놀이
③ 그 공원
④ 이 사전
⑤ 그 가게
⑥ ....

③ 보기에서 단어를 골라 .... 에 알맞게 써넣으세요.

끊어지다	나다	날리다	둥글다	매기다	붙이다	신 나다
옮기다	이기다	자신 있다	잡히다	조절하다	평평하다	

1) 연줄이 끊어지지 않게 얼레를 잘 .... 야 돼요.
2) 윷의 한 면은 .... 고 한 면은 .... 아/어요.
3) 윷판 위의 윷말이 .... 지 않고 먼저 .... (으)면 ....는 거예요.
4) 연은 대나무 틀에 한지를 .... 서 만들어요.
5) 나는 한국 사람이니까 한국말에는 .... 요.
6) 연줄이 .... 지 않도록 조심하세요.
7) 바람 부는 날은 연 .... 기에 좋아요.
8) 점수를 .... 서 누가 이기는지 봅시다.
9) 아이들에게 설날은 정말 .... 는 날이겠군요.
10) 친구가 얼마 전에 주소를 .... 서 연락할 수 없어요.

④ 한국의 정월 풍속에 대한 이야기입니다. 잘 듣고 질문에 대답하세요 .

1) 정월 놀이가 많은 이유는 무엇입니까?
   ① 정월에 놀면 재미있으니까
   ② 겨울에 바쁘지 않아서
   ③ 겨울에는 먹을 것이 많기 때문에

2) 정월 대보름 새벽에는 무엇을 먹습니까?
   ① 감자와 고구마
   ② 밤, 잣, 호두, 땅콩
   ③ 떡국과 송편

3) 이것을 왜 먹습니까?
   ① 피부에 문제가 안 생긴다고 믿어서
   ② 새벽에 배가 고파서
   ③ 소원을 이루기 위해서

4) 정월 대보름 저녁에 다리를 열두 번 지나다니는 이유는 무엇입니까?
    ① 보름달을 새해 처음으로 보기 위해서
    ② 이렇게 하면 다리가 아프지 않다고 믿어서
    ③ 일 년 동안 농사를 잘 짓기 위해서

⑤ 여러분 나라의 민속놀이와 전통 의상을 소개해 보세요 .

1) 민속놀이

    ① 이름?

    ② 언제?

    ③ 어떻게?

2) 전통 의상

질문＼나라	자기 나라			
이름이 뭐예요?				
어떤 모양 이에요?				
언제 많이 입어요?				
색깔은 어때요?				
특별히 좋은 점은 뭐예요?				

새 단어

单词

윷놀이	네 개의 막대기를 던져 노는 한국의 전통 놀이　芜茨游戏
막대기	棍子
평평(平平)하다	높고 낮음이 없고 편편하다　平
둥글다	圆
던지다	扔
바닥	底
도	윷을 던져 평평한 면이 한 개 둥근 면이 세 개가 나오는 경우 芜茨游戏中扔出的木棍一个面是平的，三个面是圆的
개	평평한 면이 두 개 둥근 면이 두 개가 나오는 경우 芜茨游戏中扔出的木棍两个面是平的，两个面是圆的
걸	평평한 면이 세 개 둥근 면이 한 개가 나오는 경우 芜茨游戏中扔出的木棍三个面是平的，一个面是圆的
윷	평평한 면이 네 개가 나오는 경우 芜茨游戏中扔出的木棍四个的面都是平的
모	둥근 면이 네 개가 나오는 경우 芜茨游戏中扔出的木棍四个的面都是圆的
구별(區別)하다	종류에 따라 나누어 인식하다　区分
매기다 (점수를)	평가하여 정하다　定，给(分数)
판(板)	板，盘
편(便)	帮
윷말	윷판 위에서 점수대로 옮기는 말　按照分数走的子儿
상대방(相對方)	서로 상대가 되는 쪽　对方
나다	(결과가) 나오다, 끝나다　出现(结果)
쪽	边
응원(應援)하다	돕거나 격려하다　助威，加油
연(鳶)	风筝
날리다	날게 하다　放飞
대나무	竹子
틀	테　框架
한지(韓紙)	한국의 전통적인 종이　韩纸，韩国传统纸
세모	삼각형　三角形
네모	사각형　四角形
마름모	菱形
얼레	연실을 감거나 푸는 기구　线轴

조절(調節)하다	조정하다　调节
농촌(農村)	농사짓는 사람들이 모여 사는 시골 마을　农村
대(大)보름	음력 정월 15일　阴历十五
감자	土豆
고구마	地瓜
밤	栗子
잣	松子
호두	核桃
땅콩	花生
피부(皮膚)	皮肤
짓다 (농사를)	논밭을 가꿔 농사를 하다　干(农活儿)

19과 마음만 먹으면 생명을 구할 수 있어요

중동과 아프리카를 여행하면서 내게는 새로운 관심 분야가 생겼다. 바로 난민 문제다. 르완다나 캄보디아의 끔찍한 이야기들은 나와는 전혀 상관이 없는 먼 나라의 뉴스거리로만 여겨 왔다. 르완다 난민촌에서는 아이 하나가 병에 걸리면 다른 아이들에게 삽시간에 번져 며칠 새 수십 명이 죽어 갔다. 먹을 것 없이 떠돌던 난민들이 난민촌에 처음 들어왔을 때는 거의 반죽음 상태였다. 아이들은 걷기는커녕 힘이 없어 음식도 먹지 못하고 다른 사람이 입에 넣어 주어도 삼킬 수조차 없었다.

기자 : 세계 여러 나라를 오랫동안 여행하면서 특히 난민 문제에 관심을 갖게 되셨다고요?

지연 : 현재 전 세계의 난민은 1,100만 명이나 됩니다. 전쟁의 가장 큰 피해자는 여자와 어린아이예요. 그들이 난민의 80%를 차지하고 있어요. 이들은 아무런 힘이 없는 사람들이에요. 누군가가 돕지 않으면 그대로 죽을 수밖에 없습니다.

기자 : 미국과 소련의 대결 시대가 끝나자 사람들은 평화의 시대가 오리라고 생각했습니다. 그러나 평화는 고사하고 오히려 새로운 문제들이 더 생기고 있는 거지요.

单 词

구하다	르완다	번지다	조차	대결
중동	캄보디아	떠돌다	피해자	은/는 고사하고
아프리카	상관	상태	차지하다	
분야	난민촌	-기는 커녕	누군가	
난민	삽시간에	삼키다	소련	

지연 : 전쟁이 없어지기는 어려울 거예요. 전쟁이 있는 한 난민도 사라지지
　　　않을 겁니다. 난민촌에 들어올 때 거의 죽어 가던 아이들도
　　　열흘만 지나면 서서히 생기를 찾게 되지요. 그런데 생명을 구하는
　　　데 드는 돈은 난민 한 사람당 겨우 하루 80원밖에 안 된대요.
기자 : 800원이면 어린 목숨 하나를 구할 수 있는 거군요.
지연 : 저는 이번 여행에서 많은 난민촌을 직접 찾아다니면서 제가
　　　해야 할 일 하나를 찾았어요. 바로 난민 어린이를 돕는 일이죠.
가자 : 난민을 돕는 방법은 여러 가지가 있을 겁니다. 무엇보다도
　　　지속적인 관심이 필요하리라고 생각돼요.

-는 한	-당	★ 누워서 떡 먹기	소득	유니세프
사라지다	겨우	짐작하다	걷다 (돈을)	굶주림
서서히	지속적	꼴찌	충격	모금하다
생기		통	아스피린	시각

第19课　只要下定决心就能拯救生命

　　在中东和非洲旅行的时候，我对一个新的领域产生了兴趣，那就是难民问题。而在此前，我只把卢旺达和柬埔寨那些可怕的传言看成是与我毫不相关的遥远国度的新闻材料。卢旺达难民村中一个孩子得病就会很快蔓延，几天之内数十人死去，饿着肚子流浪的难民们刚进入难民村时几乎处于濒死状态。孩子们不用说走路了，连吃饭的力气都没有，即便有人把饭放进嘴里，他们都没有力气咽下去。

记者：听说你在世界各国长期旅行后，开始特别关注难民问题？

志燕：现在全世界的难民有一千一百万，战争最大的受害者是妇女和儿童，他们占难民人数的80%。他们没有任何力量，如果没有人提供帮助，只能等死。

记者：美国和苏联对抗的时代一结束，人们以为和平的时代就会到来，但是现在别说和平了，反而出现了更多的新问题。

志燕：战争可能很难消失。只要有战争，难民就不会消失。进入难民村时几乎濒临死亡的孩子10天以后就能慢慢恢复生机，听说拯救生命所花费的金钱平均下来，每个难民一天只要80韩元就够了。

记者：也就是说800韩元就可以拯救一条幼小的生命了。

志燕：在这次旅行中，我去了很多难民村，也找到了一件我该做的事，那就是帮助难民儿童。

记者：帮助难民有好多方法，而最需要的应该是人们持续的关注。

문법과 표현
语法与表达

① 마음만 먹으면

惯用型，意思是"只要下定决心"。

이번에는 성적이 올라갔구나. – 저는 마음만 먹으면 뭐든지 잘할 수 있어요.

这次成绩上去了。—我只要下定决心，什么事都能做好。

마음만 먹으면 이런 일쯤은 누워서 떡 먹기지요.

只要下定决心，这种事情易如反掌。

우리가 마음만 먹으면 가난한 이웃을 도와줄 수 있습니다.

我们只要下定决心，就可以帮助周围贫穷的人。

② A/V-기는커녕

意思是"别说……了，连……"。

그 옷은 멋있기는커녕 아주 이상하네요.

那件衣服别说好看了，非常奇怪。

설날에 떡국을 먹기는커녕 밥도 제대로 못 먹었어요.

春节别说吃年糕汤了，连饭都没能吃好。

방학 동안 여행을 하기는커녕 매일 학교에 나와서 공부만 해야 했어요.

假期别说旅行了，只能每天去学校学习。

N은/는커녕

意思是"别说……了，……"。

저는 떡국은커녕 밥도 제대로 못 먹었어요.

别说年糕汤了，饭我都没吃好。

방학 동안 여행은커녕 공부만 해야 했어요.

假期别说旅行了，只能学习。

나는 소주는커녕 맥주도 못 마셔요.

别说烧酒了，我连啤酒也不能喝。

③ V-(으)ㄹ 수조차 없다
意思是"连……都不能"。

너무 슬퍼서 울 수조차 없어요.
太难过了，哭都哭不出来。

너무 피곤해서 움직일 수조차 없었어요.
太累了，动都动不了了。

그런 일은 상상할 수조차 없는 일입니다.
那种事情连想都不能想。

V-기조차
意思是"连……都"。

그것은 생각하기조차 싫은 일이다.
那种事连想都不愿意想。

걷기조차 힘들 만큼 다리가 아프다.
腿很疼，连走路都很费劲。

날씨가 너무 더워서 밤에 잠을 자기조차 어려웠어요.
天气太热了，晚上睡觉都睡不着。

N조차
意思是"连……都"。

학생들은 물론 선생님조차 그 문제를 못 풀었어요.
学生自不必说了，连老师也解不开那道题。

그 사람을 알기는커녕 만난 일조차 없어요.
别说认识那个人了，连面都没有见过。

너무 슬프면 눈물조차 안 나오지요.
如果太悲伤，就会连眼泪也流不出来。

④ A/V-(으)리라(고) 생각하다[믿다, 짐작하다]
意思是"认为[相信、推测]……"。

그 사실을 아는 사람이 많지 않으리라 생각합니다.
我觉得知道那个事情的人不多。

그곳의 경치가 아름다우리라 짐작합니다.
我猜那里的景色一定很美。

선생님께서는 건강하게 잘 지내시리라 믿습니다.
我相信老师一定会健康、快乐。

* 요즘 바쁠 거라고 짐작하지만 제 부탁 좀 들어 주세요.
* 我猜到你最近很忙了，但还是想请你给我帮个忙。

영숙 씨도 그곳을 좋아할 거라고 생각해요.
我觉得英淑也会喜欢那里的。

사람들은 전쟁이 곧 끝날 거라고 믿고 있습니다.
人们坚信战争很快就会结束。

⑤ N은/는 고사하고
意思是"别说……了，……"。

이번 시험에서 1등은 고사하고 꼴찌라도 안 했으면 좋겠다.
这次考试别说考第一了，能不得倒数第一就好了。

점심 드셨습니까? - 점심은 고사하고 아직 아침도 못 먹었어요.
吃过午饭了吗？—别说午饭了，连早饭还没吃呢。

그 친구한테서는 편지 자주 오니? - 편지는 고사하고 전화도 한 통 없어.
那个朋友常常来信吗？—别说信了，连电话都没打过一次。

⑥ A/V-는 한
意思是"只要……，就"。

내가 살아 있는 한 꿈은 버리지 않을 거야.
只要我活着，就不会放弃梦想。

정부의 도움이 없는 한 그 문제는 해결되기 어렵다.

只要没有政府的支持，那个问题就很难解决。

건강이 허락하는 한 일을 계속 할 거야.

只要身体允许，就会一直工作下去。

7 N-당

名词后加당，意思是"每……"。

국민 1인당 평균 소득이 늘었대요.

据说国民的人均收入增加了。

여기는 주차료가 시간당 얼마예요?

这里的停车费是每小时多少?

한 사람당 만 원씩 걷어서 음식 값을 냈습니다.

每个人收一万韩元，付了饭钱。

연습

① 본문을 잘 읽고 대답하세요.

1) 난민들이 처음 난민촌에 들어올 때는 어떤 상태입니까?
2) 전 세계 난민의 대부분은 누구입니까?
3) 미국과 소련의 대결 시대가 끝났는데도 왜 난민이 없어지지 않습니까?
4) 죽어 가는 어린아이 한 명을 살리는 데 드는 돈은 얼마나 됩니까?
5) 지연이는 이번 여행에서 무슨 생각을 했습니까?
6) 난민을 돕기 위해 무엇보다도 필요한 건 무엇입니까?

② 다음 대화를 완성해 보세요.

1) 가 : 이 책이 저에게 도움이 될까요?

　나 : 물론이지요. ＿＿＿＿＿＿＿＿리라 믿습니다.

2) 가 : 김 선생님이 이 소식을 들으시면 놀라시겠지요?

　나 : 그럼요. 아마 충격을 ＿＿＿＿＿＿＿＿리라 짐작합니다.

3) 가 : 경제 문제가 잘 해결될 것 같아요?

　나 : 글쎄요. 쉽게 ＿＿＿＿＿＿＿＿리라 생각하는데요.

4) 가 : 운동하다가 다리를 다쳤다던데, 언제 걸을 수 있을까요?

　나 : 곧 ＿＿＿＿＿＿＿＿리라 생각합니다.

5) 가 : 언제 남북 통일이 될까요?

　나 : ＿＿＿＿＿＿＿＿리라 믿습니다.

③ 보기와 같이 대화를 만들어 보세요.

1) 가 : 지금 노래 부를 수 있어요? (목이 아프다, 말)
　나 : 목이 아파서 노래는커녕 말조차 할 수 없어요.
　가 : 노래는 고사하고 말도 할 수 없다고요?

　① 가 : 어머니께 자주 편지하십니까? (바쁘다, 전화)

　　나 : ＿＿＿＿＿＿＿＿＿＿＿＿＿＿＿＿.

　　가 : ＿＿＿＿＿＿＿＿＿＿＿＿＿＿＿＿?

② 가 : 한국에 왔으니까 제주도 여행은 꼭 해 보세요. (돈이 없다, 설악산)

　나 : _____.

　가 : _____?

③ 가 : 약국에 가서 감기약을 사 먹었어요? (한국말을 못하다, 아스피린)

　나 : _____.

　가 : _____?

④ 가 : 난민들은 목욕이라도 자주 할 수 있을까요? (물이 부족하다, 마실 물)

　나 : _____.

　가 : _____?

⑤ 가 : 점심 먹었어요? (시간이 없다, _____)

　나 : _____.

　가 : _____?

⑥ 가 : 나하고 몇 시간만 같이 이야기할 수 있어요? (_____, _____)

　나 : _____.

　가 : _____?

2) 가 : 이번에는 성적이 아주 좋구나.
　　나 : 저는 마음만 먹으면 뭐든지 잘할 수 있어요.

① 가 : 전 세계의 난민이 1,100만 명이나 된대요.

　나 : _____.

② 가 : 숙제를 끝내기는커녕 아직 시작조차 못하고 있는데 어쩌지요?

　나 : _____.

③ 가 : 저는 배낭여행을 한 번 가 보는 게 소원이에요.

　나 : _____.

④ 가 : 대학교 시험이 얼마 안 남았는데 놀기만 하면 어떻게 해?

　나 : _____.

④ 유니세프에서 보내는 편지입니다. 잘 듣고 맞으면 ○, 틀리면 × 하세요.

1) 내가 유니세프를 위해 일하는 것은 5년째다.　　　　　　　　(　　)
2) 나는 굶주림이나 전쟁으로 고통받는 어린이들을 직접 만난 적은 없다.　(　　)
3) 유니세프가 어린이들을 돕는 일을 시작한 지 50년이 안 된다.　(　　)
4) 이것은 고통받는 아이들을 도와달라고 쓴 편지다.　　　　　(　　)

⑤ 친구와 함께 이야기해 보세요.

1) 현재 세계에는 나라나 집을 잃고 떠돌아다니는 난민들이 많습니다. 어느 곳에 어떤 난민들이 있고, 그들이 난민이 된 이유는 무엇입니까?

어디에 어떤 난민이 있어요?	난민이 된 이유는 뭐예요?
①	①
②	②
③	③
④	④
⑤	⑤

2) 여러분이 알고 있는, 난민을 돕는 사람이나 단체에 대해 소개해 보세요.

① 이름
② 하는 일

새 단어

구(救)하다	어려움을 벗어나게 하다　救，拯救
중동(中東)	中东
아프리카	非洲
분야(分野)	领域
난민(難民)	전쟁이나 재난으로 집을 잃은 사람　难民
르완다	卢旺达
캄보디아	柬埔寨
상관(相關)	관계　相关
난민촌(難民村)	난민들이 모여 사는 마을　难民村
삽시간(散時間)에	한순간에, 아주 짧은 동안에　瞬间
번지다	그 자리에 있지 않고 다른 곳으로 옮아 가다　蔓延
떠돌다	여기저기 돌아다니다　流浪
상태(狀態)	지금의 모양이나 상황　状态
-기는커녕	不用说……
삼키다	음식을 목 안으로 넘기다　吞
조차	까지도　连……也
피해자(被害者)	피해를 받은 사람　受害者
차지하다	(수치를) 이루다　占据，占领
누군가	누구인지는 모르지만 어떤 사람　某个人
소련(蘇聯)	苏联
대결(對決)	서로 맞서는 것　对抗，对立
은/는 고사(姑捨)하고	不用说……
-는 한(限)	범위, 한도의 뜻으로 쓰이는 말　只要……
사라지다	없어지다　消失
서서(徐徐)히	천천히, 점점　渐渐地
생기(生氣)	힘찬 기운　生机
-당(當)	每……
겨우	불과　不过，才
지속적(持續的)	계속적　持续的
누워서 떡 먹기	아주 쉬운 일　躺着吃糕，指易如反掌，非常容易
짐작(斟酌)하다	猜测
꼴찌	맨 끝, 맨 마지막　最后一个
통(通)	전화나 편지를 세는 단위　通，封
소득(所得)	일을 하여 얻은 돈　收入
걷다 (돈을)	모으다　收

충격(衝擊)	어떤 일로 자극을 받음　冲击，打击
아스피린	阿司匹林
유니세프	국제 연합 아동 기금　联合国儿童基金会
굶주림	먹을 것이 없어 먹지 못함　饥饿

20과 누가 한잔 사겠다고 안 하나?

다나카 : 회사에서 일이 끝나면 동료들끼리 "오늘 한잔 어때?" 하는 소리를 많이 들었어요. 한국 사람들은 정말 술을 좋아하는 것 같아요.

준석　: 다른 외국 친구들도 그런 말을 해요. 그렇지만 요즘은 건강이나 가족과의 시간을 생각해서 좀 나아진 편이죠. 그래도 직장인들 사이에서는 아직도 퇴근 후 한잔, 또는 2차, 3차 라는 말들이 자주 오고 간대요.

다나카 : 그런데 한국 회사에서 좀 일하다 보니 이제 술자리도 일의 연속이라는 말이 조금씩 이해가 가요.

준석　: 그래서 거래 회사와 상담을 하거나 동교들과 원만한 대인 관계를 맺는 데는 술자리가 최고라는 말도 있잖아요.

单 词

동료	연속	맺다
소리	거래하다	최고
직장인	상담	
퇴근하다	원만하다	
술자리	대인 관계	

다나카 : 그래도 오후 6시쯤만 되면 기다렸다는 듯이 술집으로
　　　　향하는 건 좀 문제가 있는 거 아니에요?

준석　 : 물론 그렇지요. 하지만 적당히 마시고 기분 좋게 헤어지기만
　　　　하면 좋은 점도 있어요.

다나카 : 그건 그래요. 동료들이나 어렵게만 느껴졌던 상사들과
　　　　주거니 받거니 하다 보면 인간적으로 친밀감도 느끼고
　　　　이해의 폭도 넓어지는 것 같아요. 그래서 어떤 때는 '누가
　　　　한잔 사겠다고 안 하나?' 하고 은근히 기다려진다니까요.

준석　 : 하하. 다나카 씨도 이제 한국 사람이 다 됐군요.

다나카 : 그렇지만 아직도 술자리에서 가끔 실수를 하곤 해요.

준석　 : 그럴 거예요. 한국에서는 일본에서와 달리 첨잔을 안 해요.
　　　　또 술을 따를 때는 지위가 높거나 나이가 많은 윗사람부터
　　　　차례로 따르고요. 그 밖에도 다른 점이 있지요.

다나카 : 제가 TV에서 보니까 웃어른과 같이 술을 마실 때는 젊은
　　　　사람이 고개를 옆으로 돌린 채 술잔을 손으로 받치고
　　　　마시더군요.

준석　 : 잘 보셨어요. 앞으로도 한국 친구들과 같이 어울리노라면
　　　　한국의 음주 문화를 더 깊이 이해하게 될 거예요.

향하다	실수하다	웃어른	-노라면	★ 자주	송별회
상사	첨잔	-(으)ㄴ 채(로)	음주	인기	예의
친밀감	지위	받치다		게시판	
은근히	윗사람	어울리다		채우다	
가끔	따르다			공장	

第20课　没人说要请喝酒吗？

田中：在公司下班后，经常听同事说"今天喝一杯怎么样"，韩国人好像真的很喜欢喝酒。

俊石：其他外国朋友也这么说，但是最近考虑到健康和与家里人的时间，已经有所好转了。尽管如此，上班的人之间还是经常谈论下班后喝一杯或者去两个地方、三个地方。

田中：可是在韩国公司工作一段时间后，现在有点儿理解喝酒也属于工作这句话了。

俊石：所以大家都说和有业务关系的公司洽谈或者为了和同事们建立良好的人际关系，喝酒是最好的办法。

田中：尽管如此，到下午6点左右都像等了很久似地冲向酒馆是不是也不太正常？

俊石：那当然了，不过适当地喝一点儿，高高兴兴地分手也有好处。

田中：那倒也是。和同事或觉得拘束的上司推杯换盏一番，人与人之间会产生亲密感，好像也更能理解对方了。所以，有时候内心期待着"没人说要请喝酒吗"。

俊石：哈哈，现在田中你也成了韩国人了。

田中：可是在喝酒的场合还是偶尔会犯错误。

俊石：是会那样的，韩国和日本不一样，没喝完不能再倒，而且倒酒的时候要从地位高的人或年龄大的人开始按照顺序倒，此外还有很多不同之处。

田中：我从电视上看到过，和长辈喝酒的时候，年轻人会把头扭到一边，用手托着酒杯喝。

俊石：你看得很仔细嘛。以后和韩国朋友常在一起，就会对韩国的酒文化有更深的理解了。

문법과 표현

语法与表达

① 기다렸다는 듯이

惯用型。意思是 "好像在等着一样"。

친구가 나를 보자 기다렸다는 듯이 술 마시러 가자고 했다.

朋友一看到我，就像在等着似的，提议一起去喝酒。

언니는 전화가 오자 기다렸다는 듯이 밖으로 뛰어나갔다.

一来电话，姐姐就像在等着似地，立刻向外面跑了出去。

내가 집에 도착하자 어머니께서 기다리셨다는 듯이 나오셨다.

我一到家，妈妈就像在等着似地，立刻走了出来。

② 주거니 받거니 하다

惯用型。意思是 "互相交谈或交换物品"。

술잔을 주거니 받거니 하다 보니 어느새 12시다.

推杯换盏一番之后，发现已经12点了。

친구와 주거니 받거니 하며 이야기하느라고 밤이 새는 줄도 몰랐다.

和朋友聊着聊着，不知不觉就天亮了。

고향에 있는 친구와 이메일을 주거니 받거니 하며 연락하고 있다.

和在故乡的朋友互发邮件联系。

③ V-(으)ㄴ 채(로)

用于动词后，意思是指一种不正常的状态。

너무 피곤해서 옷을 입은 채로 잤다.

因为太累了，穿着衣服就睡着了。

전화 소리가 나서 신발을 신은 채 집 안으로 들어갔다.

电话铃响了，所以就穿着鞋进了屋。

자동차 안에 열쇠를 놓아 둔 채 문을 잠가 버렸어. 어떻게 하지?

把钥匙放在汽车里就锁上了门，怎么办呢？

④ V-노라면
用于动词后，表示"如果……就"。

한국에 사노라면 한국말도 잘하게 되겠지.
在韩国生活一段时间后，韩国语就能说好了吧。

자주 만나노라면 그 사람에 대해서 점점 더 알게 될 거야.
经常见面，对那个人就会逐渐了解了。

공부를 열심히 하노라면 언젠가는 1등 하는 날도 있을 겁니다.
认真学习的话，总有一天会得第一的。

연습

① 본문을 잘 읽고 대답하세요.

1) 다나카 씨는 처음에 왜 한국 사람들이 술을 좋아하는 것으로 생각했습니까?
2) 요즘 한국 사람들은 전보다 술을 더 마십니까? 그 이유는 무엇입니까?
3) 술자리도 일의 연속이라는 말은 무슨 뜻입니까?
4) 동료들과 퇴근 후에 가지는 술자리의 좋은 점은 무엇입니까?
5) 한국의 음주 문화가 일본의 음주 문화와 다른 점은 무엇입니까?

② 보기와 같이 연습해 보세요.

> 피곤하다 / 입다, 자다
> 가 : 그때는 참 피곤했지요?
> 나 : 네, 너무 피곤해서 옷을 입은 채로 자 버렸어요.

1) 무섭다   / .... , 자다
2) 화가 나다   / .... , 음식점을 나오다
3) 배고프다   / .... , 먹다
4) 시간이 없다 / .... , ...
5) 바쁘다   / .... , ...
6) .... / .... , ...

③ 보기에서 알맞은 단어를 골라 .... 에 써넣으세요.

> | 거래하다 | 대인 관계 | 동료 | 상담하다 | 상사 | 실수하다 |
> |---|---|---|---|---|---|
> | 연속 | 원만하다 | 은근히 | 음주 | 지위 | 친밀감 |

1) 아무에게나 밝게 웃는 그의 얼굴을 보면 누구나 .... 이/가 든다고 한다.
2) 10년 동안 .... 왔던 회사가 문을 닫았어요.
3) 그 사람은 성격이 .... 고 다른 사람들에게 친절해서 인기가 있다.
4) 이번 주말에 우리 회사에서는 모든 .... 들과 .... 들이 같이 여행을 한다.
5) 선생님, 우리 아이 문제에 대해서 .... 고 싶은데요.
6) 준석 씨는 오늘도 늦었군요. 사흘 .... 지각이네요.

7) 좋은 _____ 을/를 유지하면 회사 생활이 더 재미있을 거야.

8) 적당한 _____ 은/는 건강에 좋다는 연구 결과가 나왔다지만 술을 많이 마시고 _____ 지 않도록 조심해야 한다.

9) 언니는 그 남자를 좋아하지 않는다고 말하지만 내가 보기에는 _____ 그 남자의 전화를 기다리는 것 같다.

10) _____ 이/가 높아지면서 월급도 올라갔다.

④ 다음의 문형을 이용해서 대답을 완성하세요.

> 기다렸다는 듯이   V-(으)ㄴ 채로   V-노라면   주거니 받거니 하다

1) 가 : 어머니, 언니는 어디 갔어요?

나 : 응, 조금 전에 전화가 오니까 _____.

2) 가 : 오늘 아침에 누가 문을 열어 놓고 나갔니?

나 : 미안해. _____.

3) 가 : 2년 동안 같이 지내던 친구가 내일 고향으로 돌아간다면서?

나 : 그래. 어젯밤에는 _____.

4) 가 : 길이 하도 복잡해서 서울에서 운전할 수 있을지 모르겠다.

나 : 걱정 마. _____.

⑤ 회사에서 직원들에게 알리는 방송입니다. 잘 들으세요.

1) 잘 듣고 게시판의 빈 곳을 채우세요.

알립니다	
누가	: 우리 모두
언제	:
어디서	:
왜	:
얼마를	:
연락처	: 880 - 5488

2) 다음은 들은 내용을 정리한 것입니다. 틀린 부분을 바르게 고치세요.

　　우리 회사에서 15년간 일해 오신 김 과장님이 부산에 있는 회사 공장으로 옮기게 되었다. 내일 6시에 회사 앞 호프집에서 송별회를 갖기로 했으니 내일은 차를 집에 두고 출근하면 좋겠다.

3) 김영호 씨가 결혼 10주년 기념 사진을 찍는다면 어떤 모습일까요? 아래의 사진 중 틀린 부분을 골라 봅시다.

6 직장의 음주 문화에 대한 조사 결과입니다. 그래프에 번호를 써넣으세요.

1)

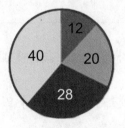

일주일에 몇 번?
① 1번
② 2번
③ 3번
④ 기타

2)

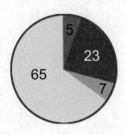

누구와?
① 혼자
② 가족
③ 친구
④ 동료

3)

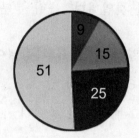

술 마시는 이유?
① 술이 좋아서
② 술자리에 가는 것이 좋아서
③ 스트레스를 풀기 위해서
④ 원만한 대인 관계를 위해서

(7) 친구와 함께 이야기해 봅시다.

1) 한국에서 술을 마셔 본 경험이 있습니까? 있다면 그때의 경험에 대해 자세하게 이야기해 보세요.

2) 한국의 음주 문화와 여러분 나라의 음주 문화를 비교해서 이야기해 보세요.

	어떤 술을 마셔요?	언제 자주 마셔요?	특별한 음주 문화는?
자기 나라			

3) 여러분이 알고 있는 사람들의 음주 후 습관에 대해서 이야기해 보세요.

4) 술자리에서 지켜야 할 예의에는 어떤 것들이 있다고 생각합니까?

새 단어

동료(同僚)	같은 곳에서 같은 일을 하는 사람　同事
소리	말　话
직장인(職場人)	직장을 갖고 있는 사람, 직장에 다니는 사람　上班的人
퇴근(退勤)하다	직장에서 일을 마치고 나오다　下班
술자리	술을 마시고 노는 자리　喝酒的场合
연속(連續)	계속　连续
거래(去來)하다	영리를 목적으로 주고받다, 사고 팔다　做交易, 做生意
상담(相談)	서로 의논함　洽谈
원만(圓滿)하다	문제가 없고 순조롭다　圆满, 顺利
대인 관계(對人關係)	다른 사람과 사귀거나 상대하는 관계　人际关系
맺다	서로 인연을 짓다　结, 缔结
최고(最高)	가장 좋음　最高, 最佳
향(向)하다	어느 쪽으로 가다　朝, 向
상사(上司)	직장의 윗사람　上司
친밀감(親密感)	가깝고 친한 느낌　亲近感
은근(慇懃)히	마음속으로, 다른 사람이 모르게 조용히　暗中
가끔	종종　偶尔
실수(失手)하다	잘못하여 일이 잘못되게 하다　失误
첨잔(添盞)	술이 조금 남아 있는 술잔에 술을 더 따름　在喝光之前倒上
지위(地位)	자리, 위치　地位
윗사람	자기보다 나이나 신분이 높은 사람　上司, 长辈
따르다	물이나 술 등을 잔에 붓다　倒 (水、酒)
웃어른	자기보다 나이나 지위가 상당히 높은 사람　长辈
-(으)ㄴ 채(로)	그대로　以……状态
받치다	支撑
어울리다	한데 섞이다, 사귀다　和谐, 搭配
-노라면	-다 보면, 계속 -한다면　如果继续……
음주(飲酒)	술을 마시는 것　饮酒
자주	짧은 동안에 여러 번　经常
인기(人氣)	受欢迎
게시판(揭示板)	알림판　公告栏
채우다	모자라는 것을 더하여 넣다　使……满
공장(工場)	工厂
송별회(送別會)	멀리 떠나는 사람을 위로하는 모임　欢送会
예의(禮儀)	공손함　礼节

21과 어느 쪽이든 일장일단이 있을 거야

지영 : 고등학교에 다니는 동생이 있는데 다음 주에 학교에서 인기투
      표를 한다고 얼마나 신경을 쓰는지 몰라.

은주 : 요즘 갑자기 멋을 내고 친구들에게 전화도 많이 하고 그러지?

지영 : 말도 마. 학교에서 돌아오기가 무섭게 전화를 걸어 대는 바람에
      오후에는 전화 쓸 생각도 말아야 해.

은주 : 이해해 줘야지. 우리도 옛날에 그랬잖아.

지영 : 그래도 공부는 뒷전이고 너무 그런 데만 신경 쓰는 것 같아.
      내가 동생한테 똑똑하고 공부도 잘하니까 당연히 1등 할 거라고
      했더니 꼭 그런 것만은 아니라고 하더라.

은주 : 그건 네 동생 말이 맞아. 심리학자들의 연구에서도 꼭 능력이
      뛰어난 사람을 좋아하게 되는 건 아니라는 결과가 나왔대. 하긴
      나도 너무 완벽한 사람보다는 가끔 실수도 좀 하는 사람이 더
      인간적인 것 같고 친밀감이 느껴지거든.

지영 : 난 오히려 완벽해 보이는 사람이 믿음직하고 매력적으로 생각되더라.
      같이 일할 때도 '혹시 이 사람이 실수를 해서 일을 망치면
      어쩌나' 하는 불안감도 안 생기고 말이야.

은주 : 그래도 너무 완벽한 사람은 옆에서 봐도 좀 숨이 막히는 것 같아.

지영 : 그래. 어느 쪽이든 일장일단이 있을 거야. 능력도 있고 인간적인
      매력이 있는 사람이라면 더 바랄 게 없겠지.

单词

일장일단	-아/어 대다	뛰어나다	망치다	★ 외모	이상형	장점
투표	-는 바람에	하긴	불안감	살(이) 찌다	성실하다	단점
신경(을) 쓰다	뒷전	완벽하다	숨(이) 막히다	먹음직하다	옷차림	
멋내다	심리학자	믿음직하다		바람직하다	공무원	
-기가 무섭게	능력	매력적		변화	특성	

第21课　无论哪一种，都各有优点和缺点

志荣：我有个上高中的弟弟，因为下周学校里要投票看看受欢迎的程度，不知道他有多花心思。

殷柱：最近突然爱打扮了，还常给朋友们打电话，对吧?

志荣：别提了，从学校一回来就不停地打电话，弄得别人下午根本别想打电话。

殷柱：多理解吧，我们过去不也这样嘛。

志荣：那也是啊，把学习扔在一边，光把心思花在这方面。我对弟弟说，他聪明，学习又好，肯定会得第一名，可他说不一定。

殷柱：你弟弟说得对，心理学家研究结果表明人们并不是喜欢能力出众的人。也是啊，对我来说，偶尔犯点错误的人比过分完美的人更让人觉得有人情味儿，更容易亲近。

志荣：我反倒觉得看起来完美无缺的人让人觉得可以信任、有魅力，换句话说，一起工作的时候不会担心"要是这个人犯错误把事情办砸了怎么办"。

殷柱：即便如此，过于完美的人让人在旁边看着觉得似乎喘不过气来。

志荣：是啊，无论哪一种都各有优点和缺点。如果是既有能力又有人性魅力的人就再好不过了。

문법과 표현

语法与表达

① (N에) 신경(을) 쓰다

用于名词后，을可以省略。意思是"对……在意[费心]"。

성적에 너무 신경 쓰지 마. 열심히 하면 언젠가는 성적도 좋아질 거야.

别对成绩太在意，只要好好学，总有一天成绩会提高的。

요즘 신경을 좀 썼더니 머리가 아프구나.

最近操了点儿心，头就疼了。

외모에만 신경을 쓰는 사람은 못 믿겠어.

那些只注重修饰外表的人不可信。

② N도 마

意思是"……都别……"。

여행 가는 건 생각도 마! 시간도 없고 돈도 없다면서.

既然说又没时间，又没钱，旅行什么的想都别想!

돈 얘기라면 시작도 마. 내일 점심 값도 없다.

要是说钱的事，那提都别提，（我连）明天买午饭的钱都没有。

그 사람하고는 얘기도 마. 얼마나 나쁜 사람인데.

和那个人连话都别说，他太坏了。

V-지도 마

动词后面加지도 마，意思是"连……都别……"。

그 사람 이야기라면 꺼내지도 마. 생각만 해도 기분이 나쁘다.

关于那个人，提都别提。只要一想起来就生气。

그 사람한테 돈 빌려야겠다는 생각은 하지도 마.

根本动也不要动向那个人借钱的念头。

지난번 여행에 대해서는 얘기하지도 마. 다시는 같이 안 갈 거야.

关于上次的旅行，提都别提，我再也不会（和他）一块儿去了。

③ V-기가 무섭게
意思是"一……就"。

신호가 바뀌기가 무섭게 차들이 앞으로 갔다.
信号一变，车辆就立即向前驶去。
방학이 되기가 무섭게 고향으로 돌아갔구나.
一放假就马上回老家了。
1시에 학교 수업이 끝나기가 무섭게 식당으로 달려간다 .
1点学校一下课，就立刻向食堂跑去。

④ V-아/어 대다
用于动词后，表示对该动作的强调，可以翻译为"使劲地……"。

운동은 안 하고 매일 먹어 대니까 그렇게 살이 찌지.
也不做运动，天天使劲吃，所以长了这么多肉。
매일 술만 마셔 대더니 병원에 입원했대.
听说天天一个劲儿地喝酒，结果住院了。
그렇게 돈을 써 대다가는 큰일나겠다.
要是一直那样大把大把地花钱，会出大事的。

⑤ V-는 바람에
用于动词后，表示"因为……"。

아버지께서 화를 내시는 바람에 여행 얘기는 꺼내지도 못했어.
爸爸发脾气了，所以没敢提去旅行的事。
갑자기 여행을 떠나는 바람에 연락을 못 받았어요.
突然外出去旅行了，所以没能得到消息。
1년 동안 일은 안 하고 노는 바람에 그동안 모아 놓은 돈을 다 쓰고 말았어요.
一年时间不工作光玩儿，所以把以前存的钱都花光了。

6 N은/는 뒷전이다

用于名词后，表示"把……扔在一边"。

일은 뒷전이고 매일 모여서 놀 생각만 한다.
把工作扔在一边，每天光想着聚在一起玩儿。

사업은 뒷전이고 술만 마시러 다니면 어떻게 해?
要是把事业扔在一边，光忙着喝酒的话，可怎么办啊？

N을/를 뒷전으로 하다

用于名词后，表示"把……丢在一边"。

학생이 공부를 뒷전으로 하고 노는 데만 열중하면 어떡하니?
学生把学习扔在一边，光热衷于玩儿，可怎么办呢？

가정을 뒷전으로 하고 사회 활동만 한다.
把家庭扔在一边，光忙于社会活动。

7 당연히 A/V

당연히后面加形容词或动词，意思是"当然……"。

돈을 그렇게 써 댔으니까 당연히 돈이 모자라지요.
把钱都那么胡乱花光了，当然缺钱了。

술과 담배를 많이 하니까 건강이 당연히 나빠지죠.
喝那么多酒，抽那么多烟，当然身体不好了。

밤에 늦게 자니까 아침에 당연히 피곤하죠.
晚上睡得那么晚，早晨当然累了。

A/V-(으)ㄴ/는 것은 당연하다

意思是"……是理所当然的"。

돈을 그렇게 써 댔으니까 돈이 모자라는 건 당연하죠.
把钱都那么胡乱花光了，缺钱是理所当然的事。

술과 담배를 많이 하니까 건강이 나빠지는 건 당연하죠.

喝那么多酒，抽那么多烟，身体不好是理所当然的事。

밤에 늦게 자니까 아침에 피곤한 건 당연하죠.

晚上睡得那么晚，早晨累是理所当然的事。

⑧ 믿음직[먹음직, 바람직]하다
形容词。意思是 "看起来可信[好吃、可靠]。

그 사람은 믿음직해 보여서 여자들한테 인기가 있다.

那个人看起来很可靠，所以很受女性欢迎。

시장에 갔더니 먹음직한 과일들이 많이 있더라.

去市场一看，有好多看起来很好吃的水果。

아침에 일찍 일어나서 운동하고 직장에 가면 정말 바람직하겠지.

早晨早起床锻炼身体后再去上班真的很好。

연습

① 본문을 잘 읽고 대답하세요.

1) 요즘 동생에게 갑자기 생긴 변화는 무엇입니까? 그 이유는 무엇입니까?
2) 오후에는 왜 전화 쓸 생각도 못합니까?
3) 동생은 어떤 아이입니까?
4) 은주는 어떤 사람을 좋아합니까? 왜요?
5) 어떤 사람이 바람직한 사람이라고 합니까?

② .... 에 알맞은 말을 써넣으세요.

| 능력 | 당연하다 | 말다 | 멋(을) 내다 | 믿음직하다 |
| 바라다 | 심리학자 | 완벽하다 | 우선 | 친밀감 |

1) 지금 배가 고프니까 .... 식당에 가서 밥부터 먹자.
2) 모든 일을 .... 게 처리하려고 하니까 시간도 많이 필요하고 신경도 많이 써야 한다.
3) 보통 사람보다 .... 이/가 뛰어난 사람을 찾고 있습니다.
4) 사람들의 마음에 대해서 연구하는 학자들을 .... (이)라고 부른다.
5) 모든 부모님들의 마음은 자식들이 잘되기를 .... 는 마음일 것이다.
6) 물건을 샀으면 돈을 내는 것이 .... 지요.
7) 시간 없다고 매일 청바지에 스웨터만 입고 뛰어다니더니 오늘은 .... 고 예쁘게 앉아 있으니까 다른 사람 같구나.
8) 옆집 가게 아저씨는 누구한테나 먼저 인사를 하니까 금방 .... 이/가 든다.
9) 우리 회사에서는 성실하고 .... 한 사원을 구합니다.

③ 다음의 문형을 이용해서 대답하세요.

N에 신경 쓰다	N도 마[A/V-지도 마]	V-기가 무섭게
V-아/어 대다	V-는 바람에	N은/는 뒷전이다
V-(으)ㅁ직하다	당연히 A/V	

1) 가 : 어머니, 한 번만 가게 해 주세요. 내 친구들은 다 가는데 이번만 가고
       다음에는 절대로 안 갈게요.
   나 : 안 돼. ....

2) 가 : 길에 차도 별로 없고 복잡한 시간도 아니었는데 어떻게 하다가 이런
       사고를 냈지?
   나 : ....

3) 가 : 왜 이 식당에 자주 오세요?
   나 : ....

4) 가 : 버스에 책가방을 놓고 왔다고요?
   나 : ....

5) 가 : 이번이 벌써 몇 번째야? 지난번에도 잃어버렸다고 해서 새로 사 주었
       잖아.
   나 : 죄송해요. 이제 조심할게요.
   가 : ....

6) 가 : 조금 전에 저녁밥 먹었잖아. 아이스크림하고 케이크는 왜 또 가져왔니?
   나 : 저는 밥 먹어도 금방 또 배가 고픈데요.
   가 : ....

7) 가 : 옆집 학생이 대학 입시에 떨어졌다면서요?
   나 : ....

④ 다음 단어를 알맞게 고쳐서 .... 에 써넣으세요.

┌───┐
│   먹음직하다   믿음직하다   바람직하다   │
└───┘

1) .... 교육은 어린아이들의 성적보다는 성격을 중요하게 생각하는
   것이다.
2) 우리 아버지처럼 .... 남자가 있으면 언제라도 결혼을 하겠는데.
3) 다이어트 중이지만 식탁 위의 .... 음식들을 보니 참을 수가 없다.

⑤ 은주와 아버지의 대화와 은주와 민석이의 대화를 듣고 아래 표를 완성하세요.

	아버지의 이상형	민석
	나이 차	없음
성실하다	성격	
짧은 머리 깨끗한 옷차림	외모	
	술, 담배	
	직업	

⑥ 친구들과 이야기해 보세요.

1) 여러분이 좋아하는 사람과 싫어하는 사람의 특성에 대해서 이야기해 보세요.

	좋아하는 사람의 특성	싫어하는 사람의 특성
나		

2) 완벽에 가까운 사람과 자주 실수를 하는 사람의 장점과 단점에 대해 이야기해 봅시다. 또 여러분은 어떤 사람에게 더 친밀감을 느끼고, 그 이유는 무엇입니까?

	완벽에 가까운 사람	자주 실수를 하는 사람
장점		
단점		
친밀감을 느끼는 쪽, 그 이유?		

새 단어

単 词

일장일단(一長一短)	좋음 점도 있고 나쁜 점도 있다 一长一短，优点和缺点
투표(投票)	投票
신경(神經)(을) 쓰다	몹시 세심하게 생각하거나 걱정하다　花心思，操心
멋내다	멋있게 보이려고 노력하다　打扮
-기가 무섭게	-자마자　—……就马上
-아/어 대다	정도의 심함을 나타내는 말　使劲，猛地
-는 바람에	-기 때문에　因为……，所以
뒷전	뒷일, 관심이 없는 일　后面
심리학자(心理學者)	마음의 움직임을 연구하는 사람　心理学者
능력(能力)	어떤 일을 할 수 있는 힘이나 기술　能力
뛰어나다	여럿 중에서 훨씬 낫다　杰出，优秀
하긴	사실 말하자면　也是
완벽(完璧)하다	완전하다　完美
믿음직하다	매우 믿을 만하다　可靠，可以信赖
매력적(魅力的)	사람의 눈이나 마음을 끄는 것　有魅力的
망치다	일이 잘 못 되게 만들다　弄坏，搞砸
불안감(不安感)	불안한 느낌　不安的感觉
숨(이) 막히다	마음이 답답하다　喘不过气
외모(外貌)	겉모습　外貌
살(이) 찌다	몸에 살이 많아지다, 뚱뚱해지다　长胖
먹음직하다	맛있어 보여서 먹고 싶다는 생각을 하게 하다　看 起来好吃
바람직하다	바랄 만한 가치가 있다　值得期待的
변화(變化)	달라짐　变化
이상형(理想型)	理想型，喜欢的类型
성실(誠實)하다	태도나 언행 등이 정성스럽고 참되다　诚实，勤恳
옷차림	옷을 입은 모양　衣着
공무원(公務員)	국가의 일을 맡아 하는 사람　公务员
특성(特性)	특별한 성질　特点，特性
장점(長點)	좋은 점　优点
단점(短點)	나쁜 점　缺点

22과 하고 있는 일이 적성에 안 맞아?

인간의 삶에서 가장 중요한 것은 무엇일까? 건강, 돈, 명예, 사랑 등 중요한 것이 많이 있을 것이다. 그러나 사람이 오래 살고, 재산이 많고, 지위가 높고 사랑하는 사람이 있다고 해서 행복해지는 것은 아니다. 아무리 가난해도 보람 있는 삶을 살 수 있다면 그것이 행복한 삶이 아닐까? 그러면 보람 있는 일은 무엇일까? 우리는 대부분의 시간을 일을 하면서 보낸다. 그렇게 일을 하면서 보내는 많은 시간이 즐겁지 않다면 그로 인해서 우리의 삶은 피곤하고 힘들 것이다. 그 많은 시간을 즐겁고 보람 있게 보내기 위해서는 자기가 좋아하는 일을 선택하고, 그 일에 몰두할 수 있어야 할 것이다. 그렇게 하면 그 일을 하는 동안 즐겁고 그 일의 결과에 대해 보람을 느끼게 될 것이기 때문이다.

진수 : 회사를 옮긴 지 일 년도 안 됐는데 또 옮기려고 해?

영미 : 그래. 근무 조건도 안 좋고 월급도 다른 회사에 비해서 적기도 하고.

진수 : 다른 회사 월급이 많아 봤자 얼마나 많겠어? 내가 보기에는 근무 조건은 그만하면 괜찮은 것 같은데.

영미 : 이번에는 아주 그만두고 다른 일을 찾아보려고 해.

진수 : 무슨 말이야? 지금 하고 있는 일이 적성에 안 맞아?

单 词

적성	(으)로 인해서	그만하다
삶	근무	아주
명예	–아/어 봤자	

영미 : 그런 것 같아. 월급이나 근무 조건 못지않게 적성도 중요하지
　　　않니? 나하고 좀 안 맞는 것 같아.
진수 : 그건 그렇지. 자기가 하는 일이 적성에 안 맞으면 마지못해
　　　하게 될 뿐이지.
영미 : 그래. 일이 즐겁지 않으니까 다른 생활도 신이 안 나.
진수 : 그건 문제로구나. 직업을 구할 때는 일에 불과한 것보다는
　　　자기가 보람을 느낄 수 있는 일을 선택해야겠지.

못지않게	★ 가뭄	정성	대기업	승진
마지못해	식물	보험	중소기업	보장
에 불과하다	말라 죽다	분위기	여가	기혼
	아예	어쨌든	보조	취업난
	그저	규모	어학연수	무직

第22课　现在的工作不适合你吗？

　　人的生活中最重要的东西是什么呢？有很多，像健康、金钱、名誉、爱情等等。不过人并不因为长寿、拥有很多财产、有很高的地位、和相爱的人在一起就变得幸福。纵然贫穷，但生活得很有意义，难道不是幸福的生活吗？那什么是有意义的生活呢？我们大部分时间都花在工作上，如果花在工作上的很多时间不快乐的话，那我们的生活会因此而疲惫不堪。为了让那么多的时间能够过得快乐而有意义，我们应该选择自己喜欢的工作，必须能够专心于那份工作。这样，做那份工作的时候才会心情愉快，才会体会到那份工作成果的意义。

镇洙：刚跳槽还不到一年，又要换工作？

永美：是啊，工作条件不好，工资又比别的公司低。

镇洙：别的公司工资再多能多多少？我觉得工作条件那样也算可以。

永美：这次想干脆不干这一行了，换个别的工作。

镇洙：这是什么意思？现在的工作不适合你吗？

永美：好像是，适合不适合自己的重要性也不亚于工资、工作条件吧？（这个工作）好像不太适合我。

镇洙：那倒也是，要是自己做的工作不适合自己，就是勉强应付了。

永美：就是啊。工作起来不高兴，其他生活也打不起精神。

镇洙：这是问题啊，找工作的时候，不要只是找个工作，应该选择自己觉得有意义的工作。

문법과 표현

语法与表达

① N(으)로 인해(서)

用于名词后，서可以省略。意思是"因为[由于]……"。

그는 교통사고로 인해 병원에 입원하고 있다.

他因为交通事故在医院住院。

그 전쟁으로 인해서 많은 사람들이 목숨을 잃었습니다.

由于那场战争，很多人失去了生命。

그해 여름은 심한 가뭄으로 인해서 많은 식물들이 말라 죽게 되었습니다.

那一年夏天由于严重干旱，很多植物枯死了。

② A/V-아/어 봤자

用于形容词或动词后面，意思是"即便 [就算]……"。

비싸 봤자 얼마나 비싸다고 그래? 그 정도는 사 줄 수 있어.

再怎么贵能贵多少啊? 那个程度的话我能给你买。

지금 가 봤자 무슨 소용이 있어. 만날 수도 없을 텐데.

就算现在去了，又有什么用，根本就见不着。

해 봤자 안 되는 일이니까 아예 하지 마.

就算做也做不成，干脆别做了。

③ 아주 V

意思是"永远地……"。

이번에 일본에 가신다고요? 아주 가세요?

听说这次去日本? 去了就不回来了吗?

이제 한국에 아주 돌아오셨나요?

现在回到韩国不再走了吗?

두 사람이 이번에는 아주 헤어졌대요.

听说这次两个人真的分手了。

4 N(에) 못지않게

在名词后面加(에) 못지않게，에可以省略，意思是"不亚于……"。

동생이 형에 못지않게 운동을 잘해요.
弟弟擅长体育运动，不亚于哥哥。

이 도시도 서울 못지않게 교통이 복잡해요.
这个城市的交通很拥挤，不亚于首尔。

자동차 산업 못지않게 발달한 분야는 무엇입니까?
哪一个行业发展的程度不次于汽车行业？

5 마지못해 V

마지못해后面加动词，意思是"不情愿地……"。

먹고 싶지 않은데 마지못해 먹는 것 같았습니다.
好像并不想吃，是在勉强吃。

마지못해 하는 일은 언제나 잘못되기 쉽지요.
不愿意做而勉强做的工作总是容易出错。

가고 싶지 않았는데 마지못해 따라갔다.
本来不想去，勉强跟着去了。

6 N-(이)로구나

用于名词后，表示感叹，意思是"是……啊"。

저 사람이 그 유명한 가수로구나!
那个人就是那个有名的歌手啊！

이 그림이 바로 금강산을 그린 그림이로구나!
这幅画就是那幅画了金刚山的画啊！

참, 오늘이 공휴일이로구나! 그것도 모르고 우체국에 왔네.
对了，今天是公休日啊！没想就来了邮局。

7 N에 불과하다

用于名词后，意思是"不过是……"。

그것은 생각보다 복잡하지 않아요. 간단한 일에 불과합니다.
那件事不像你想得那么复杂，只是一件很简单的事。

별로 대단한 일이 아니에요. 그저 누구나 할 수 있는 일에 불과할 뿐이에요.
不是什么大不了的事，不过是件人人都能干的事。

작은 정성에 불과한 것이니 받아 주세요.
不过是小小的诚意，请收下。

연습

① 본문을 잘 읽고 대답하세요.

1) 행복한 삶이란 무엇입니까?
2) 보람 있는 일은 무엇입니까?
3) 영미는 왜 회사를 옮기려고 합니까?
4) 요즘 영미의 생활은 어떻습니까?
5) 직업을 선택할 때는 어떤 일을 선택해야 합니까?

② 다음 ....에 알맞은 단어를 골라 쓰세요.

> 근무 조건   명예   보람   월급   재산   적성   지위

1) 직업을 선택할 때 일하는 시간이나 휴가 등 ....이/가 제일 중요해요.
2) 그 일이 자기에게 맞는지는 자신의 ....이/가 어떤지에 따라 달라요.
3) 그 사람은 사회적으로 높은 ....에 있는 사람처럼 보여요.
4) 그분은 돈보다 ....을/를 더 소중히 여긴대요.
5) 어떤 일을 끝냈을 때 ....을/를 느낄 수 있도록 열심히 하겠어요.
6) 회사에서 이번 달 ....을/를 받으면 보험에 들어야겠어요.
7) 아무리 ....이/가 많아도 건강하지 않으면 무슨 소용이 있겠어요?

③ 보기에서 알맞은 문형을 골라 대화를 완성하세요.

> A/V - 아/어 봤자   N에 못지않게   마지못해   N에 불과하다

1) 가 : 피곤해서 가기 싫다고 하더니 왜 갔어?
   나 : ....
2) 가 : 이번 시험 점수가 잘 나올 것 같다면서?
   나 : ....?
3) 가 : 굉장한 일을 했다고 하던데요.
   나 : 뭘요. ....
4) 가 : 그 사람은 사회적인 명예가 있는 사람이니까 모든 사람들이 부러워하
         겠지?
   나 : ....

④ 라디오 프로그햄에 보낸 편지입니다. 잘 듣고 맞으면 ○, 틀리면 × 하세요.

1) 옮긴 회사는 근무 조건은 좋은데 회사의 분위기가 마음에 안 든다.　（　　　）
2) 이 사람은 근무 조건 못지않게 사람과의 관계를 중요하게 생각한다.　（　　　）
3) 이 회사의 분위기에 영향을 주는 것은 역시 월급이다.　（　　　）
4) 직장을 옮기는 것은 어쨌든 나쁘다고 생각한다.　（　　　）

⑤ 다음 조건의 세 회사 중에서 어떤 회사를 선택할 것인지, 또 그 이유는 무엇인지 이야기해 봅시다.

조건 ＼ 회사	가	나	다
회사 규모	대기업	중소기업	중소기업
월급	1,000,000원/월	800,000원/월	2,000,000원/월
보너스	400%	500%	400%
휴가	연 10일	월 2일 외 연 15일	월 1일 외 연 10일
여가 시설	스포츠 센터 있음	없음	스포츠 센터 있음
기타	교육비 보조 (어학연수 등)	능력별 승진 기회 보장	회사 일이 아주 많음

6 다음의 네 사람의 적성과 환경을 생각해서 알맞은 직업을 정하여 봅시다. 그리고 근무 조건을 써넣어 봅시다. (직업 그림을 참고하세요.)

	적성과 환경	직업과 근무 조건
	• 27세 미혼 • 취미 : 여행 • 오전 : 학교에서 미술을 전공하고 있음 • 오후 : 여가 시간 이용	

	적성과 환경	직업과 근무 조건
	• 34세 기혼 • 습관 : 아침에 늦잠을 잠 • 할머니와 아이 2명과 같이 삶 • 맞벌이이며 주말 부부 • 영어 전공	

	적성과 환경	직업과 근무 조건
	• 29세 미혼 • 취미 : 요리, 노래, 기타 • 놀기를 특히 좋아함 • 키가 크다	

	적성과 환경	직업과 근무 조건
	• 30세 미혼 • 외국 유학 • 취업난으로 현재 무직 • 취미 : 운동, 세계 엽서 모으기 • 영어와 중국어를 할 수 있음	

〈여러 가지 직업〉

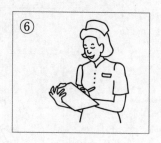
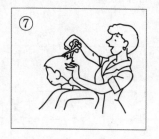

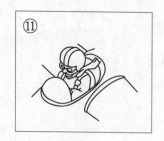

새 단어

단 어

적성(適性)	무엇에 알맞은 성격 个性
삶	사는 일, 생명, 생(生) 生活
명예(名譽)	세상에서 훌륭하다고 인정되는 이름이나 자랑 名誉
(으)로 인(因)해서	때문에 因为
근무(勤務)	직업적인 일 工作
아/어 봤자	아무리 –아/어도 就算
그만하다	그대로 쓸 만하다, 그 정도이다 那样
아주	완전히 完全地
못지않게	不亚于, 不次于
마지못해	억지로 不得已, 迫不得已
에 불과(不過)하다	–에 지나지 않다 不过
가뭄	오래 비가 오지 않음 干旱
식물(植物)	植物
말라 죽다	물기가 없어져서 죽다 枯死
아예	처음부터 干脆
그저	특별한 조건 없이 只是
정성(精誠)	참되고 거짓이 없는 마음 诚意
보험(保險)	保险
분위기(雰圍氣)	氛围, 气氛
어쨌든	하여튼 不管怎么说
규모(規模)	规模
대기업(大企業)	큰 회사 大企业
중소기업(中小企業)	中小企业
여가(餘暇)	여유 시간 余暇
보조(補助)	모자람을 도와줌 辅助
어학연수(語學研修)	외국어를 배우는 것 语言进修
승진(昇進)	직장에서 지위가 올라감 晋升
보장(保障)	保障
기혼(既婚)	결혼함 已婚
취업난(就業難)	직업을 갖기 어려움 就业难
무직(無職)	직업이 없음 无业

23과 인터넷은 정말 편리하구나

〈지연이의 인터넷 하루〉

09:00 학교 컴퓨터에 인터넷으로 접속하여 출석을 확인 받고, 강의를 듣는다.

13:00 도서관에 들어가 자료를 검색하고 전송 받는다.

14:00 전자 우편으로 대학의 교수님께 보고서를 보낸다.

15:00 인터넷의 가상 카페에서 미국에 유학 간 준석이와 만나 대화를 나눈다.

16:30 동경대학교에 접속하여 특별 강의에 참석한다.

18:00 홈 쇼핑으로 어머니의 생일 선물을 주문하고, 피자 가게에 들러 피자를 주문한다.

19:00 가상 영화관에 접속하여 보고 싶은 영화를 선택하여 본다.

单 词

인터넷	검색	보고서	홈 쇼핑
접속하다	전송	가상	
자료	전자우편	동경	

21:00   홈뱅킹에서 오늘 카드 지출 내역을 확인한다.
21:30   오늘 온 편지를 전자 우편으로 확인하고 내일 친구와
        가기로 한 음악회의 표를 예매한다.

지연   : 어머니, 어디 가세요?
어머니 : 방에 놓을 책상 좀 보러 가려고 하는데, 백화점이 좋을지
         가구점이 좋을지 모르겠구나.
지연   : 어떤 책상을 사시려고요?
어머니 : 글쎄, 앉아서 책도 보고 차도 마시고, 붓글씨 쓰는 데도
         이용하고……. 그러면 좀 낮은 책상이 좋겠지?
지연   : 그럼 제가 인터넷으로 가구점에 접속해서 적당한 것이
         있나 봐 드릴게요. 그리고 마음에 드는 것이 없으면
         원하는 디자인으로 주문하시면 돼요. 그러면 그쪽에서
         컴퓨터 그래픽으로 설계해서 보내 줄 거예요.
어머니 : 정말 편리하구나. 인터넷을 통해서 가구도 살 수 있고.
지연   : 그럼요. 인터넷은 정보의 바다라고 하는 말도 있잖아요.
         정보의 홍수 속에서 안절부절못하는 사람도 있지만, 잘
         이용하면 아주 편리해요. 어머니도 한번 배워 보세요. 앞으로
         컴퓨터는 하루라도 없으면 안 되는 물건이 될 거예요.
어머니 : 하지만 모든 일을 컴퓨터에만 의존하다가는 더 중요한
         것을 잃게 될지도 몰라.

홈뱅킹	디자인	정보	★ 농사	상식
지출	그래픽	안절부절못하다	파티	시청자
내역	설계	의존하다	지식	박
붓글씨	을/를 통해서		통신	

第23课　因特网真方便

〈志燕在因特网上的一天〉

09：00　用学校的电脑登录上网，点名、听课。

13：00　进图书馆检索资料后下载。

14：00　用电子邮件给大学教授发报告。

15：00　在因特网的虚拟论坛和去美国留学的俊石网上聊天儿。

16：30　登录东京大学，参加特别讲座。

18：00　用网上购物订购妈妈的生日礼物，顺便到（网上）比萨饼店订比萨饼。

19：00　登录虚拟电影院选自己想看的电影看。

21：00　在网上银行确认今天的信用卡支付明细。

21：30　用电子邮件确认今天的来信，预订明天要和朋友一起去的音乐会门票。

志燕：妈妈，去哪儿？

母亲：想去挑个放在房间里的书桌，不知道去百货商店好还是去家具店好。

志燕：想买什么样的书桌？

母亲：这个嘛，坐下来可以用来看书、喝茶、写毛笔字……是不是矮一点儿的书桌好？

志燕：那我先用因特网登录家具店，看看有没有合适的，要是没有喜欢的，可以订做想
　　　要的样子，那么那边会用电脑图片设计好发过来。

母亲：真方便啊，家具都能通过因特网买。

志燕：当然，不是说因特网是信息的海洋嘛，虽说在信息的洪水中有人不知所措，但如
　　　果能好好利用会很方便。妈妈您也学学吧，将来电脑会成为一天也离不开的东
　　　西。

母亲：不过要是什么事都依靠电脑的话，说不定会失去更重要的东西。

문법과 표현
语法与表达

① A/V-(으)ㄹ지 A/V-(으)ㄹ지
用于形容词或动词的后面，意思是"是……还是……"。

친구의 졸업 선물로 가방이 좋을지 구두가 좋을지 모르겠다.
作为朋友的毕业礼物，不知道是包儿好还是皮鞋好。

그가 오늘은 올지 안 올지 모르겠다.
不知道他今天来还是不来。

어머니께 먼저 말을 해야 할지 말아야 할지 생각 중이에요.
正在考虑是先跟妈妈说还是不说。

② N을/를 V-는 데 이용하다
意思是"用……做……"。

비디오를 외국어 공부하는 데 이용하면 좋을 거예요.
用录像机来学习外语会很好。

컴퓨터를 자료 정리하는 데 이용하니까 정말 편리하더군요.
用电脑来整理资料，真的很方便。

저는 책을 사는 데 인터넷을 이용해요.
我买书时用因特网。

N을/를 N에 이용하다[N에 N을/를 이용하다]
意思是"拿……用于……"。

비디오를 외국어 공부에 이용하면 좋을 거예요.
学习外语时用录像机会很好。

쓰레기를 재활용하여 농사에 이용합시다.
回收垃圾用于农业吧。

요즘은 병원 예약에도 컴퓨터를 이용합니다.
最近医院预约也用电脑。

③ N을/를 통해(서)

用于名词后，서可以省略。意思是"通过……"。

그 회사는 신문을 통해 합격자 발표를 한대요.

听说那个公司通过报纸公布合格者名单。

지연이 생일 파티에 갈 수 없어서 민수를 통해 선물만 보냈다.

志燕不能参加生日晚会，只通过敏洙送来了礼物。

책을 통해서 우리는 많은 지식을 얻게 됩니다.

通过书本，我们学到很多知识。

④ 안절부절못하다

动词，意思是"忐忑不安"。

가족들은 수술 결과를 안절부절못하며 기다렸다.

家里人忐忑不安地等待着手术的结果。

왜 그렇게 안절부절못해? 무슨 큰일이라도 생겼니?

为什么这么忐忑不安? 发生什么大事了吗?

여자 친구가 오랫동안 연락이 없어서 나는 안절부절못하고 전화를 기다렸다.

女朋友很长时间没有消息，我忐忑不安地等电话。

⑤ 한 N(이)라도 V-(으)면 (안 되다)

意思是"即便是一 (个) ……也不能……"。

내가 준 책을 한 권이라도 잃어버리면 안 돼. 알았지?

我给的书一本也不能丢，知道了吗?

내일은 시험 보는 날입니다. 한 사람이라도 결석하면 안 됩니다.

明天考试，一个人也不能缺席。

＊ 여기에 있는 과자를 하나라도 먹으면 안 돼.

＊ 这里放的饼干一片也不能吃。

하루라도 단어를 안 찾으면 안 됩니다.

一天也不能不查单词。

연습

① 본문을 잘 읽고 대답하세요.

1) 인터넷으로 무엇을 할 수 있습니까?
2) 전자 우편을 무엇에 이용합니까?
3) 인터넷으로 어떻게 가구를 살 수 있습니까?
4) 지연이는 인터넷에 대하여 어떻게 생각합니까?
5) 어머니는 컴퓨터를 사용하는 것에 대하여 어떻게 생각합니까?

② 대화들에 공통적으로 들어가는 말을 보기에서 골라 ....에 써넣으세요.

┌───┐
│   안절부절못하다   의존하다   이용하다   접속하다   │
└───┘

1) 가 : 왜 갑자기 비디오를 사셨어요?
　　나 : 불어 공부에 ....
　　가 : 그래요. 외국어 배우는 데에 .... 좋겠군요.
2) 가 : 이 많은 자료를 어떻게 구하지요?
　　나 : 간단해요. 인터넷에 .... 자료를 검색하면 돼요.
3) 가 : 이 시간에 왜 집 앞에 나와 있어요?
　　나 : 밤이 늦었는데 지연이가 전화조차 없이 안 들어오네요.
　　가 : 아, 그래서 .... 밖에 서 있는 거군요.
4) 가 : 그 문제를 부모님과 의논해야 할지 말아야 할지 모르겠네요.
　　나 : 이제 어른이니까 부모님께 .... 말고 스스로 해결해 보세요.

③ 다음 문장을 완성하세요.

┌───┐
│ (없다)   │
│ 이 양념들은 불고기 만들 때 꼭 필요한 것들이니까 한 가지라도 없으면 안 돼요. │
└───┘

1) (잃어버리다)
　　이 사진들은 입학 원서에 붙일 거니까 ....
2) (없어지다)
　　이 책들은 도서관에서 빌려 온 거니까 ....

3) (안 부치다)

이 편지들은 중요한 것들이니까 _____.

4) (마시다)

냉장고 안의 맥주는 손님들에게 드릴 거니까 _____.

5) (늦다)

내일은 정각 9시에 출발하니까 _____.

④ 문장을 완성하세요.

1) 보기에서 알맞은 단어를 골라 _____에 써넣으세요.

가상	검색	내역	디자인	보고서	홍수

① 이달 지출 _____을/를 알고 싶으면 민수 씨에게 말하세요.

② 하나하나 자료를 _____하려면 시간이 많이 걸릴 거예요.

③ 어떤 _____의 세계를 상상하곤 합니까?

④ 신문과 방송, 잡지 등을 통해서 쏟아지는 수많은 말을 보고 듣다 보면 정말 말의 _____시대에 살고 있다는 기분이 든다.

2) 보기에서 말맞은 단어를 골라 _____에 써넣으세요.

설계	전송	접속	주문	확인

① 가 : 여기 _____한 물건 왔습니다.

나 : 저는 _____한 적이 없는데요. 다시 한 번 _____해 보세요.

② 가 : 이건 영국 박물관에 있는 그림인 것 같은데 어디에서 구했어요?

나 : 어제 인터넷에 _____해서 마음에 드는 그림이 있어서 _____받은 거예요.

③ 가 : 어떤 생각을 할 때 제일 행복해요?

나 : 당신과 함께 미래를 _____하는 것을 상상할 때 정말 행복해요.

⑤ 다음은 방송 프로그램 안내입니다.

1) 잘 듣고 빈 곳을 채우세요.

서울교육방송
5:00 재미있는 ....
6:00 .... 시작하기
：...... PC 통신은 ....
：...... 컴퓨터 .... 상식

2) 아래의 사람들은 어느 프로그램을 보면 좋을까요?

시청자	프로그램 이름
인터넷을 전혀 모른다.	
아침이 되면 자기도 모르게 컴퓨터로 가서 하루 종일 붙어 있다.	
집에서 컴퓨터로 쇼핑을 하고 은행 일도 하고 싶다.	
컴퓨터를 통해 영어를 배우고 싶다.	

⑥ 친구와 함께 이야기해 보세요.

1) 인터넷은 정보의 바다라고 합니다.
  ① 여러분은 인터넷을 이용하고 있습니까? 무엇을 하는 데 이용하고 있나요?
     여러분이 찾아낸 새로운 정보도 함께 얘기하세요.
  ② 인터넷의 좋은 점과 나쁜 점에 대해 얘기하세요.

2) 컴퓨터의 발달로 세상은 빠르게 변하고 있습니다. 어떤 것이 더 좋아지고
어떤 것이 더 나빠질까요?

좋아지는 것	나빠지는 것
①	①
②	②
③	③
④	④

3) 만약 여러분에게 2박 3일 동안 컴퓨터 한 대와 백만 원을 쓸 수 있는 신용
카드가 주어진다면 컴퓨터를 무엇에 이용하며 보내겠습니까?

1일째	
2일째	
3일째	

새 단어

인터넷	因特网
접속(接續)하다	연결하다 连接，登录
자료(資料)	资料
검색(檢索)	찾음 检索
전송(電送)	传送
전자 우편(電子郵便)	电子邮件
보고서(報告書)	주어진 주제에 대해 조사한 것을 쓴 글 报告书
가상(假想)	현실에 없는 것을 있다고 생각하는 것 假想
동경(東京)	일본의 수도 东京
홈 쇼핑	电视购物，网上购物
홈뱅킹	网上银行
지출(支出)	돈을 씀 支出
내역(內译)	자세한 내용 明细
붓글씨	붓으로 쓰는 글씨 毛笔字
디자인	设计
그래픽	图片
설계(設計)	设计
을/를 통(通)해서	通过……
정보(情報)	信息，情报
안절부절못하다	불안하여 초조해하다 忐忑不安，不知所措
의존(依存)하다	의지하다 依靠
농사(農事)	农活儿
파티	晚会
지식(知識)	知识
통신(通信)	通讯，通信
상식(常識)	일반 사람으로서 가져야 할 일반적인 지식, 이해력, 판단력 常识
시청자(視聽者)	텔레비전을 보는 사람 观众
박(泊)	宿

24과 아리랑 아리랑 아라리요

아리랑 아리랑 아라리요
아리랑 고개로 넘어간다
나를 버리고 가시는 님은
십 리도 못 가서 발병 난다

 아리랑은 '아리랑'이나 '아라리' 또는 그와 비슷한 소리를 노래의
앞이나 뒤 또는 중간에 끼워 사용하는 여러 민요들을 가리키는 말로
전국에 널리 퍼져 있다. 그 내용은 대개 그 지역 민중의 일상적인 생활
모습과 감정들이다. 그래서 아리랑 노래에는 논과 밭, 혹은 산이나
강에서 일하며 부른 '일 노래'와 즐겁게 놀며 부른 '놀이 노래'가 있다.
온갖 삶의 어려움과 즐거움을, 절망과 희망을, 그리고 사랑과 이별을
노래하는 아리랑은 이렇듯 민중 자신을 표현하는 노래이다. 그러한
여러 삶의 모습과 감정을 그리는 노랫말의 종류가 정선 지역에서만
400~500개에 이르고 있다고 한다.

올가   : 선생님, 한국에서 가장 널리 알려진 민요는 뭐예요?
선생님 : 아리랑이지요. 국내에서든지 국외에서든지 한국인들이 하나라는
         것을 확인하고 싶어할 경우에는 아리랑을 함께 부르죠.

单 词

끼우다	민중	혹은	절망
민요	일상적	강	이렇듯
가리키다	논	온갖	이르다
널리	밭	어려움	국외

마이클 : 저는 한국 친구에게 아리랑을 배운 적이 있어요. 노랫말이
단순해서 기억하기 쉽고 가사를 쉽게 바꿀 수 있어서
여럿이 함께 부르기가 좋더군요.

선생님 : 그래요. 아리랑은 노래하는 부분이 흔히 '혼자소리'와
'무리소리'로 나뉘지요. 개인적으로는 '한'을 풀고
집단적으로는 '흥'을 돋우는 노래 방식에 바탕을 두고
있는 거예요.

미치코 : '아리랑'이나 '아라리'같은 소리는 무슨 뜻이 있나요?

선생님 : 여러 가지 얘기가 있지만 아무 의미 없이 그저 가락이 이어져
나가도록 돕는다는 학설이 지배적인 편이죠.

마이클 : 아리랑은 지역에 따라 성격이 조금씩 다르다고 들었어요.

선생님 : 맞아요. 우리가 많이 부르는 아리랑은 '경기 아리랑'이라고 불리는
것인데, 좀 현대적으로 대중가요화된 것이죠. 전통민요 아리랑은
크게 '정선 아리랑', '진도 아리랑', '밀양 아리랑'으로 나뉘어요.

미치코 : 저는 아리랑이 하나뿐인 줄 알았어요.

단순하다	무리	돋우다	★ 책임	국물
가사	나뉘다	바탕(을) 두다	타자기	
여럿	한	가락	체험	
부분	집단	학설	국화	
흔히	흥		여왕	

第24课　阿里郎，阿里郎，阿拉里哟

阿里郎，阿里郎，阿拉里哟，
翻过了阿里郎山坡，
抛下我离去的恋人，
没走十里路脚上生了病。

　　《阿里郎》是指在歌曲的前面、后面或中间插入"阿里郎"或"阿拉里"等类似声音的多种民谣，它分布在全国，内容大都反映了该地区民众日常生活的情景和感情。因此，阿里郎歌曲中有在水田或旱田、山里或江边一边劳作一边歌唱的"劳动谣"和欢快地游戏时唱的"游戏谣"，阿里郎歌唱各种生活的艰辛与快乐、绝望与希望、爱情与离别，是反映民众自身生活的歌曲。这种描绘各种生活情景和感情的歌词在旌善地区就多达四五百种。

奥尔加：老师，韩国最有名的民谣是什么？

老师　　：是《阿里郎》。无论是在国内还是国外，当想证明韩国人都是一个整体的时候，就会一起唱《阿里郎》。

麦克尔：我从韩国朋友那里学过《阿里郎》。歌词很简单，容易记，歌词很容易改，适合很多人一起唱。

老师　　：对，《阿里郎》演唱的部分通常分为"独唱"和"合唱"，其基础是个人抒发"恨"、集体助"兴"的歌唱方式。

美智子：" 阿里郎"或"阿拉里"等发音是什么意思？

老师　　：有好几种说法，但占主流的说法是它们没有任何意义、只是对节奏的连接起辅助作用。

麦克尔：听说在不同的地区，阿里郎的性质有所不同。

老师　　：对，我们经常唱的《阿里郎》被称为"京畿阿里郎"，是以现代的方式改编成的大众歌曲，传统的民谣阿里郎分为"旌善阿里郎"、"珍岛阿里郎"和"密阳阿里郎"等几大类。

美智子：我还以为《阿里郎》只有一种呢。

문법과 표현

语法与表达

① N(으)로(서)
用于名词后，意思是"作为……"。

나는 한국에 학생으로 왔어요.
我作为学生来到了韩国。

그 회의에 기자로서 참석했어요.
作为记者参加了那个会议。

N은/는 ⋯⋯⋯⋯⋯⋯⋯⋯⋯⋯⋯⋯ N(으)로(서)
意思是"……作为……"。

나는 부모로서 이 일에 책임을 느낀다.
作为父母，我感到对这件事有责任。

추석은 한국인의 가장 큰 명절로서 많은 사람들이 고향을 찾는 날이다.
在韩国人最大的节日——中秋，很多人回到故乡。

가을은 독서의 계절로 책 읽기에 좋다.
秋天是读书的季节，非常适合读书。

② N에 이르다
用于名词后，意思是"达到……"。

이 도시의 인구는 천만에 이른다.
这个城市的人口达到了一千万。

자동차가 매년 늘어나서 100만 대에 이르고 있다.
汽车每年都在增加，已经达到了一百万辆。

이 학교를 졸업한 학생들이 수백 명에 이르고 있다.
从这个学校毕业的学生达数百名。

V-기에 이르다
意思是"到……的程度"。

과학의 발달로 달나라까지 여행 가기에 이르렀다.
由于科学的发展，已经到了去月球旅行的程度。

나라가 망하기에 이르자 백성들이 나라를 구하려고 나섰다.
到了国家灭亡的境地，老百姓为了救国挺身而出。

컴퓨터의 발달로 타자기가 없어지기에 이르렀다.
由于电脑的发展，打字机已经到了消失的地步。

③ N(이/에서)든지 N(이/에서)든지
用于名词后，意思是"无论是/在……还是……"。

불고기든지 비빔밥이든지 다 맛있어요.
无论是烤肉还是拌饭，都很好吃。

월요일이든지 화요일이든지 저는 아무때나 괜찮아요.
无论是星期一，还是星期二，我什么时候都行。

서울에서든지 시골에서든지 쓰레기 문제가 심각하다.
无论在首尔还是在乡下，垃圾问题都很严重。

설악산이든지 한라산이든지 가을에는 어디든지 사람들로 가득 찬다.
无论是雪岳山还是汉拿山，秋天到处都是人。

A/V-든지 A/V-든지
意思是"无论……还是……"。

아침을 먹든지 늦잠을 자든지 상관하지 마세요.
无论是吃早饭还是睡懒觉，都别管他。

싸든지 비싸든지 사야 합니다.
不管便宜还是贵，必须得买。

가든지 말든지 그냥 둡시다.
不管去还是不去，都别管(他)。

④ N이/가 N(으)로 나뉘다
意思是"……被分成……"。

지구가 육지와 바다로 나뉘었어요.
地球被分成了陆地和海洋。

한국어반은 몇 반으로 나뉘어 있습니까?

韩国语班被分成了几个?

그 책은 1권과 2권으로 나뉘어 있어요.

那本书分为一卷和二卷。

⑤ N에 바탕을 두다

意思是 "以……为基础"。

이 영화는 유명한 역사 소설에 바탕을 두고 만들어졌다.

这部电影是以著名的历史小说为基础制作的。

경제 발전은 끊임없는 새 기술 개발에 바탕을 둬야 한다.

经济发展必须以持续不断的新技术开发为基础。

이것은 작가 자신의 체험에 바탕을 두고 쓴 책이다.

这部书是以作家自身的体验为基础写成的。

⑥ N(이)라고 불리다

意思是 "被称为……"。

서울은 옛날에 한성이라고 불렸다.

首尔古时被称为汉城。

한국의 국화는 무궁화라고 불리는 꽃입니다.

韩国的国花是一种被称为木槿花的花。

그 선생님은 무서워서 호랑이 선생님이라고 불립니다.

那位老师很凶，因此被称为老虎老师。

① 본문을 잘 읽고 대답하세요.

1) 아리랑의 가사는 대개 어떤 내용입니까?
2) 한국인들은 어떤 경우에 아리랑을 함께 부릅니까?
3) 아리랑은 보통 어떤 방식으로 노래를 합니까?
4) '아리랑'이나 '아라리'의 뜻은 무엇일까요?
5) 전통 민요 아리랑에는 무엇 무엇이 있습니까?
6) 우리가 많이 부르는 아리랑은 무슨 아리랑입니까?

② 보기와 같이 대화를 만들어 보세요.

1) 어느 나라 음식, 잘 만들다
　　가 : 어느 나라 음식을 잘 만들어요?
　　나 : 한국 음식이든지 외국 음식이든지 다 잘 만들어요.

① 어떤 노래, 좋아하다
② 어느 곳, 여행 가고 싶다
③ 어떤 운동, 잘하다
④ 어떤 색깔, 마음에 들다
⑤ ...., ...

2) 친구들, 안 오다
　　가 : 친구들이 일찍 안 오면 어떡하죠?
　　나 : 오든지 안 오든지 그냥 떠납시다.

① 이 선물, 안 좋아하다
② 날씨, 나쁘다
③ 시간, 없다
④ 그 길, 막히다
⑤ ...., ...

③ 맞는 말에 ○ 하세요.

1) 아리랑은 한국 민요 중 제일 많이 (알린, 알려진, 알려 준) 노래다.
2) 5월은 가장 아름다운 달이라서 사람들로부터 '계절의 여왕'이라고 (부른다, 불린다, 부르고 있다).
3) 지구는 육지와 바다로 (나누어, 나뉘어, 나누고) 있다.
4) 구두쇠란 바로 나와 같은 사람을 (가르치는, 가리키는, 가르친) 말이다.
5) 옛날에는 단순히 생활 감정을 표현하던 아리랑이 지금은 민족의 노래로 (바꿨어요, 바꾸고 있어요, 바뀌었어요).
6) 컴퓨터의 발달로 집에서 학교 수업을 받기에 (이르렀어요, 일러요, 일렀어요).
7) 떡국은 설날에 먹는 (음식으로써, 음식으로서, 음식이라도) 쇠고기 국물에 떡을 넣어 끓인 음식이다.

④ 보기에서 알맞은 말을 골라 ....에 써넣으세요.

┌───┐
│   개인적   일상적   지배적   지속적   집단적   현대적   │
└───┘

1) 그 화가는 민중의 ....인 생활 모습을 주로 그렸다.
2) 유니세프는 고통받는 어린이들에게 50여 년 전부터 ....으로 관심을 가지고 돕고 있다.
3) 나라의 경제가 어렵다는 생각이 사람들 사이에 ....이지만, 내 .... 인 생각으로는 곧 나아질 것 같다.
4) 여러 사람이 ....으로 행동하기 전에 먼저 대화를 해 봅시다.

⑤ 아리랑에 대한 대화입니다. 두 사람의 대화를 듣고, 공책에 들은 것을 써 보세요.

┌──┐
│   민요는   │
│   1. 일이나 ....을/를 하면서 생겼다.   │
│   2. ....때 부르거나 살면서 느끼는 ....을/를 표현한다. │
│   3. 민중들이 스스로 만들었다. ....에 바탕을 둔 예술이다. │
│   4. 노래하면서 서로가 한 ....임을 확인한다.   │
└──┘

⑥ 친구와 함께 이야기해 보세요.

1) 아리랑 가사를 바꿔서 불러 봅시다.

2) 여러분 나라에서 가장 널리 알려진 노래나 민요는 무엇입니까? 무엇에 대한 노래입니까?

새 단어

单词

끼우다	좁은 사이에 밀어 넣다	插入，夹入
민요(民謠)	民谣	
가리키다	지시하다	指
널리	넓게	广泛地
민중(民衆)	民众	
일상적(日常的)	늘 있는 예사로운 것	日常的
논	水田	
밭	旱田	
혹(或)은	또는	或者
강(江)	江，河	
온갖	모든 종류의	各种
어려움	어려운 점	困难
절망(絶望)	희망이 없어짐	绝望
이렇듯	이와 같이	这样
이르다	달하다	达到，到
국외(國外)	외국, 나라 밖	国外
단순(單純)하다	간단하여 복잡하지 않다	单纯，简单
가사(歌詞)	노래의 내용이 되는 글	报道
여럿	많은 수, 많은 사람	几个
부분(部分)	전체 중의 하나	部分
흔히	자주, 보통	通常
무리	모인 사람	群
나뉘다	하나로 되어 있는 것이 둘 이상으로 갈라지다	分
한(恨)	오래된 슬픔이나 괴로움	恨
집단(集團)	단체, 모임	集团，集体
흥(興)	흥미, 재미	兴，兴致
돋우다	增加	
바탕(을) 두다	以……为基础	
가락	음조	节拍，曲调
학설(學說)	이론	学说
책임(責任)	꼭 하기로 하고 맡은 일	责任
타자기(打字機)	타이프라이터	打字机
체험(體驗)	몸으로 직접 경험한 것	体验
국화(國花)	그 나라의 꽃	国花
여왕(女王)	여자 왕	女王
국물	汤	

25과 흥부와 놀부

때   : 옛날
곳   : 어느 마을
나오는 사람 : 엄마 제비, 아빠 제비, 새끼 제비1·2, 흥부, 흥부
             아내, 아이1·2·3, 놀부, 놀부 아내, 박씨1·2, 박1·2,
             도깨비, 해설자

해설자   : 이 이야기는 착한 동생 흥부와 나쁜 형 놀부의
             이야기입니다. 놀부는 부모님의 재산을 혼자 갖고
             흥부네 식구들을 내쫓았습니다. 그래서 흥부는 매우
             가난하게 살고 있었습니다. (아이들, 모두 자루
             같은 옷에 머리만 밖으로 내밀고 있다)

아이1   : 엄마, 배고파. 밥 좀 줘.
아이2   : 엄마, 우린 언제 좋은 옷 입고 맛있는 음식을 먹어
             보지? 큰아버지 댁에서는 어제 맛있는 것 먹던데.
아이3   : 이 더운 여름에 이렇게 같이 있으니까 더 덥잖아.
흥부 아내   : 여보, 아이들 옷이라도 좀 잘 입혔으면 좋겠어요.
흥부   : 조금만 기다려요. 며칠 후에 형님한테 다시 가 볼
             테니까.
흥부 아내   : 가지 마세요. 지난번처럼 또 형님한테 야단만 맞을
             텐데.

单词

제비	씨	식구	내밀다
새끼	도깨비	내쫓다	큰아버지
박	해설자	자루	

아이들   : 엄마, 아빠, 배고파요.
홍부, 홍부 아내: 어휴, 언제나 밥 좀 실컷 먹일 수 있을까?

해설자   : 그러던 어느 날 홍부네 집 지붕에 예쁜 제비 한 쌍이
                   날아왔습니다.

엄마 제비   : 여보, 이 집이 괜찮은데 강남 갈 때까지 여기서 삽시다.
아빠 제비   : 좋아요. 가난하기는 하지만 착한 사람들 같으니까
                   여기에 집을 지읍시다.

해설자   : 얼마 후 예쁜 제비 새끼들이 태어났습니다. 그러던
                   어느 날 뱀이 새끼 제비를 잡아먹으려고 하자, 뱀을
                   피하려던 새끼가 그만 땅에 떨어져 다치고 말았습니다.
                   (몇 바퀴 돌다 새끼 제비가 넘어진다)

새끼 제비   : 아야, 다리가 부러졌나 봐. 아야.
홍부   : (달려오며) 아니, 제비 새끼가 떨어져서 다쳤잖아.
                   여보, 약 좀 빨리 가져와요.
홍부 아내   : (달려오며) 왜 그러세요? 아니, 귀여운 새끼 제비가
                   다쳤군요. 쯧쯧.
홍부   : 이렇게 약을 바르고 헝겊으로 잘 맸으니까 괜찮을 거야.
새끼 제비   : 고맙습니다. 이 은혜는 잊지 않고 꼭 갚겠습니다.

지붕	뱀	넘어지다	바르다 (약을)	갚다
쌍	피하다	부러지다	헝겊	
강남	바퀴	쯧쯧	은혜	

해설자　　　　　: 가을이 되어 제비들은 따뜻한 남쪽 나라로 날아갔습니다.

제비 가족　　　: (무대를 돌며) 고맙습니다. 안녕히 계세요.
흥부네 가족　: 잘 가. 내년에 또 와.

해설자　　　　　: 추운 겨울이 가고 봄이 돌아왔습니다. 작년에 강남으로
　　　　　　　　　갔던 제비가 다시 돌아왔습니다.
　　　　　　　　　(새끼 제비가 박씨1과 함께 나타난다)

흥부　　　　　　: 아니, 저 제비는 작년에 다쳤던 그 제비 아니야.
흥부 아내　　　: 그렇군요. 아휴, 굉장히 컸네. 아직도 다리에 헝겊을
　　　　　　　　　매고 있군요.
흥부　　　　　　: 아니, 그런데 우리 마당에 뭘 떨어뜨리네.
　　　　　　　　　(새끼 제비가 박씨1을 두고 무대 밖으로 나간다)
흥부 아내　　　: 여보, 이건 박씨예요.
흥부　　　　　　: 그렇군. 한번 심어 봅시다.

해설자　　　　　: 흥부와 아내가 박씨를 심자마자 신기한 일이 벌어졌습니다.

흥부, 흥부 아내 : 아니, 이럴 수가……
흥부 아내　　　: 벌써 싹이 나오는데요.
　　　　　　　　　(박씨1이 싹, 꽃, 박을 차례로 보여 준다)

심다　　　　　　　　　　　　벌어지다　　　　　　　　　　싹

흥부	: 아니, 벌써 꽃이 피잖아.
흥부 아내	: 벌써 박이 다섯 통이나 열렸어요.
흥부	: 어서 아이들을 불러 박을 잘라 봅시다.
흥부 아내	: 그래요. 배가 고프다고 계속 졸랐는데 이 박을 잘라서 끓여 먹이면 되겠어요.
흥부, 흥부 아내	: 얘들아! 박 좀 잘라 보자. (박1을 보며)
아이1	: 어머, 웬 박이 이렇게 크지?
아이2	: 와, 맛있겠다.
아이3	: 얼른 잘라서 끓여 먹자. 배고파 죽겠는데.
흥부	: 그래, 잘라 보자. (박1을 이리저리 만져 보며) 이 박이 제일 잘생겼는데 이 박부터 잘라 봅시다.
흥부네	: 슬근슬근 톱질하세. 슬근슬근 톱질하세. ('펑'하며 박1이 차례로 보물, 옷, 돈을 보여 준다)
흥부	: 아니, 이게 웬 보물이야.
흥부 아내	: 아니, 이게 웬 옷이에요.
아이들	: 엄마, 여기 돈 좀 봐.
해설자	: 흥부네 가족이 박을 자를 때마다 온갖 보물이 계속 쏟아져 나와 흥부네는 금방 부자가 되었습니다. 이 소식을 듣고 욕심 많은 놀부가 달려왔습니다.

열리다 (과일이)	슬근슬근	펑	욕심
조르다	톱	보물	
만지다	−질	금방	

놀부	: (뛰어오며) 애, 흥부야. 너 요즘 주로 밤에 나간다더니 도둑질을 하는 모양이구나.
흥부	: 도둑질이라뇨? 형님. 그게 아니고 사실은 이러이러하고 저러저러해서 부자가 됐습니다.
놀부	: 뭐라고? 제비 다리를 고쳐 줘서 이렇게 됐다고? 알았다. 그럼 또 보자. (빨리 집으로 달려간다)
놀부	: 여보, 여보, 빨리 새끼 제비 좀 잡아와요.
놀부 아내	: 새끼 제비라니요? 이런 추운 겨울에 제비가 어디 있어요?
놀부	: 에이 참, 제비가 있어야 다리를 고쳐 주지. 할 수 없군. 아무 제비나 잡아와 다리를 부러뜨리는 수 밖에. (놀부가 제비를 강제로 끌고 온다)
제비	: 싫어요. 저 좀 놓아 주세요.
놀부	: 글쎄 할 수 없다니까. 뱀도 없고 제비도 별로 없으니 네 다리를 그냥 부러뜨릴 수 밖에. (놀부가 제비 다리를 강제로 부러뜨린다)
제비	: 아야, 아야, 아파요.
놀부	: 아휴, 많이 아프지? 내가 얼른 약 발라 줄게. 여보, 뭐 해? 빨리 약 가져와요.
놀부 아내	: (약을 들고 들어오며) 알았어요. 어휴, 저런 얼마나 아플까? 이제 약을 바르고 잘 매었으니 곧 나을 거야.
놀부	: 제비야, 이제 강남으로 갔다가 내년에 올 때 커다란 박씨 몇 개 가지고 와라. 알겠지?

이러이러하다   저러저러하다   부러뜨리다   강제로

제비	: (다리를 절뚝이며) 두고 보자.
해설자	: 다음 해 봄이 되자 그 제비가 다시 돌아와서 놀부 집에 도 박씨를 갖다 주었습니다.
	(제비, 박씨2를 무대에 두고 다시 나간다)
놀부	: 여보, 제비가 드디어 박씨를 갖다 줬어요.
놀부 아내	: 얼른 땅에 심읍시다.
놀부	: 어어, 벌써 싹이 나오네, 꽃도 피고. 어, 벌써 박이 열리잖아. (박씨2가 차례로 싹, 꽃, 박을 보여 준다)
놀부 아내	: 우리도 다섯 통이나 열렸는데요.
놀부	: 얼른 제일 큰 저 박부터 잘라 봅시다.
	(박2를 놓고 자르기 시작한다)
놀부, 놀부 아내	: 슬근슬근 톱질하세. 슬근슬근 톱질하세.
	('펑' 하는 소리와 함께 도깨비가 나타난다)
도깨비	: 이놈, 놀부야. 너는 그렇게 나쁜 짓을 많이 하고 살았다면서?
놀부	: 아닙니다. 저는 그저…….
도깨비	: 그래도 아직 정신을 못 차렸구나.
	(놀부의 머리, 몸을 몽둥이로 때린다)
놀부 아내	: 아휴, 살려 주세요. 잘못했으니까 살려 주세요.
놀부	: 네, 이제부터는 착하게 살겠습니다.

절뚝이다	정신을 차리다	때리다
두고 보다	몽둥이	

놀부   : (놀부, 흥부한테 가서) 흥부야, 내가 그동안 너무
            나쁜 짓을 많이 해서 미안하다.
흥부   : 아휴, 무슨 말씀을요. 형님, 이제 저희 식구와 같이
            옛날처럼 재미있게 살아요.
            (모두들 손을 잡고 퇴장한다)

해설자   : 그 후 흥부와 놀부는 오랫동안 행복하게 살았다고
            합니다. 감사합니다.

퇴장하다   ★ 인형   물고기   가치관

第25课　兴夫与孬夫

时间	：古时候
地点	：某一个村子
出场人物	：燕子妈妈、燕子爸爸、小燕子1和2、兴夫、兴夫的妻子、孩子1、2和3、孬夫、孬夫的妻子、葫芦籽1和2、鬼怪、解说人
解说人	：这是一个关于善良的弟弟兴夫和坏哥哥孬夫的故事，孬夫独占了父母的财产，把弟弟一家赶了出来，所以兴夫的生活非常贫困。（孩子们都穿着麻袋一样的衣服，只探出头来）

孩子1	：妈妈，肚子饿，给点儿饭吃吧。
孩子2	：妈妈，我们什么时候能穿上好衣服、吃上好吃的饭菜？
孩子3	：这么热的夏天这样呆在一起，更热了。
兴夫的妻子	：老公，能给孩子们穿好一点儿的衣服也好啊。
兴夫	：再等一等，过几天我再去哥哥那儿看看。
兴夫的妻子	：别去了，还得像上次一样挨哥哥一顿训。
孩子们	：爸爸，妈妈，肚子好饿。
兴夫、兴夫的妻子	：哎，什么时候能让他们吃饱啊？

解说人	：有一天，兴夫家的屋檐下飞来了一对漂亮的燕子。

燕子妈妈	：老公，这一家不错，去江南之前就在这里住吧。
燕子爸爸	：好，虽然穷，但看起来这家人很善良，就在这里建窝吧。

解说人	：不久，漂亮的小燕子们出生了。有一天，一条蛇想抓小燕子吃，小燕子为了躲蛇掉到了地上，受伤了。 （小燕子转几圈摔倒）

小燕子	：哎哟，腿好像断了，哎哟。
兴夫	：（跑过来）啊，小燕子掉下来摔伤了，老婆，拿点儿药来。
兴夫的妻子	：（跑过来）怎么了？啊，可爱的小燕子受伤了，啧啧。
兴夫	：这样涂上药，用布绑好了，应该没问题了。
小燕子	：谢谢，这份恩情我一定不会忘记，我会报答您的。
解说人	：秋天到了，燕子们向着温暖的南方飞去。

燕子一家	：（在舞台上转着）谢谢，再见。
兴夫一家	：再见，明年再来啊。

解说人   ：寒冷的冬天过去了，春天来了，去年去江南的燕子又回来了。
             （小燕子和葫芦籽 1 一起出现）

兴夫   ：啊，那不是去年受伤的那只燕子嘛。
兴夫的妻子   ：是啊，哎呀，长这么大啦，腿上还绑着布条呢。
兴夫   ：咦，他把什么东西扔到我们院子里了。
             （小燕子扔下葫芦籽1下舞台）
兴夫的妻子   ：老公，这是葫芦籽。
兴夫   ：是啊，种种吧。

解说人   ：兴夫和妻子一种下葫芦籽，立刻就发生了神奇的事情。

兴夫、兴夫的妻子：啊，怎么会这样……。
兴夫的妻子   ：已经发芽了。
             （葫芦籽1 依次展示芽、花、葫芦）
兴夫   ：哎呀，已经开花了。
兴夫的妻子   ：已经结了五个葫芦了。
兴夫   ：快叫孩子们来锯葫芦。
兴夫的妻子   ：好。他们一直说肚子饿，把葫芦锯开给他们煮煮吃。
兴夫、兴夫的妻子：孩子们，把葫芦锯开。（看着葫芦1）
孩子1   ：哎呀，什么葫芦这么大？
孩子2   ：哇，肯定很好吃。
孩子3   ：快锯开煮着吃吧，快饿死了。
兴夫   ：是啊，锯吧。（摸摸这边，摸摸那边）
             这个葫芦长得最好，先锯这个吧。
兴夫一家   ：轻轻锯开，轻轻锯开。
             （"嘭"地一声葫芦1依次展示财宝、衣服、钱）
兴夫   ：哎呀，这是什么财宝啊？
兴夫的妻子   ：哎呀，这是什么衣服啊？
孩子们   ：哎呀，看看这些钱啊。

解说人   ：兴夫一家人每次打开葫芦，都有各种各样的财宝源源不断地冒出来，兴
             夫一家立即成了富翁。听到这个消息，贪心的孬夫跑来找他。

孬夫   ：（跑来）哎，兴夫啊，听说你最近主要是夜里出门，看来是在做贼啊。
兴夫   ：做贼？大哥，不是那样的，其实我是如此这般地成了富翁的。
孬夫   ：什么？给燕子治好了腿就成了富翁？知道了，那我试试看。（很快
             地跑回家）

孬夫	：老婆，老婆，快去给我抓只小燕子来。
孬夫的妻子	：小燕子？这种天寒地冻的冬天哪里有燕子？
孬夫	：哎哟，得有燕子才能治腿呀。没办法，只能随便抓只燕子弄断它的腿了。
	（孬夫硬拖来燕子）
燕子	：讨厌，放开我。
孬夫	：可是没别的办法，没有蛇，也没有大燕子，只能折断你的腿了。
	（孬夫硬是折断了燕子的腿）
燕子	：啊，啊，疼。
孬夫	：哎哟，很疼吧？我这就给你涂上药。老婆，干什么呢？快拿药来。
孬夫的妻子	：（一边拿着药进来）知道了，哎哟，这该多疼啊？现在涂上药也绑好了，很快就会好的。
孬夫	：燕子呀，现在你就去江南，明年回来的时候带几个大葫芦的种子，知道了吗？
燕子	：（瘸着腿）等着瞧。
解说人	：第二年春天一到，那只燕子就飞回来了，给孬夫家带来了葫芦籽。
	（燕子把葫芦籽 2 放在舞台上然后下去）
孬夫	：老婆，燕子终于把葫芦籽送来了。
孬夫的妻子	：快种到地里吧。
孬夫	：哦，已经发芽了，又开花了，哦，已经结葫芦了。
	（葫芦籽 2 依次展示芽、花、葫芦）
孬夫的妻子	：我们这儿也结了五个葫芦。
孬夫	：先从最大的那个葫芦开始锯吧。
孬夫、孬夫的妻子	：轻轻锯，轻轻锯。
	（"嘭"地一声出现了鬼怪）
鬼怪	：孬夫，你这个坏家伙，听说你做了不少坏事？
孬夫	：不，我只是……。
鬼怪	：你还是没有幡然醒悟啊。
	（用棍子打孬夫的头和身体）
孬夫的妻子	：哎哟，救命啊，我们错了，救命啊。
孬夫	：是的，我以后一定好好做人。
孬夫	：（走到兴夫那里）兴夫呀，过去我做了很多坏事，对不起。
兴夫	：哎呀，这是什么话，大哥，从现在开始和我们家里的人一起像以前一样高高兴兴地过日子吧。
	（所有的人手拉着手退场）
解说人	：据说从那以后，兴夫和孬夫幸福地生活了很长时间。谢谢。

문법과 표현

① 그러던 어느 날

慣用语, 意思是 "有一天"。

할아버지는 날마다 나무로 인형을 만들었다. 그러던 어느 날 '피노키오'라는
작은 남자 아이를 만들게 되었다.
老爷爷每天都用木头做木偶, 有一天, 他做了一个叫 "匹诺曹" 的小男孩。

가끔씩 강에서 낚시를 했다. 그러던 어느 날 이상하게 생긴 물고기가 잡혔다.
偶尔在江边钓鱼, 有一天, 抓住了一条长得很奇怪的鱼。

우리는 크게 말다툼을 하기 시작했다. 그러던 어느 날 그 사람은 12시가 넘
도록 들어오지 않는 것이었다.
我们开始大声地吵架, 有一天, 他夜里12点多还没回来。

② N-질

表示反复做某一动作。

우리 아버지는 낚시질을 좋아하셔서 주말이면 저를 데리고 야외로 나가십니다.
我的爸爸喜欢钓鱼, 一到周末就带着我去野外。

도둑질은 아주 나쁜 거야. 아무리 작은 거라도 남의 것을 훔치면 안 돼.
偷东西是很不好的, 别人的东西再小也不能偷。

저는 다리미질을 잘 못해서 양복보다는 청바지를 좋아해요.
我不会熨衣服, 所以喜欢穿牛仔裤胜过穿西装。

③ 두고 보다

慣用语, 意思是 "等着瞧", "走着瞧"。

두고 보자. 다음에는 꼭 내가 이길 테니까.
等着瞧, 下一次我一定会赢。

두고 봅시다. 이번엔 내가 물러서지만 이 일은 절대로 잊지 않겠어요.
等着瞧, 这一次虽然我让步了, 但这件事我绝对不会忘掉。

그 사람이 어떤 생각을 하는지는 더 두고 보면 알 거예요.
再等等看就能知道那个人想的是什么了。

좀 두고 봅시다. 지금은 아무리 말해도 모를 테니까.
再等等看吧, 现在怎么说都不会明白。

④ 정신(을) (못) 차리다

慣用语，정신(을) 차리다的意思是"幡然醒悟"，정신(을) 못 차리다的意思是
"晕晕乎乎"，"迷迷糊糊"。

그렇게 고생을 했으면 이제 정신 차릴 때도 됐지.

都受了那么多苦了，现在也该幡然醒悟了吧。

그 아가씨가 그렇게 예뻐요? 남자 직원들이 누구나 정신 못 차릴 만큼 말이에요.

那位小姐那么漂亮吗? 让所有的男员工都精神恍惚。

요즘 정신을 못 차리겠다. 일이 너무 많아서.

最近都晕头转向了，事情实在太多。

정신(이) 없다

慣用语，意思是"晕、糊涂"。

논문 준비하느라고 정신이 없다.

为准备论文，都晕了头了。

아침에 정신없이 나오는 바람에 숙제를 집에 놓고 왔네요.

早晨糊里糊涂地出来，把作业忘在家里了。

음악 소리가 너무 커서 정신이 없어요.

音乐声音太大，头都晕了。

연습

① 본문을 잘 읽고 질문에 대답하세요.

1) 흥부는 왜 가난하게 살고 있었습니까?
2) 흥부는 다리가 부러진 제비를 어떻게 해 주었습니까?
3) 제비가 흥부네 집에 떨어뜨린 박씨를 심자 어떤 일이 벌어졌습니까?
4) 흥부의 박씨 이야기를 듣고 놀부는 어떻게 했습니까?
5) 놀부네가 박씨를 심자 어떤 일이 벌어졌습니까?

② 뜻이 통하도록 연결하세요.

1) 뱀을   •   • 열리다
2) 다리가   •   • 쏟아지다
3) 약을   •   • 피하다
4) 박씨를   •   • 부러지다
5) 신기한 일이   •   • 떨어뜨리다
6) 박이   •   • 벌어지다
7) 보물이   •   • 갚다
8) 은혜를   •   • 바르다

③ 앞의 '흥부와 놀부'를 읽고 어떤 사람인지 다음 표에 정리해 봅시다.

	놀부	흥부
가치관, 성격, 생활 태도 등		

④ 다음 그림을 보고 순서에 맞게 번호를 써넣으세요.
그리고 이야기를 만들어 봅시다.

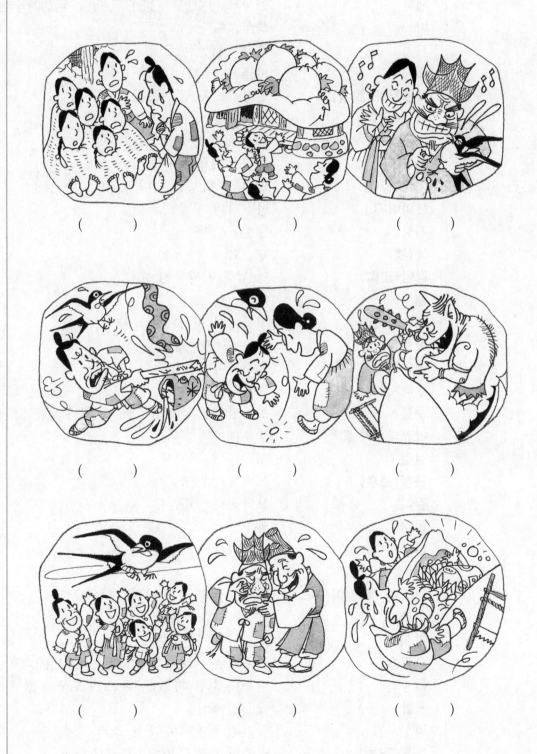

(   )   (   )   (   )

(   )   (   )   (   )

(   )   (   )   (   )

새 단어

单词

제비	燕子
새끼	동물의 어린 것　崽子，崽儿，年幼的小动物
박	葫芦，瓢
씨	종자　籽，种子
도깨비	鬼怪
해설자(解說者)	설명하는 사람　解说人
식구(食口)	가족　家人
내쫓다	밖으로 몰아내다　赶出去
자루	부대　袋子，麻袋
내밀다	안에서 밖으로 밀다　伸出，探出
큰아버지	아버지의 형님　大伯
지붕	屋檐
쌍(雙)	双，对
강남(江南)	먼 남쪽 지방　江南
뱀	蛇
피(避)하다	위험에서 벗어나다　避开，躲避
바퀴	도는 횟수　圈
넘어지다	쓰러지다　摔倒
부러지다	断
쯧쯧	못마땅함을 나타냄　啧啧，表示觉得不应该
바르다 (약을)	涂，抹
헝겊	布，碎布
은혜(恩惠)	고마움　恩惠
갚다	보답하다　还，报
심다	种
벌어지다	일어나다　发生
싹	芽
열리다 (과일이)	열매가 맺혀서 달리다　结(果)
조르다	요구하다　纠缠
만지다	摸
슬근슬근	톱질할 때 나는 소리　拉锯时发出的声音
톱	나무나 쇠를 자르는 데 쓰는 도구　锯
–질	做(某个动作)
펑	갑자기 터지거나 튀는 소리　嘭
보물(寶物)	귀중한 물건　财宝，值钱的东西

금방(今方)	곧　立即，立刻
욕심(慾心)	贪欲
이러이러하다	这样这样
저러저러하다	那样那样
부러뜨리다	折断
강제(强制)로	억지로　勉强，硬
절뚝이다	절다　瘸
두고 보다	等着瞧
정신(精神)을 차리다	打起精神
몽둥이	방망이　棍子
때리다	치다　打
퇴장(退場)하다	물러나다　退场，退下
인형(人形)	玩偶
물고기	鱼
가치관(價値觀)	价值观

26과 희생을 무릅쓰고 지도를 완성했어요

우리나라에 지도다운 지도가 만들어진 것은 19세기에 이르러서였다. 이 지도를 '대동여지도'라고 하는데, 이는 '김정호'라는 한 사람의 노력으로 이루어진 것이다. 오늘날에도 정밀하고 과학적인 결작품이라고 평가받는 이 '대동여지도'가 만들어지게 된 동기는 '김정호'의 단순한 호기심 때문이었다. '저 산 너머에 무엇이 있을까?' 하는 어린 시절 궁금증은 지도를 만들어 보겠다는 꿈으로 이어졌고 그 꿈은 그에게 일생을 바쳐 지도를 만들게 하였다.

单 词

희생	걸작품	궁금증
을/를 무릅쓰고	평가하다	이어지다
지도	동기	일생
정밀하다	너머	바치다

피터 : 한국의 지도가 언제 처음으로 만들어졌어요?

민수 : 글쎄, 그 정확한 시기는 모르겠어요. 그렇지만 1861년 김정호라는 사람이 처음으로 지도다운 지도를 만들었어요.

피터 : 지도를 만드는 일은 보통 일이 아닐 텐데, 얼마나 걸렸는지 알아요?

민수 : 네, 거의 50년에 걸쳐 만들어졌대요.

피터 : 김정호 혼자 그 긴 세월 동안 지도를 만든 거예요? 그땐 자동차나 기차도 없었는데 얼마나 힘들었을까요?

민수 : 자동차나 기차가 다 뭐예요? 옷 몇 벌만 가진 채로 혼자 걸어서 조선 팔도를 돌아다녔지요. 그런데도 정확한 지도를 만들겠다는 결심을 했기 때문에 전국을 세 번이나 돌며 조사했대요.

피터 : 와, 대단하군요. 전국을 세 번씩이나 돌려면 시간이 꽤 많이 걸렸을 텐데 김정호에게 가족은 없었나요?

민수 : 웬걸요. 가족이 있기는 했지요. 그렇지만 그가 조사를 마치고 집에 돌아왔을 땐 이미 아내는 죽은 후였다는군요.

피터 : 참 안됐네요. 그러니 그동안 가족들의 고생이 오죽했겠어요? 그래도 그렇게 큰 희생을 무릅쓰고 끝내 지도를 완성했군요.

걸치다	★ 보육원	증거	새해
결심	결코	추위	존경하다
오죽하다	과학자	자연	
끝내	한잠	에이즈	

第26课　冒着生命危险完成了地图

　　我国像样的地图出现于19世纪，这张地图叫"大东舆地图"，是一个名叫金正浩的人付出努力制作出来的。这张"大东舆地图"至今仍然被认为是精密、科学的杰作，它的制作纯粹是出于金正浩的好奇心，小时候他就很想知道"那座山的那边有什么"，孩提时代的好奇心逐渐发展成为制作地图的理想，这个理想让他付出了一生。

皮特：韩国的地图最早出现在什么时候？

敏洙：这个嘛，我也不知道准确的时间。但是1861年一个叫金正浩的人第一次制作出了
　　　　像样的地图。

皮特：制作地图应该不是一件简单的事，你知道他花了多长时间吗？

敏洙：是的，据说差不多用了50年。

皮特：在那么漫长的岁月里金正浩一个人制作地图吗？那时候没有汽车、火车，该多么
　　　　辛苦啊？

敏洙：还说什么汽车、火车呀？他就带着几件衣服一个人徒步在朝鲜八个道转来转去。
　　　　尽管如此，他下决心要制作出准确的地图，据说他为此曾三次走遍全国做调查。

皮特：哇，了不起，三次走遍全国得花很长时间，金正浩没有家人吗？

敏洙：哪会呢，他当然有家属了，但是，据说他做完调查回到家的时候妻子已经死了。

皮特：真不幸，那段时间家里人得吃了多少苦啊？尽管如此，他还是做了那么大的牺
　　　　牲，最终完成了地图。

문법과 표현

① N을/를 무릅쓰고
意思是 "不顾……"。

이 책은 끔찍한 고통을 무릅쓰고 암을 이겨 낸 사람의 이야기예요.
这本书写的是一个人不顾剧痛战胜癌症的故事。

그녀는 장애인이라는 어려움을 무릅쓰고 에베레스트 정상에 올랐다.
那个女子不顾自己是残疾人的困难，登上了喜玛拉雅山山顶。

지도를 만드는 일이 그렇게 큰 희생을 무릅쓰고 해야 할 일인가요?
制作地图必须要付出那么大的牺牲才行吗?

② V-게 된 동기
意思是 "……的目的"。

한국말을 배우게 된 동기가 무엇입니까?
学习韩国语的目的是什么?

그 사람과 헤어지게 된 동기는 군대 때문이었어요.
和那个人分手的原因是入伍。

처음 술을 마시게 된 동기는 기억이 잘 안 나요.
想不起来第一次喝酒的原因了。

③ (N에/에게) N을/를 바치다
意思是 "把……献给 (……) "。

그는 보육원에 전 재산을 바치고 싶다고 말했습니다.
他说想把全部财产捐给保育院。

나라를 위해 돌아가신 분들께 이 꽃을 바칩니다.
把这些花献给为国家捐躯的烈士。

내 마음을 다 바쳐 사랑하고 있었어요.
我全心全意地爱着。

V-는 데(에) 일생을 바치다

意思是"把一生献给……"。

그분은 암을 치료하는 약을 개발하는 데에 일생을 바친 분입니다.

他将一生献给了开发治疗癌症的药物上。

다른 사람들을 돕는 데 일생을 바치는 것은 결코 쉬운 일이 아닙니다.

一生帮助别人绝非一件容易的事。

저는 우주 로켓을 만드는 데 일생을 바치는 과학자가 되고 싶어요.

我想成为把一生奉献给制造航天火箭事业的科学家。

④ N이/가 다 뭐예요?

意思是"别提什么……了"。

생일에 좋은 선물 받았어요? – 선물이 다 뭐예요? 생일인 줄도 모르던데요.

生日收到好礼物了吗? —别提什么礼物了,都不知道(我)过生日。

이번에 보너스 많이 받았어요? – 보너스가 다 뭐예요? 이달에는 월급도 못
받았는데.

这次拿了很多奖金吗? —别提什么奖金了,这个月连工资都没能拿到。

여행 갔다 왔어요? – 여행이 다 뭐예요? 감기 때문에 집에만 있었어요.

去旅行了吗? —别提什么旅行了,因为感冒,一直在家待着。

A/V-(으)ㄴ/는 게 다 뭐예요?

意思是"别提什么……了"。

그 두 사람은 아주 친하지요? – 친한 게 다 뭐예요? 싸워서 한 달째 서로 말
을 안 하고 있는데.

那两个人关系很好吧? —好什么呀? 打架了,一个月互相不说话。

주말에 잘 쉬었어요? – 쉬는 게 다 뭐예요? 청소하느라고 바빴어요.

周末休息得好吗? —休息什么呀? 光忙着打扫卫生了。

어제 잘 잤어요? – 자는 게 다 뭐예요? 모기 때문에 한잠도 못 잤어요.

昨天睡得好吗? —睡什么呀? 因为蚊子,一点儿也没睡着。

⑤ V-겠다는 결심을 하다
意思是 "下决心……"。

그 사고를 당하고 수영을 배워야겠다는 결심을 하게 되었습니다.
经过那次事故后，我下决心要学游泳。
그때부터 다른 사람에게 부탁하지 않겠다는 결심을 했습니다.
从那以后我下决心不拜托别人。
장애인을 돕겠다는 결심을 하게 된 동기는 뭐예요?
下决心帮助残疾人的原因是什么?

⑥ N이/가 오죽하겠어(요)?
意思是 "该多么……啊"。

청소를 한 달이나 안 했으니 집이 오죽하겠어?
一个月没有打扫卫生了，家里得什么样啊?
아이를 잃은 부모의 마음이 오죽하겠어요?
失去孩子的父母的心情该多难受啊?
전쟁에 나가 죽었다고 생각했던 사람이 살아 왔으니 그 가족들의 기쁨이 오죽했겠어요?
本以为在战争中已经死去的人活着回来了，家里人该多么高兴啊?

연습

① 본문을 잘 읽고 대답하세요.

1) '대동여지도'는 오늘날 어떻게 평가 받고 있습니까?
2) '대동여지도'가 만들어지게 된 것은 무엇 때문입니까?
3) '대동여지도'는 언제 만들어졌고 만드는 데 시간이 얼마나 걸렸습니까?
4) 김정호는 '대동여지도'를 어떻게 만들었습니까?

② 보기와 같이 연습해 봅시다.

> 가 : 요즘은 시골 공기도 나쁘던데요.
> 나 : 그러니 서울은 오죽하겠어요?

1) 가 : 아직 5월인데 벌써부터 덥네요.
   나 : _____.
2) 가 : 한국 사람인 철수 씨도 한국말이 어렵대요.
   나 : _____.
3) 가 : 오늘은 평일인데도 백화점에 사람이 많더군요.
   나 : _____.
4) 가 : 이 지하철역은 계단이 많아서 다니기가 힘들어요.
   나 : _____.
5) 가 : _____.
   나 : _____.

③ 보기에서 알맞은 단어를 골라 _____에 넣으세요.

> 걸치다   고생   시기   완성하다   평가하다   호기심   희생

1) 그 자동차를 한국에서 첫 번째로 좋은 차로 _____ 이유는 간단합니다.
2) 그 할머니는 많은 _____을/를 하며 모은 돈을 가난한 사람들에게 나누어 주셨어요.
3) 10여 년에 _____ 연구한 덕분에 훌륭한 결과가 나왔습니다.
4) 이 책이 쓰여진 _____은/는 19세기 초입니다.
5) 아이들이 질문을 많이 하는 것은 _____이/가 많다는 증거입니다.

④ 다음 문형을 이용해서 문장을 만드세요.

> V-겠다는 결심(을) 하다　　　N을/를 무릅쓰고　　　V-게 된 동기
> V-는 데(에) 일생을 바치다　　N이/가 다 뭐예요?

1) 제가 한국말을 .... 은/는 여자 친구가 한국 사람이기 때문입니다.
   (배우다)

2) 가 : 이제 집에 가서 시험공부 좀 했어요?
   나 : .... ? 들어가자마자 옷도 안 갈아입은 채로 잤는데요.

3) 영하 20도의 추위 .... 40여 일 동안 그곳의 자연환경을
   조사했습니다.

4) 저는 의사가 되어 에이즈를 고치는 약을 .... 고
   싶습니다. (만들다)

5) 새해에는 담배를 .... 는데 자꾸 피우고 싶어서 큰일이에요.
   (끊다)

⑤ 다음은 요코의 일기입니다. 틀린 곳에 □ 하세요. 그리고 끝까지 써 보세요.

> 5월 23일
>   오늘 영민이가 자기 집에 와서 저녁을 먹자고 했다. 그러면서 약도를 그려주
> 다가 너무 어렵다면서 '김정호'라는 사람에 대해 얘기해 주었다. 김정호는 한국
> 에서 제일 처음으로 지도를 만든 사람이다. 그 사람이 지도를 만들게 된 동기는
> 잘 모르겠지만, 그가 만든 지도는 지금까지도 칭찬받고 있다고 하니 정말 놀랍다.
> 게다가 자기 혼자 힘으로 지도를 완성했다니 그 어려움이 오죽했을까?
>   나라마다 ....
> ....
> ....

6 친구와 이야기해 봅시다.

1) 여러분 나라에도 한 가지 일에 몰두하며 일생을 바친 분들이 있지요?
   그분들이 어떤 일을 하셨는지 소개해 봅시다.

2) 여러분은 어떤 분을 존경하고 있습니까?
   또 존경하는 이유가 무엇인지 이야기해 봅시다.

3) 남편이나 아내의 성공을 위해 여러분은 자신을 희생할 수 있습니까? 희생
   할 수 없습니까? 자신의 생각을 말해 봅시다.

4) 여러분 나라의 지도를 그리고 설명해 봅시다.

새 단어

单 词

희생(犧牲)	남이나 다른 일을 위해 자신의 것을 바치는 것　牺牲
을/를 무릅쓰고	에도 불구하고　不顾, 不管
지도(地圖)	地图
정밀(精密)하다	정확하고 자세하다　精密
걸작품(傑作品)	뛰어난 작품　杰作
평가(評價)하다	좋고 나쁨을 말하다　评价
동기(動機)	어떤 일을 하게 된 이유　动机, 目的, 原因
너머	높이나 경계로 가로막은 사물의 저쪽　另一边
궁금증(症)	알고 싶어하는 마음　好奇
이어지다	계속되다　连接
일생(一生)	평생, 살아 있는 동안　一生
바치다	희생하다, 드리다　献上
걸치다	花费
결심(決心)	마음을 먹음　决心
오죽하다	정도가 보통이 아니다　程度深, 很严重
끝내	마침내, 결국　最终
보육원(保育院)	부모가 보호자가 없는 아이들을 받아들여 기르고 가르치는 곳　保育院
결(決)코	绝对
과학자(科學者)	과학 특히 자연 과학을 연구하는 사람　科学家
한잠	잠시 자는 잠　一小觉
증거(證據)	证据
추위	추운 것　严寒
자연(自然)	自然
에이즈	艾滋病
새해	새로운 해　新年
존경(尊敬)하다	尊敬

27과   말이야말로 그 사람의 인격을 말해 줍니다

지연 : 평생 남한테 욕 한 번 안 해 본 사람이 있을까요?

민수 : 글쎄요. 아마 없겠지요. 그런데 갑자기 왜 그런 말을 해요?

지연 : 오늘 아침 버스 안에서 학생들이 하는 말을 들었는데 서로 함부로 이야기를 해서 놀랐어요. 요즘 청소년들의 말이 많이 거칠어져서 걱정스러웠어요.

민수 : 욕이나 저속한 말이란 게 보통 친숙한 사이에서 많이 나오게 되잖아요. 말이야말로 그 사람의 인격을 말해 주는데 가까운 사이에서는 괜찮다고 생각하지요.

지연 : 하긴 그래요. 얼마 전에 어느 중학교 전체 학생 가운데 무려 70%가 저속한 말을 쓰고 있다는 조사 결과를 본 적이 있어요. 도대체 그런 좋지 않은 말을 어떻게 배우는 걸까요?

민수 : 대개는 친구를 통해 배우게 되지만 부모님을 비롯한 어른들과 대중 매체를 통해서도 배우지요.

지연 : 저속한 말뿐만 아니라 한동안 쓰이다가 사라지는 유행어를 무작정 따라서 하는 것도 문제가 있다고 봐요. 그런 말을 써 버릇하면 습관이 되잖아요.

민수 : 글쎄요. 꼭 나쁜 면만 있는 건 아니라고 생각해요. 유행어가 오히려 언어생활을 활기 있게 해 주는 긍정적인 면도 있지 않겠어요?

单　词

(이)야말로	저속하다	한동안	활기	사치스럽다	적
인격	친숙하다	유행어	신용 카드	냥
욕	무려	무작정	★ 대표하다	초보	빚
청소년	비롯하다	따르다	관광지	양보하다
거칠다	대중 매체	-아/어 버릇하다	신사	올챙이

第27课　所说的话才真正代表一个人的人格

志燕：有一辈子没骂过别人一句的人吗？

敏洙：这个嘛，可能没有吧。你怎么突然说起这个来了？

志燕：今天早晨在公共汽车上听到学生们说话，他们互相之间说话很随便，让我吃了一惊。近来青少年的话粗鲁了很多，真让人担心。

敏洙：一般来说，不是很近的关系之间才说骂人的话或粗俗的话吗？所说的话说明一个人的人格，我觉得关系近的人之间可以用。

志燕：这倒也是。不久前一个调查结果显示，某中学全部学生中有70%的人说粗俗的话，他们到底从哪里学的那些不好的话呢？

敏洙：大概是从朋友那里学的，有的是从父母等成年人以及大众媒体那里学的。

志燕：我觉得，不仅是粗俗的话语，胡乱学那些只用一段时间就消失的流行用语也有问题，要是用惯了，不就难改了嘛。

敏洙：这个嘛，我觉得也不一定就不好，流行用语不是也有给语言增添活力的优点嘛。

语法与表达

문법과 표현

1 N(이)야말로
意思是 "……才"。

제주도야말로 한국을 대표하는 관광지입니다.
济州岛才真的是韩国代表性的旅游胜地。

그 사람이야말로 신사 중의 신사지요.
那个人才真的是绅士中的绅士。

부모님이야말로 제가 가장 존경하는 분이지요.
父母才是我最尊敬的人。

2 N스럽다
名词后面加스럽다, 将名词转变为形容词, 意思是 "带有……性质"。

이 옷은 내겐 너무 사치스러운 것 같아요.
这件衣服对我来说似乎太奢侈了。

민수 씨가 상 탄 걸 아시면, 부모님께서 얼마나 자랑스러워하시겠어요?
要是知道敏洙获了奖, 父母得多么自豪啊?

이번에도 모두가 나의 우승을 기대하고 있어서 부담스럽다.
这次大家还是盼着我取胜, 让我觉得很有压力。

3 무려
副词, 意思是 "总共"。

그 사고로 무려 10명이나 사망했대요.
听说这次事故造成了10人死亡。

무려 7만 원이나 주고 그 책을 샀어요.
花七万韩元买了那本书。

우리 반 학생 중에서 무려 80%가 아침을 먹지 않는대요.
听说我们班的学生当中有80%不吃早饭。

韩国语4

④ N을/를 비롯하다
意思是"……等"。

이번 회의에는 한국을 비롯한 10개국 대표들이 참석했다.
韩国等十个国家的代表参加了这次会议。
나를 비롯해서 모두 다 서울대학교에서 한국말을 공부한 학생들이에요.
我们这些人都是在首尔大学学习韩国语的学生。
우리가 실천할 수 있는 환경 보호에는 분리수거를 비롯해서 여러 가지 방법이 있어요.
我们能够实践的环境保护有垃圾分类等各种方式。

⑤ 무작정 V
意思是"不管三七二十一地……"。

계획도 없이 무작정 일을 시작하면 실패하기 쉽습니다.
不做计划就不管不顾地开始做，很容易失败。
답답한 도시 생활이 싫어서 무작정 떠나왔어요.
厌倦了令人憋闷的城市生活，于是不管不顾地离开了。
다른 사람을 무작정 따라하지 말고 네 스스로 방법을 찾아봐라.
不要不管不顾地学别人，你自己找找办法。

⑥ V-아/어 버릇하다
意思是"……成习惯"。

약도 먹어 버릇하면 습관이 될 거예요.
经常吃药，就会成了习惯。
지하철을 타 버릇하니까 이제는 아주 편해요.
经常坐地铁，现在觉得很方便。
어렸을 때부터 물건을 아껴 버릇해야 커서도 아껴 쓰게 됩니다.
必须从小养成爱惜物品的习惯，长大了才能爱惜物品。

연습

① 본문을 잘 읽고 대답하세요 .

1) 지연이는 아침에 무엇 때문에 놀랐습니까?
2) 왜 친구 사이에 저속한 말을 하게 됩니까?
3) 어린이들이 저속한 말을 어디서 배웁니까?
4) 지연이는 왜 유행어에 문제가 있다고 말합니까?
5) 유행어를 쓰는 것이 어떤 면에서 긍정적이라고 합니까?

② 보기에서 알맞은 단어를 골라 .... 에 넣으세요 .

| 대표 | 무려 | 무작정 | 버릇하다 | 부담스럽다 |
| 비롯하다 | 사치스럽다 | 예의 | 청소년 | 친숙하다 |

1) 마이클 씨가 새 구두를 샀는데 .... 10만 원이나 줬대요.
2) 아침에 일찍 일어나 .... 니까 이제는 힘들지 않아요.
3) 선물은 받는 사람이 .... 않을 정도의 것이 좋다.
4) 처음에는 컴퓨터 사용하기가 힘들었는데 이제는 어느 정도 .... 졌어요.
5) 그렇게 비싼 옷은 학생에게는 너무 .... 것 같아서 싫어요.
6) .... 때에는 누구나 빨리 어른이 되고 싶은가 봐요.
7) 아무 계획도 없이 .... 신용 카드를 써 대면 어떻게 해요?
8) 올가 씨가 학생 .... (으)로 회의에 참석했어요.
9) 가까운 사이에도 .... 이/가 있어야 한다.
10) 우리 반에는 월슨 씨를 .... 하숙집에서 사는 사람이 모두 다섯이나 돼요.

③ 지연과 준석의 대화입니다. 잘 들으세요 .

1) 요즘 지연이의 경우에 모두 ○ 하세요.
① 시내에 나갈 때 '초보 운전'이라고 붙이지 않았다.   (   )
② 운전 시험에 못 붙어서 오빠에게 야단을 맞았다.   (   )
③ 운전하면서 양보해 주지 않는 차들 때문에 당황했던 적이 있다. (   )
④ 아직도 운전해서 시내에 못 가 봤다.   (   )
⑤ 다른 차들에게 양보를 잘하겠다고 결심했다.   (   )

2) 이야기해 봅시다.
　　① ‘개구리 올챙이 적 생각 못한다’는 말은 무슨 뜻입니까?
　　② ‘개구리 올챙이 적 생각 못한다’는 말을 왜 했을까요?

④ 친구와 이야기해 봅시다 .

1) 욕이 필요하다고 생각하십니까? 왜 그렇습니까?

2) 요즘 유행하는 말에는 어떤 것이 있습니까? 어디에서 들었습니까?
　　어떤 뜻이고 어떤 경우에 사용합니까?

3) 유행어의 긍정적인 면과 부정적인 면에 대해 이야기해 봅시다.

4) 다음은 말에 관한 속담입니다. 어떤 뜻인지 생각해 봅시다.
　　① 발 없는 말이 천 리 간다.
　　② 가는 말이 고와야 오는 말이 곱다.
　　③ 말 한마디에 천 냥 빚도 갚는다.
　　④ 말이 씨가 된다.

5) 여러분의 나라 말 가운데 잘못 사용하면 상대방의 기분을 나쁘게 하는 말
　　이나 행동이 있습니까? 친구들과 이야기하고 다음 표에 정리해 보세요.

나라	말	행동

새 단어

单词

(이)야말로	表示强调，才，的确
인격(人格)	그 사람이 갖고 있는 기본적인 품격　人格
욕(辱)	남에게 하는 저속한 말, 욕설　骂人的话
청소년(青少年)	성인이 되지 않은 젊은이　青少年
거칠다	부드럽지 않다, 저속하다　粗鲁
저속(低俗)하다	질이 낮다　鄙俗
친숙(親熟)하다	친하다　亲近，熟悉
무려(無慮)	생각보다 많게　足有
비롯하다	포함하다　包括
대중 매체(大衆媒體)	大众媒体
한동안	얼마 동안　一段时间
유행어(流行語)	유행하는 말　流行用语
무작정(無酌定)	계획이나 생각 없이　没有计划地, 不管不顾地
따르다	跟随，按照
-아/어 버릇하다	자주 하다　经常做
활기(活氣)	생기　活力
대표(代表)하다	代表
관광지(觀光地)	관광을 하는 곳　旅游景点
신사(紳士)	성인 남자, 태도나 행동이 바른 남자　绅士
사치(奢侈)스럽다	奢侈
신용(信用)카드	信用卡
초보(初步)	어떤 일을 처음 하는 것　初步
양보(讓步)하다	남에게 길·자리·물건 등을 먼저 쓰라고 하다　让步
올챙이	개구리의 새끼　蝌蚪
적	때　时候
냥	옛날 돈의 단위　古代货币单位, 两
빚	남에게 갚아야 할 것　债

28과 찬성하는 쪽이에요? 반대하는 쪽이에요?

민수 : 요즘 그 영화가 너무 야하다고 야단들이에요.

지연 : 사람들이 그 영화에 엄청난 관심을 보인다면서요?

민수 : 네, 인터넷에서도 그것 때문에 아주 시끄럽잖아요. 계속 상영해야 된다느니 하면 안 된다느니 하면서 말이에요.

지연 : 민수 씨는 어느 쪽이에요? 상영하는 것에 찬성하는 쪽이에요? 반대하는 쪽이에요?

민수 : 글쎄요. 반대하는 사람들의 말이나 찬성하는 사람들의 말에 다 일리가 있는 것 같아요.

지연 : 그런데 그 영화가 만들어진 후 처음에는 정부가 상영을 금지했대요. 전 정부가 그렇게 예술이나 공연에 간섭하는 것은 반대예요. 그런 문제는 자연스럽게 일반 대중이 판단하도록 둬야 할 것 같아요.

민수 : 그렇지만 저질 영화나 연극, 잡지 때문에 어린 청소년들이 잘못되는 수도 많잖아요.

지연 : '채털리 부인의 사랑'이나 '마야'도 그 시대에는 다 저질 작품으로 취급받은 거래요.

민수 : 아닌 게 아니라 저도 어디까지가 순수한 예술이고 어디까지가 상업적 저질 문화인지 잘 모르겠어요.

单 词

찬성하다	일리가 있다	상업적	싸구려	마약	낳다
야하다	금지하다		애완동물	자살	산부인과
야단이다	간섭하다	★ 토론하다	장난감	지나치다	
엄청나다	저질	주장	대담	출생	
상영하다	취급하다	입장	범죄	주인공	

第28课　赞成还是反对？

敏洙：最近大家都吵着说那部电影太不堪入目了。

志燕：听说人们都很关注那部电影啊。

敏洙：是的，网络上因为这个很热闹，大家在讨论是该继续放映还是不能继续放映。

志燕：你是什么观点？赞成继续放映，还是反对继续放映？

敏洙：这个嘛，反对者的话和赞成者的话好像都有道理。

志燕：听说那部电影拍完后，刚开始政府禁止放映。我反对政府这样干涉艺术或演出，
　　　这种问题似乎应该交给一般大众自然而然地做出判断。

敏洙：可是不是有很多年纪很小的青少年因为劣质的电影话剧或杂志受到不良影响嘛！

志燕：据说《查泰莱夫人的情人》、《玛雅》在当时也被看作低劣的作品。

敏洙：的确如此，我也不大清楚到哪种程度是纯粹的艺术，到哪种程度是商业性的劣质
　　　文化。

문법과 표현

① S-다고 야단(들)이다

形容词或动词的间接引语形式다고加야단(들)이다, 意思是"(都)吵着说……"。

환경 문제가 심각하다고 야단들이에요.
大家都吵着说环境问题很严重。

물가가 많이 올랐다고 야단이에요.
大家都吵着说物价上升了很多。

시험이 너무 어려웠다고 학생들이 야단이지요?
学生们都吵着说考试太难了吧?

A/V-아/어서 야단이다[야단났다]

意思是"因为……, 所以麻烦了"。

9시까지 가야 하는데 길이 막혀서 야단이에요.
九点之前必须到, 可交通堵塞, 这可麻烦了。

오늘까지 이 일을 끝내야 하는데 컴퓨터가 고장 나서 야단이에요.
今天之内必须得做完这项工作, 可电脑出了毛病, 这下麻烦了。

고향에 갈 표를 예매하지 못해서 정말 야단났어.
没预订到回老家的车票, 麻烦了。

② A/V-다느니 A/V-다느니 (하면서)

意思是"(说)是……还是……"。

그 영화가 재미있다느니 재미없다느니 하면서 이야기하고 있다.
谈论那部电影有意思还是没意思。

여행을 간다느니 만다느니 하면서 의논하고 있어요.
讨论去旅行还是不去旅行。

동생이 간다느니 언니가 간다느니 하다가 아무도 안 갔어요.
讨论了一番是妹妹去还是姐姐去, 结果谁也没去。

A/V-(으)/느니 A/V-(으)느니 (하면서)

意思是"(说)是……还是……"。

음식의 양이 적으니 많으니 말이 많다.

关于食物量多还是少有很多说法。

그 가족은 여행을 가느니 마느니 하면서 의논하고 있어요.

那一家人正在讨论去旅行还是不去旅行。

개발을 해야 하느니 말아야 하느니 하면서 정치가들이 토론하고 있어요.

政治家们正在讨论应该开发还是不应该开发。

③ N에(도) 일리가 있다
意思是"……[也]有道理"。

잘 들어 보면 아이들 말에도 일리가 있어요.

仔细听就会发现孩子们的话也有道理。

네 주장에 일리가 있구나.

你的观点有道理。

공연을 금지하는 정부의 입장에도 일리가 있는 것 같다.

政府禁止演出的立场好像也有道理。

④ V-는 수가 많다[있다]
意思是"经常[有时]……"。

아파트 베란다에서 아이들이 놀다가 사고가 나는 수가 많아요.

经常有孩子在楼房阳台上玩的时候出事。

아이들 싸움이 어른들 싸움이 되는 수가 많이 있다.

孩子打架经常演变为大人打架。

작은 일에 너무 신경 쓰다가는 큰 일을 못하는 수가 많다.

对小事过于用心经常会导致做错大事。

⑤ N을/를[이/가] N(으)로 취급하다[취급받다]
意思是"(把)……当作……"。

저를 너무 어린아이로 취급하지 마세요.

别把我当成小孩儿。

내 작품이 싸구려 예술 작품으로 취급 받으니까 기분이 나쁘군요.

我的作品被当成廉价的艺术作品，我很生气。

애완동물을 장난감으로 취급하면 안 돼요.

不能把宠物当成玩具。

N을/를 취급하다

意思是"办理……"。

우리 가게에서는 술을 취급하지 않아요.

我们店不卖酒。

요즘은 우체국에서도 예금을 취급한대요.

听说最近邮局也可以存款。

모두들 골치 아픈 이 사건을 취급하지 않으려고 해요.

都不想处理这件让人头疼的事。

연습

① 본문을 잘 읽고 대답하세요 .

1) 사람들이 요즘 왜 야단입니까?
2) 요즘 화제가 되고 있는 영화에 대해 사람들은 어떤 반응을 보이고 있습니까?
3) 민수 씨는 그 영화 상영에 대해서 어떤 의견을 갖고 있습니까?
4) 지연 씨는 어떤 입장입니까?
5) 예술 공연에 대해 정부가 간섭하는 것을 찬성하는 사람들의 이유는 무엇입니까?

② 보기에서 알맞은 단어를 골라 .... 에 넣으세요 .

| 간섭 | 금지 | 대중 | 상영 | 싸구려 | 엄청나게 | 찬성 | 취급 |

1) 대다수의 학생들이 새로운 입시 제도에 대해 .... 한다고 말했다.
2) 남대문시장에 .... 만 있는 것은 아니에요. 좋은 물건도 얼마나 많은데요.
3) 지하철에 애완동물을 데리고 타는 것은 .... 하고 있다.
4) 지난 여름에 비가 .... 왔어요.
5) 이제 저도 다 컸으니까 부모님께서 제 일에 .... 하지 않으세요.
6) 우리 가게에서는 담배를 .... 하지 않기로 했어요.
7) 교통 문제를 해결하기 위해서는 시민의 발인 .... 교통을 편리하게 만들어야 해요.
8) 영화 .... 시간이 가까워지자 관객들이 자기 자리로 들어온다.

③ 라디오에서 아나운서와 남녀가 대담을 하고 있습니다. 잘 듣고 남자의 생각과 같으면 '남', 여자의 생각과 같으면 '여'라고 쓰세요 .

1) 예술, 문화 활동에 대한 정부의 간섭은 부정적인 결과를 가져올 수 있다. (   )
2) 외국에서 청소년이 일으키는 범죄, 마약, 자살 등의 사건에 정부도 책임이 있다.   (   )
3) 최근 외국 가수들의 국내 공연이 문제 없이 끝난 것은 우리 문화가 발전했다는 것을 보여 준다.   (   )
4) 우리나라는 예술 활동에 대해 정부의 간섭이 지나친 편이다.   (   )

5) 예술, 문화 활동에 정부가 간섭하는 것은 필요하다.   (   )

④ 다음 글을 읽고 자신의 의견을 말해 봅시다 .

> 요즘 출생의 비밀에 대한 텔레비전 드라마가 인기를 얻고 있다. 드라마에서 남자 주인공은 자신을 낳은 어머니와 기른 어머니가 다르다는 사실을 알게 되어 고민에 빠지게 된다. 이와 같이 '낳은 정'과 '기른 정' 사이에서 고민하는 경우가 현실에서도 가끔 나타난다.
> 실제로 어떤 산부인과 병원에서 실수로 아기의 이름표가 바뀐 일이 있었다. 그 사실을 모른 채 부모는 각각 아기를 데리고 퇴원하게 되었다. 한 아이는 장애가 있었고 다른 아이는 건강하게 잘 자랐다. 아이가 바뀐 지 6년이 되던 해 어느 날, 두 가족은 공원에 갔다가 서로 만나게 되었다. 그런데 상대방의 아이가 자신들을 닮았다는 것에 놀라게 되고, 그 가족과 이야기를 나누면서 그들이 같은 날 같은 병원에서 아이를 낳았다는 사실을 알게 된 것이다.
> 이 이야기를 듣고 사람들 사이에서는 이 두 가족이 아이를 바꿔야 한다는 의견이 지배적이었다. 그렇다면 아이들은 자신을 낳아 준 부모에게 돌아가야 하는가?

1) 여러분의 나라에도 '가족의 정'과 관련된 말이나 속담이 있습니까?

2) 여러분이 부모의 입장이라면 아이에게 이 사실을 알려 주시겠습니까?
   알려 준다면 어느 시기가 좋다고 생각합니까?

3) 여러분은 윗글의 두 가족이 아이를 바꿔야 한다는 생각에 찬성합니까?
   반대합니까? 그 이유를 정리해 봅시다.

새 단어

单 词

찬성(贊成)하다	옳다고 동의하다	赞成
야(冶)하다	色情	
야단(惹端)이다	소란이다	乱糟糟, 麻烦
엄청나다	매우 많다	非常多, 非常大
상영(上映)하다	영화를 일반에게 공개하다	放映
일리(一理)가 있다	有道理	
금지(禁止)하다	하지 못하게 하다	禁止
간섭(干涉)하다	참견하다	干涉
저질(低質)	질이 낮음	劣质的, 低劣的
취급(取扱)하다	(사람·사건을) 어떤 태도로 대하거나 처리하다, (상품을) 판매하다	办理
상업적(商業的)	돈을 벌기 위한 것	商业性的
토론(討論)하다	어떤 논제를 가지고 여러 사람이 각각 의견을 말하며 의논하다	讨论
주장(主張)	생각이나 의견을 강하게 내세우는 것	主张, 观点
입장(立場)	立场	
싸구려	매우 값이 싼 물건, 질이 낮은 물건	廉价品
애완동물(愛玩動物)	집에서 키우는 동물	宠物
장난감	아이들이 갖고 노는 물건	玩具
대담(對談)	서로 말을 주고받는 것	对话
범죄(犯罪)	해서는 안 되는 나쁜 일을 하는 것	犯罪
마약(痲藥)	大麻, 毒品	
자살(自殺)	자신의 목숨을 끊는 것	自杀
지나치다	정도가 심하다	过分
출생(出生)	태어남	出生
주인공(主人公)	연극·영화·소설 등에서 사건의 중심이 되는 인물	主人公
낳다	배 속의 아이·새끼·알을 몸 밖으로 내놓다	生
산부인과(産婦人科)	임신·출산·부인병 등을 다루는 병원 부서	妇产科

29과 인연이 있으면 언젠가 또 만나게 되겠지

　　우리는 일상생활 속에서 많은 사람들을 만난다. 뜻밖에 생각지 못한 장소에서 자주 만나게 되는 사람은 왠지 '나와 특별한 관계가 있는 것이 아닐까' 하고 생각하게 된다. 우리는 그런 사람을 인연이 있는 사람이라고 한다. '옷깃만 스쳐도 인연'이라는 말이 있는데, 이것은 아무리 사소하고 작은 인연이라도 소중히 하려는 마음을 잘 나타내고 있다. 인간의 삶이 곧 사람을 만나고 헤어지는 일의 연속이므로 사람을 만나 생기게 되는 인연을 소홀히 해서는 안 될 것이다.

마리 : 이렇게 정이 들었는데 떠나게 되어서 정말 안타깝다.

영미 : 정말 그래. 처음에 만났을 때를 생각해 보면 뭔가 특별한 인연이 있었던 것 같아. 네가 처음 한국에 와서 길을 잃고 헤매고 있었을 때 내가 길을 가르쳐 주었지.

마리 : 내 잃어버린 지갑을 주워서 전화해 주었을 때는 보통 인연이 아니라고 생각했어. 그때 네가 여권과 중요한 것이 들어 있는 그 지갑을 찾아 주지 않았더라면 나는 무척 고생을 했을 거야.

영미 : 맞아. 그런데 우리가 이렇게 1년 넘게 한 집에서 지내게 될 줄 어떻게 알았겠어?

마리 : 이제는 서로 자매같이 친해져서 뗄래야 뗄 수 없는 사이가 됐는데 헤어져야 하다니…….

영미 : 너무 섭섭해하지 마. 언젠가 또 만나게 되겠지. 우리 자주 연락하자.

마리 : 그래. 너도 우리나라에 꼭 한번 놀러 와.

单 词

인연	스치다	안타깝다	자매	★ 사표	그리워하다
일상생활	사소하다	헤매다	뗄다	불행	오빠
뜻밖에	소중히	줍다	섭섭하다	원수	껌
옷깃	소홀히	-았/었더라면		실향민	

第29课 如果有缘，迟早会再相见

　　我们在日常生活中遇到很多人，对于在意外的地方经常碰到的人，我们会想"是不是（他）和我有什么特殊的关系"。我们称这种人是有缘人，有一句话说"衣襟蹭一下也是缘分"，这充分地反映出即便再不起眼、再小的缘分（人们）都想珍惜的心理。人生就是与人不断地相遇、分手，所以不能漠视与人相遇所产生的缘分。

玛丽：感情这么深了，却又要离开，真的很痛心。

永美：真是这样，想起第一次见面的时候，我们好像有某种特殊的缘分。你第一次来到韩国，迷了路正在徘徊的时候，我给你指了路。

玛丽：你捡到我丢失的钱包给我打电话时我就觉得咱们不是一般的缘分，那时候你如果没有给我找回装着护照和重要东西的那个钱包，我肯定会受很多苦。

永美：对啊，又哪里会想到我们会在同一个屋檐下这样生活一年多？

玛丽：现在我们像姐妹一样亲密不可分，却又要分离……

永美：别太难过了，什么时候会再见的，我们经常联系吧。

玛丽：好，一定要到我们国家来玩儿啊。

문법과 표현

语法与表达

① 인연이 있다[없다]
惯用型，意思是"有[没有]缘分"。

인연이 있으면 또 만나게 될 거예요.
如果有缘，一定会再见面。

두 사람이 헤어진 것은 인연이 없어서예요.
两个人之所以分手，是因为(他们)没有缘分。

우연히 하루에 세 번을 만나다니 인연이 있는 모양이에요.
一天里偶然遇到了三次，看来是有缘份。

인연이다/인연이 아니다
惯用型，意思是"是[不是]缘分"。

이렇게 같이 공부하게 된 것도 인연인 것 같아요.
能这样一起学习好像也是缘分。

그 사람과 그 후에 다시 못 만나게 되어 '인연이 아니구나!' 하고 생각했어요.
和那个人以后没能再见面，所以觉得没有缘分啊。

처음 만났을 때 인연인지 인연이 아닌지 알 수 있어요? 좀 더 만나 보세요.
第一次见面能知道有缘分还是没缘分吗? 再见见吧。

② A/V-아/어서는 안 되다
意思是"不能……"。

선물은 받는 사람이 부담스러워서는 안 되지요.
接受礼物的人要是觉得有压力就不好了。

듣는 사람을 생각하지 않고 함부로 말해서는 안 된다.
不考虑听的人随便乱说是不行的。

결혼은 중요한 일이니까 쉽게 결정해서는 안 돼요.
结婚是重要的事，不能轻易决定。

③ A /V-았 /었더라면

意思是 "要是……的话"。

돈이 많았더라면 더 오래 여행할 수 있었을 텐데.

要是钱多，本可以旅行更长时间的。

그때 사표를 썼더라면 지금쯤 후회하고 있을 거예요.

那时候要是写了辞呈，现在可能后悔了。

전쟁이 일어나지 않았더라면 그런 불행은 없었을 텐데요.

要是没有爆发战争，就不会经历那种不幸了。

④ A /V-(으)ㄹ 줄 누가[어떻게] 알았겠어요?

意思是 "谁能想到……"。

복권이 당첨될 줄 누가 알았겠어요?

谁能想到彩票会中奖?

목욕탕에서 지연 씨와 만날 줄 누가 알았겠어요?

谁知道会在澡堂见到志燕啊?

제가 원수처럼 미워하던 그 사람과 결혼하게 될 줄 어떻게 알았겠어요?

怎么能想到我会和那个像仇敌一样憎恶的人结婚啊?

A /V-(으)ㄹ 줄이야

意思是 "没想到……"。

서울의 물가가 이렇게 비쌀 줄이야.

没想到首尔的物价这么高。

복권에 당첨될 줄이야.

没想到彩票会中奖。

죽었을 것이라고 생각했던 사람이 살아 있을 줄이야.

没想到本以为死了的人还活着。

⑤ V-(으)ㄹ래야 V-(으)ㄹ 수(가) 없다

意思是 "想······也······不了"。

너무 매워서 먹을래야 먹을 수가 없었다.

太辣了，想吃也吃不了。

잊을래야 잊을 수 없는 추억이 있습니다.

有一份想忘也忘不了的回忆。

실향민들은 갈래야 갈 수 없는 고향을 그리워하며 지냅니다.

背井离乡的人们思念着想回也回不去的故乡。

연습

① 본문을 잘 읽고 대답하세요 .

1) '옷깃만 스쳐도 인연'이란 말은 왜 생겼을까요?
2) 영미와 마리의 인연은 어떻게 시작됐습니까?
3) 영미와 마리는 어떤 사이가 되었습니까?
4) 영미는 마리에게 왜 섭섭해하지 말라고 했습니까?
5) 두 사람은 왜 보통 인연이 아니라고 했습니까?

② 문장을 완성해 보세요 .

1) 보기에서 알맞은 단어를 골라 ....에 넣으세요.

| 사표 | 삶 | 인연 | 일상생활 | 장소 | 정 |

① 내일 만날 약속을 하려고 하는데 ....을/를 아직 정하지 못했어요.
② 아무리 처음 만난 사람이라도 오랫동안 같이 지내면 ....이/가 들어요.
③ 우리 오빠는 유학 준비를 위해서 회사에 ....을/를 냈어요.
④ 지하철에서 일주일 동안 계속 만난 사람이 있어요. 아마 ....이/가 있나 봐요.
⑤ 아리랑은 민중의 여러 가지 ....을/를 표현한 노래다.

2) 보기에서 알맞은 단어를 골라 ....에 넣으세요.

| 떼다 | 사소하다 | 섭섭하다 | 소홀히 하다 | 안타깝다 | 줍다 | 헤매다 |

① 이것은 중요한 물건이니까 ....면 안 돼요.
② 나는 어제 친구 집을 찾아가는데 길을 잃고 ....
③ 부모님께서는 내가 자주 전화하지 않아서 ....고 말씀하셨어요.
④ 일 년 동안 열심히 공부했는데 사고 때문에 시험을 볼 수 없게 되었다니 정말 ....군요.
⑤ 길에서 ....가방을 어떻게 주인에게 찾아 줄까요?
⑥ 저는 중요하지 않은 ....일도 잘 기억하고 있는 편이에요.
⑦ 머리카락에 붙은 껌을 ....일은 쉽지 않아요.

③ 다음 대화를 완성하세요.

> V-(으)ㄹ래야 V-(으)ㄹ 수 없다   인연이 있다
> A/V-(으)ㄹ 줄 누가 알았겠어요   A/V-았/었더라면

1) 가 : 정말 이상해. 그 사람을 벌써 다섯 번이나 보았어.
    나 : 그래? 정말 .... 나 보다.

2) 가 : 어제 파티는 어땠어?
    나 : 재미있었어. 사람도 많이 오고. 너도 .... 았/었더라면 좋
        았을 텐데.
    가 : 그래. 하지만 나는 ....

3) 가 : 어제 지연 씨 문병 잘 다녀왔니?
    나 : 말도 마. 병원에는 갔는데 ....

④ 영미와 부모님의 대화를 듣고, ✓ 하세요.

1) 맞다 ( )   틀리다 ( )   알 수 없다 ( )
2) 맞다 ( )   틀리다 ( )   알 수 없다 ( )
3) 맞다 ( )   틀리다 ( )   알 수 없다 ( )
4) 맞다 ( )   틀리다 ( )   알 수 없다 ( )
5) 맞다 ( )   틀리다 ( )   알 수 없다 ( )

⑤ 친구와 같이 이야기해 봅시다.

주제	언제	어디에서	어떤 일입니까?
지금까지 경험한 특별한 인연이 있습니까?			
'세상이 참 좁다'고 생각한 적이 있습니까?			
꿈속에서 있었던 일이 실제 일어난 적이 있습니까?			
'말이 씨가 된다'고 생각한 적이 있습니까?			

새 단어

单词

인연(因緣)	사람이나 사물들 사이에 서로 맺어지는 관계 因缘
일상생활(日常生活)	날마다의 생활, 늘 하는 생활 日常生活
뜻밖에	생각지도 않게 出乎意料
옷깃	저고리나 두루마기의 목에 둘러 대어 여미게 된 부분 衣领
스치다	서로 약간 닿으면서 지나가다 蹭, 摩擦
사소(些少)하다	아주 작거나 적다 琐碎
소중(所重)히	매우 귀중하게 珍贵地
소홀(疏忽)히	중요하지 않게 疏忽地
안타깝다	고통스럽거나 어려운 일을 보니 답답하다 令人焦急
헤매다	이리저리 돌아다니다 徘徊
줍다	떨어지거나 흩어져 있는 것을 집다 捡, 拾
-았/었더라면	要是……的话
자매(姉妹)	여자 형제 姊妹
떼다	붙어 있는 것을 떨어지게 하다 扯
섭섭하다	잃거나 헤어지게 되어 아깝고 서운하다 难过
사표(辭表)	회사를 그만두겠다는 것을 글로 적은 것 辞呈
불행(不幸)	행복하지 않음 不幸
원수(怨讐)	나의 가족에게 해를 끼친 사람 仇敌
실향민(失鄕民)	고향을 잃고 타향에서 사는 사람 背井离乡的人
그리워하다	보고 싶어하다 思念
오빠	哥哥
껌	口香糖

30과 서울은 한국 제일의 도시이다

성북구
중랑구
서대문구
종로구
동대문구
마포구
중구
성동구
광진구
용산구
영등포구
동작구
강남구
송파구
서초구
관악구

　서울은 한국 제일의 도시이다. 인구로 보나 크기로 보나 세계적으로 손꼽히는 대도시임에 틀림없다. 서울은 약 600년 전에 수도로 정해진 이후 한국의 중심지가 된 역사 깊은 도시이다. 인구는 1,000만이 넘으며 인구 밀도로는 아시아에서 열 손가락 안에 드는 대도시이다.

　서울은 종로구, 관악구, 서초구 등의 25개 구로 나뉘어 있으며 강북에 14개, 강남에 11개의 구가 있다. 한강을 사이에 두고 있는 강남과 강북은 19개의 다리가 이어 주고 있고 앞으로도 다리의 수는 계속 늘어날 것이다. 또 서울 곳곳을 연결하는 지하철은 현재 8호선까지

单 词

손꼽히다	중심지	손가락
대도시	밀도	수
수도	아시아	연결하다

운행되고 있지만 교통 문제가 더욱 심각해짐에 따라 지하철 노선이 계속 늘어날 전망이다. 그 밖에 서울에는 경복궁을 비롯해서 4개의 궁궐이 있고 민속박물관, 전쟁기념관 같은 박물관도 20개가 넘는다.

다나카 : 영수 씨, 요즘 서울 사람들은 서울을 떠나고 싶어한다고 들었어요. 왜 그런 생각을 하죠?

영수 : 사람이 많은 게 문제죠. 사람이 많으니까 차가 많고, 차가 많으니까 공기도 나빠지고 교통도 복잡하게 되는 거죠. 또 서울에서 살려는 사람은 많은데 땅과 집은 한정되어 있으니까 집값이 올라가는 건 당연하고요.

다나카 : 그래서 사람들이 이런 복잡한 서울을 떠나고 싶어하는군요.

영수 : 하지만 시골 공기가 맑고 집값이 싸다 해도 여전히 서울만을 고집하는 사람이 많아요.

다나카 : 한국의 경우에 모든 정치, 경제, 문화, 예술, 교육의 중심지가 서울이기 때문이 아닐까요?

영수 : 맞아요. 특히 우리나라 사람들은 자녀 교육을 중요하게 생각하는데, 자식을 좋은 대학에 보내려면 서울에서 살아야 한다고 생각하는 사람들이 많거든요.

다나카 : 그런 문제를 해결하기 위해서 지방을 하루빨리 발전시켜야겠군요.

운행하다	여전히	★ 가격	공해
-(으)ㅁ에 따라	고집하다	품질	소음
궁궐	자녀	차차	위치
한정하다	하루빨리	경력	기후

第30课　首尔是韩国第一大城市

　　首尔是韩国第一大城市，无论从人口还是面积来看，它无疑也是世界上屈指可数的大城市。首尔大约在600年前被定为首都，此后成为韩国的中心，它是个历史悠久的城市。人口超过1,000万，人口密度在亚洲位于前10位。

　　首尔分为钟路区、冠岳区、瑞草区等25个区，江北有14个区，江南有11个区。在汉江两侧，江南和江北由19座大桥连在一起，将来桥梁的数量会继续增加。此外，连接首尔各个地方的地铁现在已经增加到8条线路，但由于交通问题日益严重，地铁的路线也会继续增加。另外，首尔有景福宫等四座宫殿，还有民俗博物馆、战争纪念馆等二十多个博物馆。

田中：永秀，最近听说首尔人希望离开首尔，为什么会有这种想法呢?

永秀：问题就是人太多，人多车就多，车多空气就不好，交通也很繁忙，而且想在首尔住的人很多，土地和房屋却是有限的，房价当然会上涨。

田中：所以人们想离开繁乱的首尔啊。

永秀：不过，尽管乡下空气好，房价便宜，但仍然有很多人坚持住在首尔。

田中：是不是因为首尔是韩国政治、经济、文化、艺术、教育的中心啊?

永秀：对。特别是我们国家的人重视子女教育，很多人认为要是想让孩子上好大学，就得住在首尔。

田中：为了解决这些问题，应该尽快让地方发展起来。

문법과 표현

语法与表达

① N(으)로 보나 N(으)로 보나

意思是 "无论从……来看，还是从……来看"。

가격으로 보나 품질로 보나 이게 제일 나아요.

无论从价格来看还是从质量来看，这个最好。

그 남자는 외모로 보나 성격으로 보나 좋은 신랑감 같군요.

无论从外貌来看，还是从性格来看，那个男人都像是个很好的丈夫人选。

이 하숙집은 위치로 보나 하숙비로 보나 제 마음에 꼭 들어요.

无论从位置来看，还是从住宿费来看，这个寄宿家庭都很让我满意。

② N(으)로 손꼽히는 N

意思是 "作为……屈指可数的……"。

그 영화배우는 한국에서 최고의 배우로 손꼽히는 사람입니다.

那个电影演员是韩国屈指可数的好演员。

그 나라에서 가장 살기 좋은 곳으로 손꼽히는 도시가 어디입니까?

在那个国家，哪个城市是最适合生活的好地方？

우리 학원에서 가장 인기 있는 선생님으로 손꼽히는 분이 누구죠?

在我们学院里，哪一位老师是最受欢迎的老师？

③ N임에 틀림없다

意思是 "无疑是……"。

서울은 역사가 오래된 도시임에 틀림없다.

首尔无疑是一个历史悠久的城市。

아이가 말을 더듬거리는 걸 보니 그 말이 거짓말임에 틀림없어요.

孩子说话结巴，看来他说的肯定是谎话。

불이 안 켜진 걸 보니 빈집임에 틀림없군요.

没有开灯，那肯定是座空房子。

A /V-(으)ㄴ/는 게 틀림없다

意思是 "肯定……"。

잘 안 팔리는 걸 보니 값이 너무 비싼 게 틀림없다.

卖得不好，价格肯定是太贵了。

계속 전화를 안 받는 걸 보니 떠난 게 틀림없어요.

他一直不接电话，肯定走了。

사람들이 그냥 돌아가는 걸 보니 표가 다 팔린 게 틀림없군요.

人们原样往回走，票一定是卖光了。

4 N에서 다섯[열] 손가락 안에 들다
意思是"位于前五 [十] 位"。

우리 아이는 시험을 봤는데 반에서 다섯 손가락 안에 들었어요.

我们的孩子考完试了，在班里是前五名。

우리 학교는 세계에서 열 손가락 안에 드는 학교예요.

我们学校在世界上排在前十名。

이 회사는 우리나라에서 다섯 손가락 안에 들지요.

这个公司在我们国家排在前五位。

5 V-(으)ㅁ에 따라
意思是"随着……"。

서울이 발전함에 따라 크기도 커졌어요.

随着首尔的发展，面积也大了。

자동차가 많아짐에 따라 공기도 나빠졌습니다.

随着汽车增加，空气也变得不好了。

시간이 지남에 따라 한국 생활도 익숙해졌다.

随着时间流逝，渐渐熟悉了韩国的生活。

* 지역에 따라 비가 오는 곳도 있습니다.

* 不同的地区有所不同，也有下雨的地方。

사람에 따라 취미가 다르죠.

不同的人有不同的爱好。

6 A /V-(으)ㄹ 전망이다[전망이 있다, 전망이 보이다]

意思是 "预计……"。

서울 인구가 차차 줄어들 전망이다.

首尔的人口会逐渐减少。

한국이 곧 통일될 전망이 있습니까?

韩国有可能很快统一吗?

그 환자가 회복될 전망이 보이지 않습니다.

那个病人没有恢复的迹象。

① 본문을 잘 읽고 대답하세요 .

1) 서울은 어떤 도시입니까?
2) 서울에는 구가 몇 개 있습니까?
3) 서울의 문제점은 무엇 무엇입니까?
4) 서울이 해결해야 할 많은 문제는 어떤 원인에서 나왔습니까?
5) 여러 가지 좋지 않은 조건에도 불구하고 사람들이 서울을 고집하는 가장 큰 이유는 무엇입니까?

② 다음 문형을 써서 아래 대화를 완성하세요 .

N(으)로 보나 N(으)로 보나	N(으)로 손꼽히는 N	N(으)로 나눠다
A/V-(으)ㄴ/는 것은 당연하다	손가락 안에 들다	V-(으)ㅁ에 따라
A/V-(으)ㄴ/는 게 틀림없다	A/V-(으)ㄹ 전망이다	N을/를 비롯해서

1) 가 : 한국의 도시 중에서 인천은 몇 번째쯤 될까?
　　나 : 글쎄, 잘 모르지만 _____ (으)ㄹ걸.
2) 가 : 계속해서 서울의 자동차가 이렇게 늘어나면 큰일일 텐데…….
　　나 : 앞으로 5년쯤 지나면 다시 줄어들 _____.
3) 가 : 다음번 대통령은 누가 될까요?
　　나 : 내 생각에는 나이 _____ 경력 _____ 박영호 씨 가 될 것 같은데요.
4) 가 : 왜 지금까지 영희가 안 오지? 떠난 지 두 시간이 넘었다는데…….
　　나 : 30분도 안 걸리는 거리잖아. 무슨 사고가 난 게 _____.
5) 가 : 세계적으로 _____ 관광지가 어디니? 외국 여행 갈 때 꼭 한번 들르고 싶어.
　　나 : 많지 뭐. 하와이, 알프스, 뉴질랜드……. 그런 곳이 _____ 관광 지 아니겠니?
6) 가 : 왜 친구들이 나만 싫어할까?
　　나 : 네가 그렇게 자기 생각대로만 하는데 친구들이 널 좋아할 리가 있겠니? 그 애들이 널 싫어하는 건 _____.

③ 서울에 대한 이야기입니다 . 잘 들어 보세요 .

1) 서울이 시대에 따라 어떻게 변화해 왔는지를 다음 표에 써넣으세요.

약 600여 년 전	1945년 8월 15일	1950년대	1960년대	1974년 8월 15일 이후
( )의 수도로 정해짐	'서울특별시'라는 이름을 얻음	6.25때 심하게 ( )됨	경제 개발과 함께 발전	( )이/가 처음 생김

2) 들은 내용과 맞으면 ○ , 틀리면 × 하세요.

① 북한의 인구는 남한 인구의 4분의 1이다.   (   )
② 서울은 다른 큰 도시와 같이 공해 문제를 가지고 있다.   (   )
③ 서울의 심각했던 교통 문제는 지하철로 해결이 되었다.   (   )

④ 친구와 같이 이야기해 봅시다 .

1) 다음은 세계 여러 나라의 대도시들이 안고 있는 문제입니다. 다음에서 세계
의 대도시가 갖고 있는 가장 심각한 문제와 그 해결 방법을 얘기해 봅시다.

◆ 교통 문제   ◆ 공해 문제   ◆ 주택 문제
◆ 쓰레기 문제   ◆ 범죄 문제   ◆ 물가 문제
◆ 오염 문제   ◆ 마약 문제   ◆ 소음 문제

도시 이름	문제	해결 방법
서울		

2) 여러분 나라의 대도시를 소개해 보세요.

① 위치
② 인구
③ 역사
④ 유명한 것
⑤ 기후
⑥ ....

새 단어

손꼽히다	여럿 중에서 손가락으로 셀 만한 높은 등수에 들다　屈指可数
대도시(大都市)	큰 도시　大城市
수도(首都)	首都
중심지(中心地)	중심이 되는 곳　中心地区
밀도(密度)	빽빽한 정도　密度
아시아	亚洲
손가락	手指
수(數)	数字
연결(連結)하다	서로 잇다　连接
운행(運行)하다	(차나 배 등이) 다니다　运行
-(으)ㅁ에 따라	随着……
궁궐(宮闕)	왕이 살던 곳　宫殿
한정(限定)하다	제한하여 정하다　限定
여전(如前)히	전과 다름없이　仍然
고집(固執)하다	자기 의견을 굳게 지키다　固执，坚持
자녀(子女)	아들과 딸　子女
하루빨리	하루라도 빨리　早日
가격(價格)	(물건의) 값　价格
품질(品質)	물품의 성질　质量
차차(次次)	점점　渐渐
경력(經歷)	이제까지 거쳐 온 학업·직업들의 내용　经历
공해(公害)	污染
소음(騷音)	시끄러운 소리　噪音
위치(位置)	자리, 장소　位置
기후(氣候)	气候

31과 다이어트가 유행처럼 퍼지고 있어요

준석 : 요즘 다이어트에 관한 기사와 광고가 많이 나오더라.

지연 : 그래. 아마 한두 번쯤 다이어트를 해 보지 않은 사람은 없을
거야.

준석 : 남녀노소를 막론하고 건강에 대한 관심이 높아지고 있잖아.
고혈압이나 심장병 같은 성인병을 예방하기 위해서도 점점
다이어트의 필요성을 느끼게 되고⋯⋯.

지연 : 그런데 요새 젊은 여성들 사이에는 다이어트가 하나의 유행
처럼 퍼지고 있다니 그것도 문제야.

준석 : 그래. 다이어트를 제대로 한다기보다는 무조건 적게만 먹으
면 된다고 생각하고 며칠씩 굶기까지 하니 큰일이지.

单词

남녀노소	고혈압	무조건
을/를 막론하고	요새	

지연 : 더 위험한 건 무리하게 다이어트를 하다 보면 지금은 잘 몰라도 나이가 든 다음에 여러 가지 부작용이 나타나게 된다는 거야.

준석 : 왜 그런 위험을 무릅쓰고 다이어트를 하려 드는 걸까?

지연 : 글쎄, 조금이라도 더 날씬하게 보이고 싶은 게 모든 여자들의 희망 사항이 아니겠어?

준석 : 난 한 끼라도 안 먹으면 사는 재미가 없던데. 나 같으면 다이어트를 하느니 차라리 살찐 대로 사는 게 나을 거 같다.

지연 : 아무튼 건강은 건강할 때 지키라고 했어.

준석 : 맞아. 아무리 날씬해져도 건강을 잃고 나면 무슨 소용이 있겠니?

지연 : 그럼. 그런데 어떤 조사 결과를 보니까 젊은 여자들 가운데 절반 이상은 자기가 뚱뚱하다고 생각하는 반면에, 젊은 남자들의 반 이상은 자기가 살이 좀 더 쪄야 한다고 생각한대.

준석 : 그거 참 재미있는 얘기네. 내가 보기엔 오히려 여자들은 너무 말라 보이고 남자들은 살을 좀 빼야 할 것 같던데.

지연 : 맞아. 그리고 내가 생각하기에는 요즘 젊은 여자들에게 정말 필요한 건 다이어트가 아니라 적당한 운동인 것 같아.

준석 : 나도 동감이야.

무리하게	끼	마르다	여하	조언
부작용	차라리	동감	무시	규칙적으로
날씬하다	절반		상하다	간식
희망사항	반면에	★ 고하	체중	관련하다

第31课　减肥成了一种普遍的流行

俊石：最近出现了很多关于减肥的报道和广告。

志燕：是啊，可能没有人没尝试过一、两次减肥。

俊石：无论男女老少，都对健康非常关注，为了预防高血压、心脏病等中老年疾病，也渐渐认识到了减肥的必要性。

志燕：可是最近在年轻女性中，减肥像一种流行一样在蔓延，这也是个问题。

俊石：对啊，她们不是正常地减肥，而是认为只要少吃就行，有时竟会饿上好几天，这也是个问题。

志燕：更危险的是过度减肥。现在可能还不知道，等年纪大了，会出现各种副作用。

俊石：为什么会不顾危险想要减肥呢？

志燕：这个嘛，所有的女性不都希望看起来稍微再苗条一点儿嘛？

俊石：我要是少吃一顿饭，就觉得失去了生活的乐趣。像我这种人，与其减肥，还不如爱多胖就多胖地过日子。

志燕：反正大家说要在健康的时候保持健康。

俊石：对，再怎么苗条，要是失去了健康还有什么用啊？

志燕：当然了。不过一次调查结果显示，年轻女性中一半以上认为自己胖，年轻的男性则相反，一半以上觉得自己该长点肉。

俊石：这可真有意思。我觉得反倒是女性太瘦了，男性好像该减点肥。

志燕：对，而且我觉得最近年轻的女性需要的不是节食，而是适当的运动。

俊石：我也这样想。

문법과 표현

语法与表达

① N을/를 막론하고

意思是"无论……"。

지위의 고하를 막론하고 법을 어기면 안 됩니다.

无论地位高低，都不能犯法。

그 영화를 보고 남녀노소를 막론하고 모두 울었어요.

看完那部电影，无论男女老少都哭了。

날씨 여하를 막론하고 등산하기로 했어요.

决定无论天气如何都去登山。

② A/V-다기보다는

意思是"与其说……"。

책 읽기가 싫어요? – 싫다기보다는 시간이 없어서 못 읽는 거지요.

不喜欢读书吗？—与其说是不喜欢，不如说是没有时间读。

아까 그 여자 아이 참 예쁘지요? – 예쁘다기보다는 귀엽지요.

刚才那个女孩很漂亮吧？—与其说漂亮，不如说可爱。

소개받은 사람이 마음에 안 들어서 안 만나요?

– 마음에 안 든다기보다는 아직 결혼할 생각이 없어서 그래요.

介绍的人不中意，所以不见吗？—与其说是不中意，不如说是因为还不想结婚。

③ A/V-기까지 하다

意思是"而且还……"。

그 집은 비싼 데다가 학교에서 멀기까지 하대요.

听说那一家很贵，而且离学校还很远。

전화로 얘기해도 되는데 우리 집에 오기까지 했어요?

电话里说也可以的，竟然到我们家来了？

돈이 모자란다고 하니까 친구가 돈을 내 주기까지 했어요.

(我) 缺钱，朋友帮 (我) 交了钱。

④ V-느니 차라리
意思是"与其……，不如"。

마음에 안 드는 물건을 사느니 차라리 아무것도 사지 말자.
与其购买不喜欢的东西，不如什么都不买。

이렇게 무시당하느니 차라리 회사를 그만두는 게 낫다.
与其这样不受重视，不如从公司辞职。

상한 음식을 먹느니 차라리 굶겠어.
与其吃坏了的食物，宁愿饿着。

차라리
副词，意思是"不如、干脆"。

오늘은 비가 많이 온다고 하는데 차라리 안 나가는 게 좋겠어.
听说今天下大雨，不如干脆不出去了。

이렇게 길이 막힐 때는 차라리 걷는 게 낫다.
在这么堵塞的时候还不如走着好。

⑤ A /V-(으)ㄴ/는 반면에
意思是"……的反面"。

남을 가르치는 일은 힘든 반면에 보람도 있다.
教别人的工作很辛苦，但也很有意义。

누구에게든 단점이 있는 반면에 장점도 있어요.
无论谁都有缺点，也有优点。

동생은 운동을 잘하는 반면에 형은 그림을 잘 그려요.
弟弟擅长体育运动，哥哥则相反，画儿画得很好。

6 살이 찌다[빠지다]

惯用语，意思是"长胖[变瘦]"。

자네 몸이 그게 뭔가. 좀 더 살이 쪄야 되겠어.

你的身体怎么这样，该再长点儿肉。

살이 찌면 찔수록 건강에 도움이 안 돼요.

长得越胖，对健康越有害。

살이 좀 빠지니까 몸을 움직이기가 더 쉬워졌습니다.

稍微瘦了一点儿，所以活动起身体来更容易了。

연습

① 본문을 잘 읽고 대답하세요 .

1) 왜 다이어트를 하려는 사람들이 많아지고 있습니까?
2) 잘못된 다이어트 방법에 대해 이야기해 보세요.
3) 다이어트를 잘못하면 어떻게 될까요?
4) 준석이는 다이어트를 어떻게 생각합니까?
5) 요즘 젊은 여자들에게 꼭 필요한 것은 무엇이라고 합니까?

② 보기에서 알맞은 단어를 골라 ....에 넣으세요 .

동감	마르다	막론하고	무조건	반면에
부작용	성인병	소용	예방	차라리

1) 약을 함부로 먹다가는 .... 이/가 생길 수도 있어요.
2) 그 사람은 언제나 .... 내가 하는 대로 따라해요.
3) 요즘은 많은 사람들이 젓가락같이 .... 여자가 미인이라고 생각하니 문제가 있지요?
4) 음식 문화가 바뀌면서 여러 가지 .... 에 걸릴 확률이 높아졌어요.
5) 그분의 의견에는 .... (이)지만 방법은 좀 바꿔야 한다고 생각해요.
6) 일을 하다가 그만두면 .... 시작하지 않은 것보다도 못해요.

 ③ 바바라와 지연이가 다이어트에 대하여 이야기하고 있습니다. 잘 듣고 대답하세요 .

1) 바바라는 끝에서 무슨 말을 했을까요?
   ①   ②   ③

2) 들은 내용과 맞으면 ○, 틀리면 × 하세요.
   ① (   )
   ② (   )
   ③ (   )

④ 친구와 같이 이야기해 봅시다 .

1) 많은 사람들이 체중 조절을 위해 노력하고 있습니다. 특히 살을 빼고 싶어하는 사람들을 위하여 조언을 해 주십시오.

해야 할 것	하지 말아야 할 것
규칙적으로 운동한다.	간식을 먹는다.

2) 우리가 다이어트와 관련하여 잘못 알고 있는 것에 대하여 더 이야기해 봅시다.

3) 여러분이 알고 있는 다이어트 방법에 대하여 이야기해 봅시다.

새 단어

单词

남녀노소(男女老少)	남자와 여자·늙은이와 젊은이, 모든 사람 男女老少
을/를 막론(莫論)하고	따져 말할 것도 없이, 논의할 것도 없이 无论
고혈압(高血壓)	高血压
요새	요사이, 요즘 最近
무조건(無條件)	아무 조건도 없이 无条件
무리(無理)하게	사리에 맞지 않게 勉强地
부작용(副作用)	어떤 약이 병을 낫게 하면서 일어나는 해로운 일 副作用
날씬하다	몸매가 가늘고 맵시가 있다 苗条, 细长
희망 사항(希望事項)	바라는 일 希望事项
끼	하루 중 일정한 때에 먹는 밥, 밥의 수 顿
차라리	反倒, 反而
절반(折半)	하나를 둘로 나눈 것 중의 하나 一半
반면(反面)에	앞에 말한 것과는 달리 反面
마르다	살이 빠지다 干, 瘦
동감(同感)	남과 같게 생각하거나 느낌 同感, 相同的看法
고하(高下)	높고 낮음 高下, 高低
여하(如何)	어떠함, 어떠한지 如何
무시(無視)	가치를 알아주지 않음 无视
상하다	음식이 부패하다 腐烂
체중(體重)	몸무게 体重
조언(助言)	도움이 되게 가르쳐 주는 말 建议
규칙적(規則的)으로	规则地
간식(間食)	끼니 사이에 먹는 음식 零食
관련(關聯)하다	有关

32과 애완동물이 자식보다 낫다

　　의학 기술의 발달과 생활수준의 향상으로 고령 인구가 증가하고 있다. 그러나 핵가족화나 맞벌이 부부의 증가로 나이 드신 부모님을 돌볼 수 있는 자녀들은 부족한 상황이다. 따라서 홀로 노후를 보내는 외로운 노인 가정도 점점 많아지고 있다. 각 기업과 단체에서는 노인들을 대상으로 하는 복지 시설을 늘리고 있다. 교외에 현대식 유료 양로원과 노인 전용 병원이 들어서고 있다. 그러나 우리 고유의 미덕으로 여기던 경로사상이 점점 없어져 가면서 집안의 어른으로 존경 받던 노인들의 위치는 크게 흔들리고 있다.

옆집 아주머니 : 강아지가 안 보이네요.

　　单词

의학	돌보다	유료	경로사상
향상	홀로	양로원	강아지
고령	노후	들어서다	
증가하다	복지	고유	
핵가족	교외	미덕	

철수 어머니 : 아, 우리 아버님께 갖다 드렸어요. 요즘 너무 쓸쓸해하셔서요. 마음만 먹으면 쉽게 찾아뵐 것 같은데 일에 쫓기다 보면 한 달에 한두 번 가기도 쉽지 않아요.

옆집 아주머니 : 저도 마찬가지예요. 부모님 댁에 간다 간다 하면서도 명절이나 생신 때 얼굴 내미는 게 고작이니까요.

철수 어머니 : 그래서 품안의 자식이라는 말도 생겼나 봐요. 하여튼 우리 아버님께서 그 강아지를 어찌나 예뻐하시는지 이제 우리가 가도 강아지 얘기만 하세요.

옆집 아주머니 : 애완동물이 자식보다 낫다더니 철수 할아버님도 강아지한테 마음을 붙이셔서 다행이에요.

철수 어머니 : 영국에서는 애완동물을 기르는 것이 노인의 질병 예방과 치료에 효과가 있다는 연구 결과가 나왔대요. 애완동물의 충성심이 노인들에게 심리적인 안정을 준다는 거예요.

옆집 아주머니 : 개나 고양이가 우리가 못하는 일을 대신 해 주는군요. 그러나 무엇보다도 우리가 많은 경험을 가진 노인들을 공경해야지요. 나아가서 사회적으로 노인들의 인력을 활용할 수 있는 제도가 생긴다면 인생의 황혼기에 계시는 분들이 더욱 행복해하실 거예요.

쓸쓸하다	효과	인력	★ 주위	셔틀버스
고작	충성심	활용하다	위하다	전시회
품	공경하다	황혼기	중고차	의사소통
기르다	나아가다		문의하다	

第32课　宠物比儿女强

　　由于医学技术的发展和生活水平的提高，老龄人口在增加，但是因为小家庭化和双职工的增加，能照顾年老父母的子女很少。因此，老年独立生活的孤单的老人家庭越来越多，各个企业和团体增加了以老人为对象的福利设施，郊外出现了现代化的收费养老院和老年人专用医院，但是随着被我们视为传统美德的敬老思想的逐渐消失，曾经作为家庭中的长者而受到尊敬的老人的地位发生了严重的动摇。

邻家大婶　　：小狗不见了。

哲洙的妈妈：啊，我们送给父亲了，因为最近他太寂寞了。只要下了决心，去看他本应该不是难事，可是事情一多，一个月去一两次都不容易。

邻家大婶　　：我也一样，嘴里说去父母那儿看看，但最多是在节日或生日时露露面。

哲洙的妈妈：所以才有了"怀里的子女"这句话吧。不管怎样，我父亲可喜欢那只小狗了，现在即便我们去，他也只说那只小狗的事。

邻家大婶　　：都说宠物比子女还好，也幸亏哲洙的爷爷喜欢上了小狗。

哲洙的妈妈：听说英国一项研究结果表明：养宠物有利于预防及治疗老人疾病，说宠物的忠诚让老人心安。

邻家大婶　　：狗啊猫的在替我们做我们做不了的事啊。不过最重要的是我们应该尊敬经历丰富的老人们，如果能再进一步，建立让老人在社会上可以充分发挥能力的制度，进入人生黄昏时期的老人们会更幸福。

문법과 표현

① A /V–다 A /V–다 하면서(도)
意思是"嘴里说着……却"。

아프다 아프다 하면서 왜 병원에는 안 가니?

嘴里说疼，为什么不去医院?

집 안 청소를 한다 한다 하면서도 요즘 바빠서 못하고 있다.

嘴里说打扫屋子，最近却因为太忙没有做。

동대문시장에 한번 간다 간다 하면서 아직도 못 갔다.

嘴里说去一趟东大门市场，却还没能去。

② 얼굴(을 /만) 내밀다
惯用型, 意思是"(只)露露脸"。

유명한 가수나 배우가 얼굴만 내밀고 가도 그 음식점은 금방 유명해진다.

只要有名的歌手或演员露一面，那个饭店就立刻有名了。

그 모임에 하도 오래 참석하지 못해서 이제 얼굴 내밀기도 미안할 정도다.

因为太久没去参加那个聚会了，现在都不好意思露面了。

얼굴만 내밀고 올 테니까 10분만 기다려 줘.

我去露个面就来，就等我10分钟。

③ 고작(해야)
惯用语, 意思是"最多"。

돈을 많이 벌었다고 자랑하더니 고작 3만 원 벌었구나.

炫耀说挣了很多钱，原来才挣了三万韩元呀。

손님도 고작해야 다섯 명뿐인데 왜 그렇게 음식을 많이 준비하세요?

最多不过五个客人，干嘛准备这么多吃的?

V-는 게 고작이다
意思是"最多不过……"。

회사 일에 바빠서 가족들과 지내는 시간은 주말에 외식 한 번 하는 게 고작이다.
公司的工作太忙，和家里人在一起的时间不过是周末出去吃一次饭。

한 달 열심히 일해서 받는 월급으로 하숙비 내는 게 고작이다.
一个月辛勤工作挣的工资最多只够交住宿费的。

N이/가 고작이다
意思是"最多不过是……"。

하루에 10시간 일하고 쉬는 시간은 점심 시간이 고작이다.
一天工作10个小时，休息的时间只有中午。

그 일을 끝내느라고 밤새도록 잠도 못 자고 고생했는데 고맙다는 인사가 고작이다.
为了完成那份工作，整夜不能睡觉，吃了很多苦，得到的不过是一句道谢的客套话。

④ 어찌나 A/V-(으)ㄴ/는지
意思是"多么……"。

날씨가 어찌나 추운지 5분도 서 있을 수 없다.
天气太冷了，站不了5分钟。

머리가 어찌나 아픈지 '아이고' 소리가 저절로 나온다.
头太疼了，不知不觉发出了"哎哟"的声音。

컴퓨터 게임을 어찌나 오래 했는지 골치가 아플 정도이다.
玩儿电脑游戏玩儿得时间太长了，头都疼了。

⑤ N에(게) 마음을 붙이다
意思是"喜欢上……"。

무엇인가에 마음을 붙여 보세요. 그러면 매일매일이 훨씬 재미있을 거예요.
试着喜欢上一样东西吧，那样每天就会变得更有意思。

오랫동안 학교를 떠나 있었더니 공부에 마음을 붙이기가 쉽지 않아요.
离开学校很长时间了，所以要专心学习不容易。

V―는 데(에) 마음을 붙이다
意思是 "喜欢上……"。

애인이 떠난 후 아무 일에도 관심이 없더니 요즘은 사진 찍는 데에 마음을 붙여서 다행입니다.
恋人离开后, (他)对任何事都漠不关心, 最近喜欢上了拍照, 是一件幸事。
일요일에 친구들과 운동하는 데 한번 마음을 붙이니까 사는 게 재미있다.
喜欢上了星期天和朋友一起锻炼身体, 生活有意思了。

연습

① 본문을 잘 읽고 대답하세요 .

1) 고령 인구가 증가하면서 어떤 현상이 일어나고 있습니까?
2) 우리 주위에 노인들을 위한 복지 시설로는 어떤 것들이 있습니까?
3) '애완동물이 자식보다 낫다' 는 말은 왜 생겼을까요?
4) 애완동물은 노인들에게 어떤 역할을 합니까?
5) 노인들의 행복을 위해 우리는 어떻게 해야 합니까?

② 보기에서 알맞은 단어를 골라 .... 에 넣으세요 .

```
경로    공경    인력    증가    충성심    핵가족    항상    황혼
```

1) 옛날에는 할머니, 할아버지와 같이 사는 집이 많았는데 요즘은 대부분이
   부부와 아이들만 사는 .... 이 /가 많다.
2) 애완동물 중에서 고양이보다는 강아지가 주인에 대한 .... 이 /가
   더 많은 것 같다.
3) 한국에서는 옛날부터 나이 드신 어른들을 .... 하고 위하는 것을 당연
   하게 생각해 왔다.
4) 회사마다 좋은 대학이나 대학원을 졸업한 고급 .... 들을 모으는 데
   열중이다.
5) 아침에 해가 뜰 때의 바닷가도 멋있지만 늦은 오후 .... 의 바닷가는
   더욱 더 멋있다.
6) 이렇게 자동차가 점점 .... 하다가는 서울 시내가 중고차 시장 같아질
   거야.
7) 정부에서는 늙으신 부모님을 잘 모시는 사람들에게 상을 주어 .... 사
   상을 높이려고 한다.
8) 옛날에 비해서 건강에 대한 관심도 높아지고 생활수준도 많이 .... 되
   었다.

③ 보기와 같이 연습해 봅시다 .

1) 다음의 문형을 이용하여 대답하세요.

```
A /V - 다 A /V - 다 하면서(도)        얼굴을 내밀다
어찌나 A /V-(으)ㄴ/는지              V-는 게 고작이다
```

① 가 : 왜 이렇게 늦었어요? 벌써 두 시간이나 기다렸어요.
　　나 : _____.
② 가 : 전에 보낸다고 하던 편지가 아직도 그냥 있네요. 안 부칠 거예요?
　　나 : _____.
③ 가 : 회사 일이 바쁠 텐데 아이들하고 같이 놀 시간이 있어요?
　　나 : _____.
④ 가 : 매일 3시간씩 운동하기로 한 결심을 아직 지키고 있어요?
　　나 : _____.
⑤ 가 : 너는 그렇게 바쁘다면서 꼭 그 모임에 가야 하니?
　　나 : _____.

2) 다음에서 적당한 표현을 골라 _____ 에 알맞게 써넣으세요.

마음을 먹다	마음을 바치다
마음을 붙이다	마음을 정하다

① 학교를 옮겨서 쓸쓸해하던 동생이 이제 새 생활에 _____.
② 올해부터는 아침마다 30분씩 운동을 하려고 _____.
③ 저는 이미 그 사람과 결혼하려고 _____.
④ 30년 동안 제 _____ 서 사랑한 사람이 떠났어요.

 ④ 유료 양로원 시설에 대해 문의하는 전화입니다. 다음의 대화를 잘 듣고 답하세요.

1) 대화 내용과 맞는 것을 고르세요.
① 이 남자는 지금 (혼자, 아버지와 같이) 살고 있다.
② 이 남자는 (아버지, 사업) 때문에 여행을 많이 하는 편이다.
③ 서울에서 양로원까지 가는 데 약 (한, 두) 시간 정도 걸린다.
④ 이 남자는 아파트 생활이 노인들에게 (편리하다고, 답답할 거라고) 생각한다.

2) 다음은 이 남자와 아버지가 대화하는 내용입니다. _____ 에 알맞은 말을 써넣으세요.

아버지 : 거기 전화해 봤니?

아들   : 네.

아버지 : 어때?

아들   : 시설은 잘되어 있는 것 같아요.

아버지 : 어떤 시설이 돼 있는데?

아들   : 서울까지 .... 을/를 운행하고요, 옆에 .... 이/가
         있어서 아프신 분들은 거기로 모신대요.

아버지 : 그런데 낮 시간에 주로 뭘 하면서 시간을 보내는지 모르겠다.

아들   : 그런 걱정은 별로 안 하셔도 될 것 같아요. 지하에는 ....
         이/가 있대요. 아버지는 책 읽는 것을 좋아하시니까 1층에 있는
         .... 도 좋아하실 것 같고요. 취미로 찍은 사진들을 모아서
         얼마 전에는 .... 도 했대요.

아버지 : 그래? 한번 가 보면 좋겠다.

아들   : 네, 이번 토요일 오후에 저하고 같이 가 보시지요.

⑤ 친구와 같이 이야기해 봅시다 .

1) 여러분은 몇 살을 노인이라고 생각합니까? 표에 표시하고 왜 그렇게 생각
   하는지 말해 보세요.

50세	55세	60세	65세	70세	75세	80세

2) 여러분이 노후에 하고 싶은 일을 표시하세요.
   (   ) 양로원에서 산다.
   (   ) 자식들과 같이 산다.
   (   ) 부부가 함께 산다.
   (   ) 마음이 맞는 친구와 함께 산다.
   (   ) 부담되지 않는 내 일을 가진다.
   (   ) 자원 봉사를 한다.
   (   ) 여행을 즐긴다.
   (   ) 취미 생활을 한다.
   (   ) ....
   (   ) ....

3) 여러분이 생각하는 행복한 노후는 어떤 것입니까?

4) 애완동물에 대하여 말해 봅시다.

사람들이 기르는 애완동물	
자신이 길러 보았거나 기르고 싶은 애완동물	
그 애완동물의 장점	
그 애완동물의 단점	
기를 때 주의할 점	
애완동물과 의사소통하는 방법	

새 단어

单词

의학(醫學)	질병과 치료 등을 연구하는 학문	医学
향상(向上)	좋아짐, 높아짐	好转，提高
고령(高齡)	나이가 많음, 높은 나이	高龄
증가(增加)하다	수나 양이 많아지다	增加
핵가족(核家族)	부부와 그들의 결혼하지 않은 자녀로 이루어진 소가족	小家庭
돌보다	보살피다, 도와주다	照顾
홀로	외롭게 혼자서	独自
노후(老後)	늙은 뒤	老后
복지(福祉)		福利
교외(郊外)	들이나 논밭이 비교적 많은 도시의 주변	郊外
유료(有料)	요금을 내게 되어 있는 일	收费
양로원(養老院)	노인들을 보호하여 돌보아 주는 곳	养老院
들어서다	어떤 곳에 자리잡고 서다, 생기다	耸立，产生
고유(固有)	원래부터 지니고 있거나 그 일에만 특별히 있는 것	固有
미덕(美德)	아름다운 덕행	美德
경로사상(敬老思想)	노인을 공경하는 생각	敬老思想
강아지	개의 새끼	小狗
쓸쓸하다	외롭고 적적하다	孤寂
고작	가능한 전부, 많아야 (특별히 중요한 것이 아니라는 뜻을 나타낼 때 씀)	最多
품	두 팔을 벌려 안거나 안길 때의 가슴	怀抱
기르다	보살펴서 자라게 하다	养育
효과(效果)	보람 있는 결과	效果
충성심(忠誠心)	몸을 바쳐 받드는 마음	忠心，忠诚
공경(恭敬)하다	몸가짐을 공손히 하고 존경하다	恭敬
나아가다	앞으로 향해 가다	前进
인력(人力)	사람의 힘	人力
활용(活用)하다	능력이나 힘·물질을 잘 이용하다	活用
황혼기(黃昏期)	한창 때가 지나 종말에 이른 때	黄昏期
주위(周圍)	주변, 이웃	周围

위(爲)하다   소중히 여겨 돌보거나 받들다   爱护
중고차(中古車)   사용한 차   二手车
문의(問議)하다   물어보다   咨询
셔틀버스   小区内公共汽车
전시회(展示會)   展览会
의사소통(意思疏通) 생각이 서로 통함   沟通

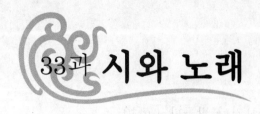

33과 시와 노래

(1) 저녁에

김 광 섭

저렇게 많은 별들 중에서
별 하나가 나를 내려다본다
이렇게 많은 사람 중에서
그 별 하나를 쳐다본다

밤이 깊을수록
별은 밝음 속에 사라지고,
나는 어둠 속에 사라진다

이렇게 정다운
너 하나 나 하나는
어디서 무엇이 되어
다시 만나랴

单 词

정답다

(2) 서시

윤 동 주

죽는 날까지 하늘을 우러러
한 점 부끄럼이 없기를
잎새에 이는 바람에도
나는 괴로워했다
별을 노래하는 마음으로
모든 죽어 가는 것을 사랑해야지
그리고 나한테 주어진 길을
걸어가야겠다

오늘 밤에도 별이 바람에 스치운다

| 서시 | 우러르다 | 일다 (바람이) |

(3) 아침 이슬

김 민 기

긴 밤 지새우고
풀잎마다 맺힌
진주보다 더 고운
아침 이슬처럼
내 맘의 설움이
알알이 맺힐 때
아침 동산에 올라
작은 미소를 배운다

태양은 묘지 위에 붉게 떠오르고
한낮의 찌는 더위는
나의 시련일지라

나 이제 가노라
저 거친 광야에
서러움 모두 버리고
나 이제 가노라

이슬	곱다	미소	찌다
지새우다	설움	태양	더위
맺히다	알알이	묘지	시련
진주	동산	떠오르다	광야

(4) 내 마음

김 동 명

내 마음은 호수요
그대 노 저어 오오
나는 그대의 흰 그림자를 안고
옥같이 그대 뱃전에 부서지리다

내 마음은 촛불이오
그대 저 문을 닫아 주오
나는 그대의 비단 옷자락에 떨며
고요히 최후의 한 방울도 남김 없이 타오리라

내 마음은 나그네요
그대 피리를 불어 주오
나는 달 아래 귀를 기울이며
호젓이 나의 밤을 새이오리다

내 마음은 낙엽이오
잠깐 그대의 뜰에 머무르게 하오
이제 바람이 일면 나는 또 나그네같이
외로이 그대를 떠나리다

호수	부서지다	최후	피리
젓다	촛불	방울	기울이다 (귀를)
그림자	비단	남김 없이	호젓이
옥	옷자락	타다	
뱃전	떨다	나그네	

第33课　诗与歌

傍晚

金光燮

在那么多星星中，
有一颗星俯瞰着我。
在这么多人中，
有一人仰视那一颗星。

夜越来越深，
星星消失在光明中，
我消失在黑暗中。

这么多情的
一个你一个我，
在何处变成什么样子
再次相见？

序诗

尹东柱

希望直到临死那一天，
仰望天空没有丝毫羞愧。
叶片上舞动的风儿，
也让我难过。
要以歌唱星星的情怀，
热爱正在死去的一切。
而且还要走，
命中注定我要走的路。

今天夜里星星从风中擦身而过。

晨露

金敏基

昨夜已过，
像每片草叶上凝结的
比珍珠还美的
晨露一样。
我心中的忧伤，
颗颗凝结时，
早晨登上小山，
学习浅浅的微笑。

火红的太阳升到了墓地上方，
大白天蒸笼一般的酷暑，
或许是对我的考验。

现在我要走了，
向那粗旷的旷野，
抛弃所有的悲伤，
现在我要走了。

我的心

金东鸣

我的心是湖水，
请你摇橹前来。
我抱着你白色的身影，
要像玉一样在你的船舷粉碎。

我的心是蜡烛，
请你关上那扇门。
我在你的绸缎衣襟颤抖，
要一滴不留地静静燃烧。

我的心是旅客，
请你为我吹起笛子。
我将在月下侧耳倾听，
孤单地度过我的夜。

我的心是落叶，
请让我在你的院子里停留。
风儿一起我又会像旅客一样，
孤单地离开你。

새 단어

단 词

정(情)답다	사이가 가깝고 다정하다　有情有意
서시(序詩)	긴 시의 머리말 구실을 하는 시　序诗
우러르다	얼굴을 위로 향하다　仰望
일다 (바람이)	위로 솟아오르거나 겉으로 부풀다　起 (风)
이슬	露水
지새우다	뜬눈으로 자지 않고 밤을 지내다　熬 (夜)
맺히다	어떤 모양(특히 방울 모양)이 이루어지다　凝结, 结
진주(眞珠, 珍珠)	珍珠
곱다	보기에 아름답다, 거칠지 않고 부드럽다　漂亮
설움	슬프게 느껴짐　悲伤
알알이	한알 한알마다　一粒粒
동산	마을 근처의 작은 산　低矮的山
미소(微笑)	소리 내지 않고 빙긋이 웃는 웃음　微笑
태양(太陽)	해　太阳
묘지(墓地)	무덤이 있는 땅　坟地
떠오르다	해나 달이 뜨다　升起
찌다	김을 쐬는 것처럼 몹시 더워지다　蒸
더위	더운 기운　炎热
시련(試鍊)	겪기 어려운 단련이나 일　考验
광야(曠野)	넓은 벌판　旷野
호수(湖水)	湖
젓다	搅, 摇
그림자	影子
옥(玉)	玉
뱃전	배의 양쪽 가　船舷
부서지다	깨어져 조각이 나다　粉粹
촛불	초의 불　蜡烛
비단(緋緞)	绸缎
옷자락	衣襟
떨다	抖
최후(最後)	맨 끝, 마지막　最后
방울	구슬처럼 둥글게 맺힌 액체의 덩어리　滴
남김 없이	모조리, 전부　一点不剩地
타다	불이 붙어 불길이 오르다　燃烧

나그네	집을 떠나 여행 중이거나 객지에 머무르고 있는 사람 路人, 旅人
피리	笛子
기울이다 (귀를)	정신을 가다듬어 잘 듣다 倾听
호젓이	고요하고 쓸쓸히 孤独地

34과 세대 차가 실감 나는구나

어머니 : 민수야, 좀 이른 감이 있기는 하지만, 이제 직장을 가졌으니
       결혼을 생각할 때가 된 것 같다. 너도 결혼에 대해서 생각해
       보았겠지?

민수   : 글쎄요. 아주 구체적으로는 생각해 보지 않았는데, 자기 일
       을 하면서 살림도 잘할 수 있는 사람과 결혼하면 좋겠어요.

어머니 : 그래? 난 네가 보수적이라서 집에서 살림을 잘하는 현모양
       처를 원할 줄 알았는데, 예상밖이로구나.

민수   : 아니에요. 저도 현모양처를 원해요.

单 词

세대 차	구체적	현모양처
실감(이) 나다	살림	
이르다	보수적	

어머니 : 얘, 그 말은 좀 이상하다. 어떻게 자기 일도 잘하면서 현모 양처가 될 수 있니? 지금이야 그렇게 생각할 수도 있겠지만 결혼하면 상황이 달라질 거야.

민수 　 : 그건 어머니 세대의 생각이에요, 어머니. 요즘 사람들 생각 이 얼마나 달라졌는데요. 이젠 알뜰하게 살림만 잘하는 것 이 현모양처가 아니라, 집안일은 그리 잘하지 못해도 경제 적인 능력이 있으면 현모양처 소리를 들을 수 있대요.

어머니 : 무슨 소리니? 요새 여자들이 사회생활을 한다고 하면서 가 정을 뒷전으로 하는 경우가 있다던데 그건 큰 잘못이야. 집 에서 남편 내조 잘하고 아이들 교육을 제대로 시키는 게 바 로 잘 사는 건데.

민수 　 : 요즘 여자들 중에 어머니같이 생각하는 사람이 몇이나 되겠 어요? 제가 아는 여자들만 해도 거의 결혼 후에도 자기 일 을 계속하기를 원하더라고요.

어머니 : 세상에. 같은 시대, 같은 곳에 살면서 생각이 이렇게 다르다 니. 말로만 듣던 세대 차가 정말 실감 나는구나.

| 세대 | ★ 집사람 | 불경기 | 되돌아보다 |
| 내조 | 세일 | 경영 | 연령층 |

第34课　切实感受到了代沟

妈妈：敏洙，虽然有点儿早，可既然你已经就业了，也该考虑结婚了。你也想过结婚的事吧？

敏洙：这个嘛，还没有很具体地想过。我想和有工作同时能照顾好家的人结婚。

妈妈：是吗？我还以为你很保守，会喜欢在家里照顾家的贤妻良母呢，出乎意料啊。

敏洙：不是，我也喜欢贤妻良母。

妈妈：孩子，这话有点儿奇怪，怎么能自己工作很好同时还是贤妻良母呢？现在当然可以这么想，可结婚以后情况就不一样了。

敏洙：这是妈妈您那一代的想法。妈妈，最近人们的想法发生了很大的变化，听说，现在只是精打细算过日子的不是贤妻良母了，就算家务活儿做得不太好，只要有经济能力就可以算是贤妻良母。

妈妈：这是什么话？听说最近有的女性借口社会生活把家庭放在脑后，这是个大错误，过得好就是在家里做丈夫的贤内助、好好教育孩子。

敏洙：最近有几个女人像妈妈那么想啊？光说我认识的女性，基本上都希望结婚后继续工作。

妈妈：哎哟，生活在同一个时代、同一个地方想法怎么这么不一样？以前只是听说过代沟，这次我是真的体会到了。

문법과 표현

① A-(으)ㄴ 감이 있다
意思是"有点儿……的感觉"。

좀 늦은 감이 있지만 더 늦기 전에 지금이라도 고맙다는 전화를 해야겠어요.
尽管感觉有点晚了，但在更晚之前，现在要打个电话说谢谢。

그 사람을 그렇게까지 야단치다니 지나친 감이 있지 않아요?
那样训斥那个人，你不觉得有点儿过分吗?

이른 감이 있기는 해도 지금 여행 계획을 세우는 편이 나을 텐데요.
虽然有点儿早，但现在制订旅行计划可能更好。

② N(이)야
表示强调。

하룻밤 새우는 것쯤이야 할 수 있지요.
熬一夜嘛还能行。

돈이야 벌면 되지만 건강은 잃으면 다시 찾을 수 없어요.
钱可以挣，要是失去了健康就再也找不回来了。

단어야 외우면 알 수 있지만 발음은 노력해도 고치기 힘들어요.
单词嘛背了就能知道，但发音再努力也很难改。

③ N만 해도
意思是"仅仅……还"。

어제만 해도 날씨가 좋았는데 오늘은 비가 오네요.
就在昨天天气还挺好呢，今天下雨了。

10년 전만 해도 자동차가 이렇게 많지 않았어요.
就在10年前汽车还没有这么多呢。

요즘은 취직하기가 어려워요. 내 친구들만 해도 반 정도밖에 직장을 못 얻었어요.
最近找工作很难，就说我的朋友也只有一半找到了工作。

④ A /V-더라고(요)
表示体验。

이 집 냉면 맛있어요? – 네, 지난번에 먹어 봤는데 맛있더라고요.
这家店的冷面好吃吗? —嗯，上次吃过，很好吃。

아이가 벌써 한글을 읽을 줄 알아요? – 네, 책을 보면서 혼자 읽더라고요.
孩子已经会读韩国语了吗? —对，看着书自己读。

그 영화배우가 결혼한 걸 어떻게 알았어? – 신문에 났더라고.
你怎么知道那个电影演员结婚了? —报纸上报道了。

연습

① 본문을 잘 읽고 대답하세요.

1) 민수는 어떤 여자와 결혼하고 싶어합니까?
2) 전통적인 '현모양처'란 어떤 사람입니까?
3) 어머니는 기혼 여성의 사회 활동에 대해 어떤 생각을 가지고 계십니까?
4) 어머니는 민수에게서 어떤 점에 대하여 세대 차를 느낍니까?

② 보기에서 알맞은 단어를 골라 _____ 에 넣으세요.

구체적	내조	보수적	살림	시대	실감

1) 저의 성공은 우리 집사람의 _____ 덕분입니다.
2) 나이가 들면 그렇지 않던 사람도 _____ 인 성격으로 변하는 것 같아요.
3) 세일 기간인데도 백화점에 손님이 이렇게 없는 걸 보니 정말 불경기라는 게 _____ 나네요.
4) 이 문제에 대해 더 _____ (으)로 알고 싶으시면 아래의 전화로 문의해 주시기 바랍니다.
5) 집안 _____ 하는 것도 이렇게 힘든데 나라 _____ 은/는 오죽하겠어요?
6) _____ 이/가 변하면 사람들의 생각도 바뀌는 게 당연한 거 아닌가요?

③ 보기에서 알맞은 문형을 골라 _____ 에 써넣으세요.

N(이)야	A/V-더라고(요)
N만 해도	A-(으)ㄴ 감이 있다

1) 지난주에 제주도에 갔다 왔는데 _____ .
2) 요즘 컴퓨터를 잘 아는 사람들은 직장을 얻기가 쉬워요. 제가 아는 친구들 _____ 거의 다 취직했어요.
3) 조금 _____ 지만 생일을 축하한다.
4) 우리가 노력 _____ 하겠지만, 결과가 어떻게 될지는 알 수 없습니다.

④ 민수와 아버지의 대화입니다. 잘 듣고 아버지의 의견과 같으면 '아', 민수의 의견과 같으면 '민'이라고 쓰세요.

1) 직장에서는 나이보다는 개인의 능력으로 승진하는 것이 옳다.　(　　)
2) 사장이 되려면 경영 능력만 가지고는 충분하지 않다.　　　　　(　　)
3) 그 회사에서 언제부터 일했느냐 하는 점은 별로 중요하지 않다. (　　)
4) 회사의 발전을 위하여 경력을 무시하면 안 된다.　　　　　　　(　　)

⑤ 친구와 같이 이야기해 보세요.

1) 여러분의 초등학교 때를 되돌아보세요. 지금 초등학생의 생활은 그때의 생활과 어떻게 달라졌습니까?

	내 초등학생 때의 생활	지금 초등학생의 생활
여가 시간에 하는 일		
용돈을 쓰는 곳		
인기 있는 직업		
좋아하는 음식		
받고 싶은 선물		
자주 하는 놀이		

2) 원래 '세대'란 약 30년을 한 단위로 하는 연령층을 말합니다. '세대'와 관련하여 '세대 차'란 말이 있는데, 요즘은 나이 차가 3년밖에 안 나는 사람에게서도 세대 차를 느끼는 경우가 있다고 합니다. 여러분이 언제 세대 차를 느꼈는지 각자의 경험에 대해서 이야기해 봅시다.

새 단어

单词

세대 차(世代差)	세대들 사이에 있는 감정과 생각의 차이 代沟
실감(實感)(이) 나다	실제로 체험하는 듯한 느낌이 생기다 实际体会
이르다	시간적으로 빠르다 早
구체적(具體的)	실제로 뚜렷한 모양을 가지고 있음 具体的
살림	한 집안을 이루어 살아가는 일 过日子
보수적(保守的)	오랜 습관이나 제도를 그대로 지킴 保守的
현모양처(賢母良妻)	자식에게는 어진 어머니이고 남편에게는 착한 아내 贤妻良母
세대(世代)	30년을 한 단위로 하는 연령층, 같은 시대에 살면서 공통의 의식을 가지는 비슷한 연령층의 사람 전체 代
내조(內助)	내부에서 도움, 아내가 집안에서 남편을 돕는 일 内助
집사람	아내 内人, 妻子
세일	싼 값으로 팔기 打折销售
불경기(不景氣)	물건의 거래가 활발하지 않은 상태 不景气
경영(經營)	经营
되돌아보다	지나간 일을 다시 생각하다 回顾
연령층(年齡層)	같은 나이 또는 비슷한 나이의 사람들 年龄层

35과 유럽에 배낭여행 갔다 왔다면서?

　여행은 우리의 삶을 풍요롭게 해 준다. 여행은 우리에게 짧은 시간에 다양한 경험을 할 수 있게 해 준다. 다람쥐 쳇바퀴 돌 듯 틀에 박힌 생활에서 벗어나 평소에 경험할 수 없던 일들을 여행을 통해 경험하게 된다. 그뿐만 아니라 가까운 곳이나 먼 곳 어디를 가도 여러 가지 삶의 모습에서 비슷한 점들을 발견하게 되는 경우도 있다. 다시 말하면 여행을 하는 동안 다른 사람들에게서 우리 자신과의 공통점과 차이점을 발견하게 되며 이를 통하여 자기 자신을 되돌아볼 수 있게 된다. 이렇듯 여행은 우리의 삶을 여간 윤택하게 하는 것이 아니다. 다른 나라로 여행을 떠나거나 외국에서 생활을 해 보면 어떨까?

単 词			
풍요롭다	박히다 (틀에)	평소	윤택하다
쳇바퀴	벗어나다	여간	

영미 : 경수야, 지난번에 유럽에 배낭여행 갔다 왔다면서?

경수 : 응. 한 달쯤 유럽의 다섯 나라를 돌아다녔지.

영미 : 그래, 오랜 전통을 가진 나라들을 돌아본 소감이 어때?

경수 : 긴 역사와 전통에 어울리는 많은 물질적, 정신적 유산들을 접
해 볼 수 있는 기회였어.

영미 : 뭐 재미있는 일은 없었어?

경수 : 없기는. 여러 나라에서 온 사람들과 얼마나 재미있었는데. 밤
새 얘기도 하고, 서로 음식도 나누어 먹고.

영미 : 너 의사소통엔 지장 없었어?

경수 : 내가 그렇게 외국어에 능통하지는 않지만, 아무튼 말은 통했어.

영미 : 그런데 그쪽 대학생들은 고등학교만 졸업하면 부모로부터 완
전히 독립한다던데, 정말 그래?

경수 : 나도 놀랐는데 학비는 물론이고 생활비까지 번대. 그래서 방
학 때는 한 주에 50시간이나 일한 적도 있다던데.

영미 : 우리의 아르바이트는 용돈이나 버는 정도인데 거기 학생들은
대단하구나.

경수 : 그렇지? 거기 학생들 얘기를 듣고 느낀 점이 많았어. 정말 열
심히 살더라.

소감	능통하다	꽤	수학여행	도보
물질적	통하다	물려주다	신혼여행	민박
유산		동해	무전여행	여관
접하다	★ 반복하다	목적지	패키지	여행지
지장	전공	수단	휴양	

第35课　听说你背着背包去欧洲旅行了？

　　旅行使我们的生活更加丰富多彩，旅行让我们在很短的时间内有多种体验，通过旅行，(我们)可以摆脱像松鼠转筛子圈一样重复的生活，体验平时无法经历的东西。不但如此，无论去近的地方还是远的地方，有时候我们可以从几种生活情景中发现相似之处，换言之，在旅行期间我们可以从别人身上发现与自身相同或不同之处，通过它反思自身。这样，旅行使我们的生活更加丰富多彩。尝试去外国旅行或者在外国生活怎么样？

永美：庆秀，听说你上次背着背包去欧洲旅行了？

庆秀：嗯，在欧洲五个国家转悠了一个月左右。

永美：是吗？看过那些有着悠久传统的国家之后，有什么感想？

庆秀：是一个直接体验符合其悠久历史和传统的众多物质、精神遗产的机会。

永美：没发生什么有意思的事吗？

庆秀：怎么能没有呢？和来自好几个国家的人过得可有意思了，整夜聊天儿，互相分食物吃。

永美：你在沟通方面没有障碍吗？

庆秀：我虽然不太精通外语，但语言还算通。

永美：听说那里的大学生只要高中毕业就完全从父母身边独立了，真的是这样吗？

庆秀：我也吃了一惊，学费就不必说了，听说他们连生活费都要去挣，所以放假的时候曾经一个星期工作过50个小时。

永美：我们打工不过是挣点儿零花钱，那里的学生真了不起。

庆秀：是吧？听那里的学生聊聊有很多感想，(他们)真的是在很努力地生活。

문법과 표현

① 다람쥐 쳇바퀴 돌 듯(이)

惯用语, 意思是 "像松鼠转筛子圈一样", 引申为反复同样的动作、枯燥乏味。

현대인은 다람쥐 쳇바퀴 돌 듯 날마다 같은 생활을 반복하죠.

现代人像松鼠转筛子圈一样, 天天重复着一样的生活。

저는 요즘 다람쥐 쳇바퀴 돌 듯 학교에서 집으로 왔다 갔다 하고 있어요.

我最近像松鼠转筛子圈一样, 在学校和家之间来来回回。

이제는 다람쥐 쳇바퀴 돌 듯 틀에 박힌 생활에서 벗어나고 싶어요.

现在想摆脱像松鼠转筛子圈一样枯燥的生活。

＊ 다람쥐 쳇바퀴 돌 듯 하는 일상생활에서 벗어나 멀리 여행을 떠나고 싶어요.

＊ 想摆脱像松鼠转筛子圈一样的日常生活, 去远方旅行。

② 여간 A-(으)ㄴ N이/가 아니다

意思是 "不是一般的⋯⋯"。

여러 사람들이 같이 생활하는 것은 여간 어려운 일이 아니에요.

很多人一起生活不是一般的难事。

김 선생님은 여간 훌륭한 분이 아닙니다.

金先生不是一般的杰出人士。

거기서 저를 안내한 분은 여간 친절한 분이 아니었어요.

在那里给我做向导的那个人不是一般地热情。

여간 A/V-지 않다
意思是 "不是一般地⋯⋯"。

그 시험이 여간 어렵지 않았습니다.

那次考试不是一般地难。

처음 한국에 왔을 때 의사소통하는 것이 여간 힘들지 않았어요.

刚来韩国的时候, 语言沟通不是一般地难。

그 사람은 한국에 온 지 얼마 되지 않는데 한국말을 여간 잘하지 않아요.

那个人来韩国没多长时间, 但是韩国语说得不是一般地好。

③ A /V–기는(요)

意思是"……什么啊", 表示否定。

영화 재미있었니? – 재미있기는. 너무 재미없어서 보다가 잤어.

电影有意思吗? —有什么意思啊, 太没意思了, 看着看着睡着了。

내일은 날씨가 좋겠지요? – 좋기는요. 비가 많이 올 거라고 하던데요.

明天天气好吧? —好什么呀, 听说要下大雨呢。

N은/는(요)

意思是"什么……啊", 表示否定。

이거 새 옷이지요? – 새 옷은요. 언니가 입던 건데.

这是新衣服吧? —什么新衣服啊, 是姐姐穿过的衣服。

피아노가 전공이에요? – 전공은요. 취미로 하는 거예요.

专业是钢琴吧? —哪是专业啊, 是业余爱好。

④ N에 지장이 있다[없다, 많다]

意思是"对……有 [无、很多] 影响"。

학교생활에 지장이 없는 취미 활동을 하고 싶어요.

想有一个不影响学校生活的业余爱好。

공부에 지장이 많으면 그만두겠어요.

如果对学习影响大, 就放弃。

V–는 데(에) 지장이 있다[없다, 많다]

意思是"对……有 [无、很多] 影响"。

학교 근처에서 건물을 짓고 있어서 소음 때문에 수업하는 데 지장이 있다.

学校附近在建房子, 噪音给上课造成影响。

컴퓨터가 고장 나면 일하는 데 지장이 많다.

如果电脑出了问题, 对工作会有很大影响。

⑤ N에 능통하다
意思是"精通……"。

그분은 외국어에 능통하기 때문에 쉽게 취직이 됐어요.

他精通外语，所以很容易就找到了工作。

모든 분야에 능통하기는 참 어려운 일이지요.

精通所有的领域确实是一件很难的事。

요즘은 컴퓨터에 능통한 사람이 꽤 있는 것 같아요.

最近精通电脑的人相当多。

연습

① 본문을 잘 읽고 대답하세요.

1) 변화가 없는 생활을 우리는 어떻게 표현합니까?
2) 여행은 우리 인간에게 어떤 일을 해 줍니까?
3) 경수는 어디로 여행을 갔다 왔습니까?
4) 그 여행은 경수에게 어떤 기회였습니까?
5) 경수가 만난 친구들과 경수의 생활은 어떤 점이 비슷하고 어떤 점이 다릅니까?

② 문장을 완성하세요.

1) 보기에서 알맞은 단어를 골라 .... 에 넣으세요.

> 공통점   소감   유산   의사소통   전통   차이점

① 외국 여행 중에 가장 큰 문제는 역시 .... 문제라고 생각해요.
② 각 나라의 생활 습관은 여러 가지 점에서 .... 와/과 .... 이/가 있지요.
③ 그 책을 읽고 느낀 .... 을/를 말해 보세요.
④ 그 나라에서 옛날부터 내려오는 .... 을/를 지키는 것은 어려운 일이에요.
⑤ 그 사람은 아버지가 돌아가실 때 물려주신 .... 이/가 굉장한가 봐요.

2) 보기에서 알맞은 단어를 골라 .... 에 맞게 고쳐 쓰세요.

> 능통하다   독립하다   접하다   틀에 박히다   풍요롭다

① 그 사람은 7개 국어에 .... 사람이에요.
② 그 사람은 경제적으로 모자람 없이 .... 생활을 하고 있어요.
③ 세계를 여행하면서 여러 나라의 문화를 .... 수 있어서 좋았어요.
④ 저는 언제나 똑같이 .... 생각을 하는 사람이 싫어요.
⑤ 취직을 하면 경제적으로 .... 수 있겠지요.

3 올가와 민석이가 여행에 관해 이야기하고 있습니다. 잘 듣고 대답하세요.

1) 끝에서 민석이는 무엇이라고 대답했을까요?
  ① 비행기 표 예약은 전화로 하는 것이 좋아.
  ② 내 친구가 얼마 전에 동해로 여행을 다녀왔거든.
  ③ 그 정도면 됐고 이제 네가 뭘 하고 싶은지 계획을 세워 봐.

2) 올가는 수첩에 여행 계획을 썼습니다.

> 목적지 : ....
> 여행 기간 : ....
> 교통수단 : ....

4 친구와 같이 이야기해 봅시다.

1) 지금까지 갔던 여행 중에서 가장 기억에 남는 여행은 어떤 여행이었습니까? 가장 재미있었던 일, 가장 좋았던 일, 가장 불편했던 일, 가장 힘들었던 일 등 특별한 경험을 이야기해 보세요.
  ① 어디로 갔습니까?
  ② 누구와 갔습니까?
  ③ 왜 기억에 남는 여행입니까?

2) 이번 방학에 갈 수 있는 여행에 대하여 말해 보고 그 계획을 한번 세워 보세요.

여행의 종류	국내 여행, 국외 여행, 수학여행, 졸업 여행, 신혼여행, 무전여행, 배낭여행, 패키지 여행
여행의 목적	관광, 휴양
교통수단	비행기, 배, 버스, 차, 자전거, 도보
여행 경비	
숙 박	민박, 여관, 호텔, 텐트
기 간	
준비물	

3) 친구들이 여러분 나라에 여행을 간다면 어디가 좋을까요? 좋은 여행지를 소개해 보세요.

장 소	
가는 방법	
볼 만한 것	
먹을 만한 음식	

새 단어

풍요(豊饒)롭다	매우 넉넉하다　富饶
쳇바퀴	筛子圈
박히다 (틀에)	고정되다　被固定
벗어나다	부자유나 어려운 환경 등에서 나오다　摆脱
평소(平素)	보통 때　平时
여간(如干) (-지 않다)	보통으로　一般
윤택(潤澤)하다	물건이 풍부하다　富裕
소감(所感)	느낀 생각　感想
물질적(物質的)	정신보다 물질을 더 중요하게 생각하는 것　物质的
유산(遺産)	죽은 사람이 남겨 놓은 재산　遗产
접(接)하다	만나다　接触
지장(支障)	일하는 데 방해가 되는 것　障碍
능통(能通)하다	어떤 일에 잘 통하다　精通
통(通)하다	말을 주고받아 서로의 뜻을 알다　相通
반복(反復)하다	같은 말이나 행동을 자꾸 하다　反复
전공(專攻)	전문적으로 연구하는 분야　专业
꽤	상당히　相当地
물려주다	(재물이나 지위를) 자손이나 남에게 전하여 주다　传给
동해(東海)	东海
목적지(目的地)	목표로 삼는 곳　目的地
수단(手段)	방법　手段
수학여행(修學旅行)	修学旅行
신혼여행(新婚旅行)	결혼식을 마치고 신혼부부가 함께 가는 여행　蜜月旅行
무전여행(無錢旅行)	여행에 드는 비용을 가지지 않고 길을 떠나 얻어 먹으면서 다니는 여행　无钱旅行
패키지	打包商品
휴양(休養)	피로를 풀거나 병을 치료하면서 편히 쉬는 것　休养
도보(徒步)	걸어감　徒步
민박(民泊)	민가에 숙박하는 일　住在普通人家中
여관(旅館)	旅馆
여행지(旅行地)	여행 가는 곳　旅行地区

찾아보기

올림말의 오른쪽 ★는 그 단어가 본문의 단어가 아니고 보충 단어임을 나타내고,
숫자 30은 30과를 나타냄.

词条右边的★表示此单词不是课文中出现的单词, 而是补充单词。数字30表示第30课。

1과　인류의 미래에 대해 생각해 본 적이 있어요?

5

동생 : 형, 미래에는 어떤 일이 일어날까? 그때도 학교에 다니고 시험도 보고 할까?

형 　: 왜 그런 쓸데없는 생각하고 있어? 다음 주에 시험 보니까 공부하기 싫어서 그러지?

동생 : 아냐. 앞으로 20년쯤 뒤엔 지금하고 너무 달라질 것 같아서 그래. S.F. 영화에 나오는 게 다 현실이 되지 않을까?

형 　: 하긴 그래. 컴퓨터 기술이 발전해서 집 안에서 모든 일을 다 할 수 있게 될 거야.

동생 : 그땐 아이도 엄마가 낳는 게 아니라 공장에서 만들어 내게 되는 거 아냐?

형 　: 그건 너무 심하다, 야. 하지만 사람은 몰라도 로봇은 실용화될지도 몰라.

동생 : 아마 그땐 지금 청소기나 세탁기를 사듯이 청소하는 로봇, 빨래하는 로봇, 잔디 깎는 로봇이 집집마다 있게 될걸. 그런데 대신 공부해 주고 시험 봐 주는 로봇은 없을까?

엄마 : 애들아, 너희들 그런 쓸데없는 소리하지 말고 ┄┄┄┄┄┄┄┄┄┄┄┄┄┄┄┄┄┄┄┄.

第1课 考虑过人类的未来吗？

5

弟弟 : 哥，未来会发生什么事？那时候也上学、考试吗？

哥哥 : 为什么想这些没用的东西？因为下周要考试，不愿意学习了是吧？

弟弟 : 不是，是因为将来20年后和现在可能大不一样，科幻电影里出现的场面会不会成为现实呢？

哥哥 : 这倒也是，电脑技术发展了，也许所有的活儿都能在家里干了。

弟弟 : 那时候会不会不是由妈妈生孩子，而是工厂里造出孩子来？

哥哥 : 这就太过分了，不过不知道人类会怎么样，但机器人可能会得到实际应用。

弟弟 : 大概那时候像现在买吸尘器、洗衣机一样，家家都有打扫卫生的机器人、洗衣服的机器人、修整草坪的机器人，会不会有替人学习、考试的机器人呢？

妈妈 : 孩子们，别说这种毫无用处的废话了。

2과　단군이 조선을 세웠어요

5

　신화는 신의 이야기를 빌려 인간의 이야기를 하고 있습니다. 세계의 많은 나라들은 신화를 가지고 있습니다. 그 이야기는 하나하나마다 다 다르지만 대부분의 신화들이 신의 이야기 속에서 인간의 생활을 이야기하고 있다는 점에서는 같습니다.

第2课 檀君建立了朝鲜

5

　神话借神的故事讲述人类的故事，世界上很多国家都有神话，这些故事虽然各不相同，但大部分神话都有一个共同之处，那就是在神的故事中讲述人的生活。

단군 신화는 한국에 나라를 세웠다는 단군의 이야기입니다. 단군 신화를 보면 굴 속에 사는 곰과 호랑이의 이야기가 나옵니다. 그 이야기를 통해 사람들이 굴 속에서 생활했다는 사실과 곰과 호랑이를 믿던 사람들이 더 발전된 문화를 가진 사람들을 만나 새로운 생활을 시작하게 됐다는 사실을 추측해 볼 수 있습니다. 한국에는 이 외에도 많은 신화들이 있는데 대부분 나라를 새로 세운 것과 관계가 많습니다.

檀君神话讲述了在韩国建立国家的檀君的故事。檀君神话中讲到了在山洞里生活的熊和老虎的故事。通过这个故事，我们可以推测出人类曾在洞里生活的事实以及信仰熊和老虎的人遇到文化更发达的人开始新生活的事实。在韩国，除此之外还有很多神话，其大多数与建国有关。

3과　우물 안의 개구리가 될 거예요

❸

경찰　 : 네, 관악경찰서 김준식 순경입니다.

이정숙 : 저, 우리 애가 없어졌어요.

경찰　 : 네? 자세히 말씀해 보십시오. 아, 우선 주소하고 성함부터 말씀해 주십시오.

이정숙 : 네, 신림 9동 서울아파트 101동 1202호, 이정숙이에요. 우리 애는 김은아고요. 오늘 아침에 학교 가는 길에 없어졌나 봐요.

경찰　 : 학교나 친구들 집에 다 연락해 보셨습니까?

이정숙 : 그럼요. 학교에 간 줄 알고 있었는데 선생님한테 전화가 왔어요. 은아가 어디 아프냐고요. 그래서 알게 된 거예요.

경찰　 : 네, 따님에 대해 자세히 설명해 주십시오. 나이, 키, 아침에 입고 나간 옷, 이런 거 말이에요.

이정숙 : 나이는 9살이고 키는 125cm 정도 돼요. 빨간 스웨터에 까만색 치마를 입었고요. 까만 구두를 신고 갔어요. 머리는 양쪽으로 묶었고요.

경찰　 : 혹시 생각나는 데 없으세요? 예를 들어 은아를 유괴해 갈 정도로 누군가에

第3课　会成为井底之蛙的

❸

警　察 : 喂，我是冠岳区警察署的巡警金君植。

李贞淑 : 嗯，我的孩子不见了。

警　察 : 什么? 请说得详细一点儿，首先请您告诉我您的地址和姓名。

李贞淑 : 好，我是新林9洞首尔公寓101号楼1202号的李贞淑。我的孩子叫金恩雅，今天早晨可能是在上学的路上不见了。

警　察 : 跟学校和她朋友的家里都联系过了吗?

李贞淑 : 当然了，本来以为她去了学校，可老师来电话问恩雅哪里不舒服，我这才知道的。

警　察 : 噢，请详细描述一下您的女儿，比如年龄、身高、早晨出去的时候穿的衣服等等。

李贞淑 : 年龄是9岁，身高125公分左右，出去的时候穿着红色的毛衣、黑色的裙子，还有黑色的皮鞋，头上扎着两个小辫儿。

警　察 : 有什么能想起来的东西吗? 比如说是不是做了对不起谁的事，以致于让他拐骗恩雅的?

게 잘못한 적은 없나 하는 말이에요.

이정숙 : 유괴라고요? 우린 다른 사람에게 나쁜
　　　　 짓을 한 적이 없어요. 그애는 누가 가
　　　　 자고 해도 잘 따라가는 애도 아니에요.

경찰　 : 알았습니다. 찾아보고 다시 연락 드리
　　　　 겠습니다. 만일 24시간 안에 못 찾으면
　　　　 경찰서에 와서 실종 신고서를 써 주셔
　　　　 야 합니다.

이정숙 : 못 찾으면 어떻게 하지요?

경찰　 : 곧 찾을 수 있을 거예요. 혹시 연락 오
　　　　 면 경찰서로 바로 전화해 주십시오.

4과　비 올 확률이 높지 않아요

5

남편 : 여보, 나 회사 그만둬야겠어.

아내 : 왜요? 회사에서 무슨 일이 있었어요?

남편 : 나이가 들수록 젊은 친구들 머리는 못 따
　　　 라가고 승진은 빨리빨리 안 되고. 10년
　　　 째 과장 자리에 앉아 있으니 더 이상은
　　　 회사 다니기도 괴로워.

아내 : 그렇다고 나오면 어떡해요? 벌어 놓은
　　　 재산이라고는 이 집 한 채밖에 없는데.
　　　 갈수록 애들 교육비는 늘어나고…….

남편 : 이 집 팔아서 작은 사업을 해 보면 어떨
　　　 까? 내 친구 용식이 알지? 걔는 회사 그
　　　 만두고 집 판 돈으로 사업을 하나 시작했
　　　 는데 아주 잘 된대. 집도 사고, 차도 큰
　　　 차로 바꿨던데. 괜찮은 모양이야.

아내 : 무슨 소리예요? 그게 아무나 되는 게 아
　　　 니에요. 요즘 같은 불경기에는 사업이고
　　　 뭐고 안될 확률이 더 높아요. 만약에 이
　　　 집마저 없어지면 어떡해요?

남편 : 그래도 더 늦기 전에 그만두는 게 나을 것
　　　 같아.

李贞淑：拐骗？我们从来没有对别人做过坏事，
　　　　那孩子也不是谁说走就轻易跟着走的孩
　　　　子。

警　察：知道了，我们先找找看，然后再跟您联系。
　　　　如果24小时内找不到，您就必须到警察
　　　　署来填写失踪申报表了。

李贞淑：如果找不到怎么办？

警　察：很快就会找到的，如果有消息请立即给警
　　　　察署打电话。

第4课　下雨的概率不大

5

丈夫：老婆，我要从公司辞职。

妻子：为什么？公司里发生什么事了吗？

丈夫：年龄越大，头脑越跟不上年轻人，晋升也
　　　不快。在课长的位置上待了快10年了，再
　　　去公司上班觉得很难受。

妻子：因为这个就辞职可怎么行呢？挣下的财产
　　　不过就这一套房子，孩子的教育费用越来
　　　越高……

丈夫：把这个房子卖了开个小公司怎么样？知道我
　　　的朋友勇植吧？他从公司辞职以后，卖掉房
　　　子，用那些钱开了一个小公司，听说很不错，
　　　又买了房子，还换了大车，看起来很好。

妻子：这是什么话？那是什么人都能干的吗？最近
　　　经济不景气，开公司什么的经营不善的概率
　　　更高了，如果连这个房子也没了可怎么办？

丈夫：即便如此，我觉得还是趁早辞职出来更好。

아내 : 좀 더 신중히 생각해 봐요. 무슨 일을 하면 성공할 확률이 높을지 말이에요.

妻子：再慎重地考虑一下吧，想一想做什么成功的概率更高。

5과 환경 문제에 관심이 많아요

4

지연　 : 미치코 씨, 한국 요리에 대해 참 잘 아시나 봐요.

미치코 : 한국어를 배우다가 한국 요리에 대해서도 관심을 갖게 됐어요.

지연　 : 한국 요리의 특징이 뭐라고 생각하세요?

미치코 : 양념이라고 생각해요. 한국 음식처럼 여러 가지 양념이 들어가는 음식도 없을 거예요. 제 친구들도 한국 음식을 한 번 먹어 보고는 모두 아주 맛있다고 하던데요.

지연　 : 김치도 해 보셨어요?

미치코 : 네, 한국 친구 집에 가서 배우면서 직접 만들어 봤어요. 요즘은 김치를 사 먹는 사람들이 많다고 하던데 지연 씨 집에서도 김치를 사 드세요?

지연　 : 제 남편은 집에서 직접 담근 김치만 좋아해서 김치를 하지 않으면 안 돼요. 김치만 있으면 밥 한 그릇을 금방 다 먹을 만큼 좋아하거든요.

미치코 : 아, 그렇군요. 저, 이건 제가 만든 과잔데, 집에 가지고 가서 남편하고 같이 드세요.

지연　 : 뭘 이렇게 많이 주세요. 남편하고 같이 먹고도 남겠는걸요.

第5课 很关心环境问题

4

志　燕：美智子，你好像对韩国料理很了解啊。

美智子：学着学着韩国语，对韩国料理也产生了兴趣。

志　燕：你觉得韩国料理的特点是什么？

美智子：我觉得是调料，没有任何一种菜像韩国菜这样用好几种调料，我的朋友们尝过韩国菜后都说很好吃。

志　燕：你也腌过泡菜吗？

美智子：嗯，去韩国朋友家里学着亲手腌过，听说最近很多人买泡菜吃，志燕你家里也买泡菜吃吗？

志　燕：我丈夫只喜欢吃家里自己腌的泡菜，所以我不得不腌。他很喜欢泡菜，只要有泡菜，就可以很快吃下一碗饭去。

美智子：原来如此。噢，这是我做的糕点，带回家和丈夫一起尝尝吧。

志　燕：干嘛给这么多，和丈夫一起吃也吃不了啊。

7과 선봤다는 소문을 들었어

5

다나카 : 미영아, 준석이가 결혼한다면서?

미영　 : 그래? 난 전혀 못 들었는데. 준석이가

第7课 听说你相亲了

5

田中：美英，听说俊石要结婚？

美英：是吗？我一点儿也没听说。俊石结婚？不

결혼한다니 설마 거짓말이겠지.

다나카 : 아니야, 믿을 만한 소식통에 의하면 다음 달에 행복예식장에서 한대.

미영 : 1) ＿＿＿＿＿＿＿＿＿＿＿＿＿.

다나카 : 어제 우연히 준석이 동생을 만났는데 걔가 그러더라.

미영 : 세상에, 언제는 지연이를 못 만나면 하루도 못 살겠다고 하더니, 지연이와 헤어진 지 얼마나 됐다고 벌써 결혼을 한대?

다나카 : 더 놀랄 일은 신붓감을 중매로 만난 데다가 만난 지 한 달 만에 결혼한다는 거야.

미영 : 2) ＿＿＿＿＿＿＿＿＿＿＿＿＿.

다나카 : 그건 여자도 마찬가지 아니니?

会是谣言吧?

田中：不是，据可靠的消息灵通人士说下个月在幸福礼堂结婚。

美英：1) ＿＿＿＿＿＿＿＿＿＿＿＿＿。

田中：昨天偶然遇到了俊石的弟弟，他说的。

美英：天哪，以前还说见不到志燕就一天也活不下去呢，这才和志燕分手多长时间就要结婚了。

田中：更让人吃惊的是准新娘是通过介绍认识的，而且认识一个月后就决定结婚的。

美英：2) ＿＿＿＿＿＿＿＿＿＿＿＿＿。

田中：这一点女性不也一样吗?

8과 한국말을 잘한다면서 칭찬해요

❹

가 : 안녕하세요, 김 선생님. 일찍 오셨네요.

나 : 네, 안녕하세요?

가 : 그런데 손에 있는 그 볼펜은 뭐예요?

나 : 오늘 참 기가 막히는 일이 있었어요.

가 : 무슨 일인데요?

나 : 아침에 학교에 오는데 지하철역에서 어떤 젊은 여자 둘이 몇 가지 묻겠다면서 오더라고요.

가 : 그래서요?

나 : 그리고는 나를 위 아래로 보더니 종이 위에 직업은 '주부', 학력은 '고등학교 졸업'에 표시를 하는 거예요.

가 : 선생님께 물어보지도 않고요?

나 : 네. 그리고는 요즈음 문제가 되고 있는 서울공원에 대해서 들어 본 적이 있느냐면서 그걸 계속 짓는 것이 좋은지, 그만두는 것이 좋은지 이야기해 달라고 했어요.

第8课 夸奖我韩国语说得好

❹

甲：您好，金老师。来得很早啊?

乙：嗯，您好?

甲：可是您手里为什么拿着支圆珠笔?

乙：今天发生了一件让人哭笑不得的事。

甲：什么事?

乙：早晨来学校的时候，在地铁里有两个年轻女孩儿说要问些什么就过来了。

甲：然后呢?

乙：然后上上下下打量了我一番，在纸上写下了"职业：家庭主妇"、"学历：高中毕业"。

甲：也没问问您啊?

乙：是啊，然后问我听没听说过最近成为话题的首尔公园，让我说说是应该继续建，还是该停建。

가 : 그래서 뭐라고 하셨어요?

나 : 그래서 공원을 짓는 것이 좋겠다고 했더니
종이 위에 또 표시를 하더군요. 그러고 나
서 수고했다면서 이 볼펜을 주더라고요.

가 : 정말 기분이 나쁘셨겠군요.

나 : 그런 걸 조사할 때는 직업이 뭐냐든지, 학
교는 어디를 졸업했냐든지 하는 걸 물어봐
야 하는 거 아니에요?

가 : 그렇죠. 이제 보니 그런 조사도 믿을 만한
게 못 되는군요.

9과 친한 친구도 가족처럼 생각해요

❹

지연 : 준석아, 너는 여자가 담배 피우는 것에
대해서 어떻게 생각하니?

준석 : 글쎄, 요즈음은 여자들도 많이 피우지?

지연 : 어제 철수를 만나서 이야기하다가 내가
담배를 피웠거든. 그랬더니 철수가 나를
아주 이상한 여자로 여기는 거야.

준석 : 철수는 네가 담배 피우는 걸 몰랐나 보구나.

지연 : 그러면서 자기는 술은 괜찮지만 여자가
담배 피우는 건 안 된다고 생각한대.

준석 : 내 생각엔 여자, 남자의 차이가 아니라 담
배는 그냥 몸에 안 좋으니까 피우지 않았
으면 좋겠어.

지연 : 너처럼 그런 이유는 괜찮지만, 철수처럼
여자니까 안 된다는 사고방식은 버려야 해.

준석 : 그런데 지연아, 너는 왜 담배를 피우니?

지연 : 답답하거나 머리가 복잡할 때 피우면 마음
이 편안해져서 피우기 시작했는데 이제는
습관이 돼 버렸어.

준석 : 너도 몸에 안 좋은 담배를 피우기보다는 운
동 같은 다른 방법을 찾아보는 게 좋을 거야.

甲：您说什么了?

乙：我说希望建公园，她们就在纸上做了标志，
然后说辛苦了就给了我这支圆珠笔。

甲：您一定很生气吧。

乙：做这些调查的时候，不应该问问对方职业是
什么、从哪个学校毕业的吗?

甲：就是，由此来看调查也不可信。

第9课 把好朋友当成一家人

❹

志燕：俊石，你对女性吸烟怎么看?

俊石：这个嘛，最近很多女性吸烟，是吧?

志燕：昨天见到了哲洙，聊着聊我抽起烟来了,哲
洙就把我当成了很奇怪的女人。

俊石：哲洙可能不知道你抽烟。

志燕：他还说自己认为女人可以喝酒，但是不能
抽烟。

俊石：我觉得这不是男女之间的差别，香烟对身体
不好，所以最好不抽。

志燕：像你说的这种理由还可以，但像哲洙那样因
为是女人所以就不行的思考方式该改改了。

俊石：志燕，你为什么抽烟?

志燕：心里憋闷或脑子很乱的时候抽烟，可以让
心情放松，所以开始抽，现在成了习惯。

俊石：与其抽对身体有害的香烟，你不如尝试运
动等其他方法。

지연 : 잘 될지는 모르겠지만 노력해 볼게.

1) 철수는 여자가 담배 피우는 것을 어떻게 생각
  합니까?
  ① 다른 여자는 괜찮지만 지연이는 안 된다.
  ② 여자는 담배를 피우면 안 된다.
  ③ 술은 안 되지만 담배를 피우는 것은 괜찮다.

2) 지연이는 왜 담배를 피우기 시작했습니까?
  ① 마음이 편안해져서
  ② 너무 뚱뚱해서
  ③ 멋있어 보여서

3) 맞으면 ○, 틀리면 × 하세요.
  ① 철수는 지연이가 담배를 피우는 줄 알고
    있었다.
  ② 지연이도 담배가 몸에 안 좋다고 생각한다.

10과 백성들의 도움으로 살아나곤 했대요

❹

여 환자 : 안녕하세요, 선생님.
의사   : 네, 안녕하세요? 어떻게 오셨어요?
여 환자 : 저는 6개월 전에 남편이 죽었는데, 그
       후로 사는 것도 싫고 눈물만 나와요.
의사   : 네.
여 환자 : 먹는 것도 싫고 이번 달에 들어와서는
       잠도 잘 못 자겠어요. 자다가도 자꾸
       깨고, 특히 비 오는 날이면 더 힘들곤
       해요.
의사   : 지금 혼자 사십니까?
여 환자 : 애들 아버지 죽고는 딸들이 와 있었
       는데 이제 모두 돌아갔어요.
의사   : 보통 그런 일을 당한 경우에는 대부
       분 적응하는 데 시간이 걸리고 힘들

志燕：不知道成不成，我努力试试吧。

1) 哲洙对女性吸烟怎么看?
  ① 其他女人可以，志燕不行。
  ② 女性不能吸烟。
  ③ 喝酒不行，但可以吸烟。

2) 志燕为什么开始吸烟?
  ① 心情变得放松。
  ② 太胖。
  ③ 看起来很酷。

3) 对的画○，错的请画× 。
  ① 哲洙知道志燕吸烟。

  ② 志燕也认为吸烟对身体不好。

第10课 据说在老百姓的帮助下多次死里逃生

❹

女病人：您好，大夫。
医 生：噢，您好? 您怎么了?
女病人：六个月前我丈夫死了，从那以后我就不愿意
      活了，光流眼泪。
医 生：嗯。
女病人：我不愿意吃东西，从这个月开始觉也睡不好
      了，睡着睡着老醒，特别是下雨的日子更难
      熬。
医 生：现在您自己住吗?
女病人：孩子他爸死了以后，女儿们回来了，现在又
      都走了。
医 生：一般碰到这种事，大都需要很长时间来
      适应，而且非常难过。

어하시는 경우가 많이 있어요.

여 환자 : 운전을 하다가도 갑자기 내가 운전을
　　　　한다는 걸 잊어버리고 아무 생각 없
　　　　이 가다가 사고가 날 뻔한 적도 있어
　　　　요.

의사　　: 그럼 당분간 운전은 하지 마시고 뭔가
　　　　열중할 수 있는 다른 일을 찾으세요.
　　　　운동도 좋고, 또 외로우시면 개를 한
　　　　마리 키워 보는 것도 좋고요.

여 환자 : 그럴까요?

의사　　: 그럼요. 그렇게 하시고도 힘들면 이 약
　　　　을 드세요. 우리가 몸이 아플 때 약
　　　　을 먹는 것 처럼 마음이 아플 때도 약
　　　　을 먹는 것이 좋아요. 안 먹고 참으려
　　　　고 애쓰지 마시고 힘들 때마다 드세요.
　　　　많이 힘드시면 한 번에 두 알씩 드셔도
　　　　됩니다.

여 환자 : 네. 선생님과 이야기를 하니까 마음
　　　　이 좀 편안해지네요.

의사　　: 언제라도 힘들면 전화를 하시거나 찾
　　　　아오세요.

여 환자 : 고맙습니다.

1) 이 여자는 왜 의사를 찾아왔습니까?
　　① 딸이 고통을 당해서
　　② 암에 걸려서
　　③ 남편이 죽은 후에 적응을 못해서

5

　20세기에 들어와서 사람들은 여러 가지 질병으
로 고통을 당하고 있으며 많은 사람들이 죽어 가
고 있다. 의학이 발달한 덕분에 옛날에는 희망이
없었던 병들도 많이 고치고 있지만 아직도 암과
같은 병은 많은 사람들의 생명을 위협하고 있다.

女病人：我还曾经开着开着车突然忘记了是自己
　　　　在开车，没有任何想法地往前开，差点
　　　　儿出事故。

医　生：那最近不要开车，找找有没有可以专心做
　　　　的其他事情，运动也行。另外，如果觉得
　　　　孤独，养一只狗也很好。

女病人：是吗？

医　生：当然了，这样做了之后要是还难过，就吃
　　　　这种药。就像我们身体不舒服的时候吃药
　　　　一样，心里不舒服的时候也可以吃药，不
　　　　要强忍着不吃，难过的时候就吃，特别难
　　　　过的时候一次可以吃两粒。

女病人：好的，和大夫聊一聊，心里觉得好受点
　　　　儿了。

医　生：如果难受请随时打电话或来访。

女病人：谢谢。

1) 这个女人为什么到大夫这儿来？
　　① 女儿很痛苦。
　　② 得了癌症。
　　③ 丈夫死了以后无法适应。

5

　进入20世纪之后，人们承受着各种疾病的折
磨，很多人在死去。得益于医学的发展，很多以
前没有希望的疾病也可以治愈了，但是癌症等疾
病仍威胁着很多人的生命。

세계적으로 많은 과학자들과 의사들이 암을 물리치기 위해서 연구에 열중하고 있지만 아직은 암 없는 사회의 꿈을 이루지 못하고 있다. 가까운 미래에 질병 없는 사회가 이루어져서 모든 사람들이 건강하고 평화로운 일생을 즐길 수 있기를 바란다.

1) 20세기에 들어와서 의학의 발달로 많은 병들이 고쳐지고 있다.
2) 과학자와 의사들이 연구에 열중하여 암 없는 사회의 꿈을 이루었다.

世界上很多科学家和医生为了治愈癌症正埋头研究，但在社会上消灭癌症的梦想仍然没有实现。希望在不久的将来，社会上能够消灭疾病，所有的人都能享受健康、和平地生活。

1) 进入20世纪之后，由于医学的发展，很多疾病都可以治愈。
2) 科学家和医生埋头研究，实现了在社会上消灭癌症的梦想。

11과 지역에 따라 차이를 보였습니다

2

'휴가 갈 때 세 가지만 가져갈 수 있다면?' 이런 질문을 받으면 사람들은 무엇을 먼저 생각할까요? 서울의 한 백화점에서는 지난 6월 14일부터 17일까지 쇼핑을 하러 온 손님 524명을 대상으로 '휴가 계획'에 대해 이런 조사를 실시했습니다. 그것을 보면 남자는 66%가 '애인'이 가장 필요하다고 대답했습니다. 그러나 여자는 38%가 '세면도구'가 가장 필요하다고 대답하여, 서로 생각이 많이 다른 것을 보여 주었습니다. 또 여자는 두 번째로 필요한 것이 돈 36%, 그리고 세 번째는 휴대폰 34%라고 대답했습니다. 남자가 가장 중요하다고 생각한 '애인'에 대해 여자는 31%만이 필요하다고 대답한 것으로 나타났습니다.

그리고 '누구와 같이 갈 것인가?'라는 질문에 남자는 '애인'이 32%였으나, 여자는 첫 번째가 친구 45%, 두 번째가 가족 27%, 그리고 세 번째가 애인 10%라고 하여 남자와 많이 다른 것으로 나타났습니다.

第11课 不同的地区情况有所不同

2

"如果去度假的时候只能带三样东西（你会带什么）？"如果有人问这个问题，人们首先想到的是什么？首尔一个百货商店针对6月14日到17日来购物的524位客人作了这种"度假计划"的调查。结果显示，66%的男性回答最需要"情人"，但38%的女性回答最需要"洗漱用品"，这说明男女的想法有很大不同。另外，女性回答其次需要的是"钱"，第三位是"手机"，男性认为"情人"最重要，而女性只有31%回答"情人"。

而且对于"和谁一起去"这个问题，男性的32%回答"情人"，女性回答第一位是朋友，占45%，第二位是家人，占27%，第三位是情人，占10%，和男性有很大差异。

❹

학생 : 여보세요, 신신백화점이죠? 아르바이트
생을 구한다고 해서 전화 드렸는데요.

직원 : 네, 학생이신가요?

학생 : 네, 대학교 2학년이에요. 어떤 일을 하
는 아르바이트예요?

직원 : 주차장 안내예요.

학생 : 한 시간에 얼마를 받을 수 있어요?

직원 : 언제 근무하느냐에 따라 달라요. 오전 10
시부터 오후 4시까지는 1시간에 4,500원
이고, 오후 4시부터 밤 10시까지는 1시
간에 4,000원이에요. 낮에 일이 더 많거
든요. 하루에 4시간 이상 일할 수 있어야
하는데…….

학생 : 네, 그건 가능해요. 그럼, 이따 오후에
직접 찾아뵙고 말씀드리겠습니다.

직원 : 그러세요.

학생 : 네, 감사합니다.

1) 이 백화점은 주차장에서 일할 사람을 구하고
있다.

2) 밤에 일하는 것보다 낮에 일하는 것이 돈을
더 많이 벌 수 있다.

3) 이 학생은 오후에 백화점으로 갈 것이다.

4) 이 학생은 하루에 4시간 이상 일할 수 없다.

❺

1) 내 동생은 성격이 참 좋아요. 좋은 일이 있으나
없으나 항상 웃고 다닙니다. 그래서 보는 사람
의 기분까지 좋아집니다. 그리고 언제나 재미있
는 이야깃거리가 많기 때문에 걔가 가는 곳에는
웃음소리가 끊이지 않습니다. 항상 그렇게 즐겁
게 살 수 있는 비결은 긍정적인 생활 태도인 것
같아요. 무슨 일이든 힘들거나 어렵다고 생각하

❹

学生：喂，请问是新新百货商店吗? 听说您那儿
招兼职，所以我打个电话问一下。

职员：是，你是学生吗?

学生：对，是大学二年级的学生，那个工作是做
什么呀?

职员：是在停车场引路。

学生：一个小时能拿多少钱?

职员：根据工作时间有所不同，从早晨10点到
下午4点是每小时4,500韩元，从下午4点
到晚上10点是每小时4,000韩元。因为
白天活儿多，一天必须能工作4个小时以
上……

学生：嗯，可以。那下午我直接过去找您谈一下
吧。

职员：好的。

学生：好，谢谢。

1) 这个百货商店在招在停车场工作的人。

2) 白天工作比晚上工作挣得钱更多。

3) 这个学生下午会去百货商店。

4) 这个学生一天不能工作4个小时以上。

❺

1) 我弟弟脾气很好，不管有没有好事，走到哪儿
总是笑呵呵的。所以见到他的人心情都会好起
来，而且他总是讲很多有趣的话，他走到哪
儿，都是笑声不断。他之所以能总是这样愉快
地生活，秘诀好像就在于他积极向上的生活态
度。无论有什么事，他都不觉得累或难，而是
往好的方向想。而且他说看到别人高兴，自己

지 않고, 밝은 쪽으로 생각합니다. 또 다른 사람이 즐거워하는 것을 보면 자기도 즐겁다고 합니다. 내 동생은 다음 달에 유학을 갑니다. 하지만 가족들은 전혀 걱정을 안 합니다. 걔는 어디에 가도 즐겁게 살 게 틀림없기 때문입니다.

2) 작년까지 나는 걱정거리가 많은 사람이었습니다. 시험 같은 중요한 일이 있으면 한 달쯤 전부터 불안해하곤 했습니다. 여행 가는 날 날씨가 나빠서 비행기가 떠나지 못하면 어떻게 하나, 이사 가는 날 비가 오면 어떻게 하나, 길을 걸어가는데 간판이 내 머리에 떨어지면 어떻게 하나 등 걱정이 끊이지 않았어요.

   그런데 어느 날, 내 이런 성격 때문에 주위 사람들이 나를 싫어한다는 것을 알게 되었습니다. 그래서 요즘은 걱정이 되기 시작하면 긍정적으로 생각하려고 노력하고 있습니다. 이렇게 하다 보니 마음도 가벼워지고 일의 결과도 좋아지더군요.

13과 아빠가 밥을 해 준다고 놀려요

4

아내 : 오늘도 많이 늦었네.
남편 : 응, 요즘 일이 점점 많아지고 있어. 당신은 몇 시에 퇴근했어?
아내 : 6시에 퇴근해서 곧장 집에 왔지, 뭐. 집에 오자마자 아침 먹은 것 치우고, 청소하고, 세탁기 돌리고, 저녁 준비하고…….정말 너무 힘들어. 당신, 결혼하기 전에는 집안일을 도와주겠다고 약속했잖아?
남편 : 바빠서 그렇잖아, 미안해.
아내 : 당신은 모임도 많고, 늦게까지 일하는 날도 많아서 일주일 내내 늦게 들어오니까 집안일은 모두 내가 맡아서 하는 셈이야.
남편 : 대신 이번 토요일에는 꼭 도와줄게.

也高兴。我弟弟下个月就要去留学，但是家里人一点儿也不担心，因为他无论走到哪里，都肯定会过得很快乐。

2) 去年之前，我一直是个忧心忡忡的人。如果有考试之类重要的事，从一个月之前就开始忐忑不安。出去旅行的时候，担心天气不好飞机不能起飞怎么办；搬家的时候，担心下雨怎么办；走路的时候，担心招牌掉到自己的头上怎么办等等，总是担心很多事情。

   但是有一天，我发现周围的人们因为我的这种性格而不喜欢我，因此最近我只要一开始发愁，就尽量往好的方面想，这样慢慢地心情也轻松了，办事的结果也好起来了。

第13课 笑话我是爸爸给做饭

4

妻子：今天又回来这么晚。
丈夫：嗯，最近工作越来越多，你是几点下的班?
妻子：6点下班，立刻就回家了。一到家，就收拾早晨吃的东西，打扫卫生，打开洗衣机洗衣服，准备晚饭……，真是太累了。老公，结婚之前不是约好了你帮着做家务吗?
丈夫：不是因为忙嘛，对不起。
妻子：你聚会也多，也经常工作到很晚，整个一周都回家很晚，家务活儿都成了我的事了。
丈夫：作为补偿，这个星期六一定帮忙。

아내 : 우리는 회사에 같이 들어갔지만 당신은 벌써 과장이 됐고, 난 승진할 기회도 없을 것 같아. 그냥 회사를 그만둘까?

남편 : 무슨 소리야? 모두들 좋은 직장을 가진 당신을 부러워하는데.

아내 : 요즈음 난 오히려 집에 있는 친구들이 부러워. 앞으로 아이가 생기면 정말 더 힘들 것 같아.

남편 : 아이가 생기면 또 좋은 방법을 찾아보지, 뭐. 내일부터는 정말 열심히 도와줄게.

1) 남편은 어떤 사람입니까?
   ① 집안일을 잘 도와준다.
   ② 집에 늦게 들어오는 날이 많다.
   ③ 승진이 안 된다.

2) 이 대화의 내용과 같은 것은 무엇입니까?
   ① 이들은 맞벌이 부부다.
   ② 아내는 곧 회사를 그만둘 것이다.
   ③ 사람들은 남편의 직업을 부러워한다.

14과　한국어 가르치는 데에 더 몰두하게 돼요

⑤
파리 사람들이 아침에 뭘 먹는지 궁금하시다고요? 비행기를 타고 직접 가 보시겠다고요? 그럴 필요가 없어요. 우리 곁에 '파리제과'가 있으니까요.

⑥
안녕하십니까? '정오의 음악실' 김미정입니다. 우리가 하는 걱정 중에 40%는 현실에서 절대로 일어나지 않을 일이고요, 30%는 벌써 일어난 일이래요. 22%는 별로 중요하지 않은 일이고요, 4%는 아무리 걱정해도 우리 힘으로 도저히 해결할 수 없는 일이랍니다. 40, 30, 22, 4를 모두 더하면 96이지

妻子：我们虽然一起进的公司，但你已经成了课长了，我好像根本没有晋升的机会，要不我辞职吧？

丈夫：这是什么话？大家都羡慕你有个好工作呢。

妻子：最近我反倒羡慕在家里的朋友们，将来要是有了孩子，真的会更累。

丈夫：要是有了孩子再想好办法嘛，从明天开始我真的会好好帮你的。

1) 丈夫是个什么样的人？
   ① 经常帮助做家务。
   ② 经常晚回家。
   ③ 晋升得不快。

2) 和以上对话内容一致的是什么？
   ① 他们夫妻是双职工。
   ② 妻子很快就会从公司辞职。
   ③ 人们羡慕丈夫的职业。

第14课　更专心教韩国语了

⑤
想知道巴黎人吃什么吗？要直接坐飞机去看？没有这个必要，因为我们身边就有"巴黎糕点"。

⑥
大家好！我是"正午音乐室"的主持人金美贞。据说，在我们担心的事情当中，40%在现实中根本不会发生，30%是已经发生了的事，22%是不太重要的事，4%是再怎么担心用我们的力量也无法解决的问题。40、30、22、4加起来是96吧？我们担心的事情中96%是担心也没什么用的

요? 우리가 하는 걱정 중에 96%는 걱정해도 소용
없는 일이라는 거죠. 지금 걱정하고 계세요? 자, 기
분 좋은 음악 들으시면서 걱정을 떨쳐 버리세요.

事，现在你还在担心吗？来，听听让人愉快的音
乐，甩掉忧愁和担心吧。

15과　약도 좋지만 쉬는 게 제일이야

7

　안녕하십니까? '음악 광장'의 박세진입니다.
오늘 하루, 어떻게 지내셨어요? 휴일을 보내는
데에는 두 가지 방법이 있는 것 같습니다.

　그냥 하루 종일 집에서 푹 쉬는 것. 또는 뭔가
재미있는 일을 만들어 보는 것. 그런데, 이 두
방법 모두 오늘 같은 월요일에 피곤하기는 마찬
가지인 것 같아요.

　월요일을 힘들지 않게 만들려면 이런 방법은
어떨까요? 내가 아주 좋아하는 사람과 월요일 저
녁에 만나기로 약속을 하는 겁니다. 그러면 그
월요일은 하루 종일 아주 기분이 좋을 거예요.

　제가 지금 달력을 보니 다음 주 월요일이 11
월 2일이네요. 11월의 첫 월요일, 기분 좋은 약
속을 만들어 보는 것은 어떨까요?

第15课　吃药固然好，但休息最好

7

　大家好！我是"音乐广场"的主持人朴世
进。今天一天过得怎么样？过休息日的方法好像
有两种。

　一个是一整天在家里好好休息，一个是做某
件有意思的事。但是，这两种方法在今天这样的
星期一好像都会让人很疲劳。

　要是想让星期一不累，这种方法怎么样呢？
和自己非常喜欢的人约定星期一晚上见面，那么
那个星期一整天心情都会很好。

　我现在看了看日历，下个星期一是11月2
日，11月的第一个星期一，定一个愉快的约会怎
么样呢？

16과　미리 연락을 하면 달려가 발이 되겠습니다

5

정구 : 지난 주말에 텔레비전에서 어떤 신체 장
　　　애인이 설악산 정상까지 혼자 힘으로 오
　　　르는 걸 보여 줬는데, 너도 혹시 봤니?

민지 : 응, 나도 봤어, 장애가 없는 보통 사람들
　　　도 정상에 오르기가 좀처럼 쉽지 않은데
　　　얼마나 힘들었을까?

정구 : 설악산 정상에 도전한 그 용기와 끝까지
　　　올라간 정신력이 놀랍기만 하더라.

第16课　如果事先联系，我们会来到您身边帮助您
　　　　　外出

5

正求 : 上个周末在电视上看到一个身体残疾的人
　　　凭自己的力量登上了雪岳山山顶，你也看
　　　了吗？

民智 : 嗯，我也看了。没有残疾的正常人登上山
　　　顶也不容易，他该多累啊？

正求 : 向雪岳山山顶挑战的勇气和一直上到山顶
　　　的意志确实让人吃惊。

민지 : 그걸 보면서 생각했는데, 자연의 장벽은 인간의 힘으로 어쩔 수 없는 것인데도 극복할 수 있다니 참 놀라운 일이야.

정구 : 그런데 오히려 지하철역의 많은 계단들 같은 생활 속의 작은 일들이 장애인들에게는 더 큰 장벽이 된대.

민지 : 맞아. 아무리 찾아도 보이지 않는 장애인 전용 주차장, 휠체어를 사용할 수 없는 건물 등 장애인들이 우리와 같이 생활하는 데 장애가 되는 것들은 수도 없이 많은 것 같아.

정구 : 그런 것들은 정부에서 관심을 두고 고쳐 나가야 하겠지. 지금 우리가 할 수 있는 일은 뭐가 있을까?

민지 : ....

民智：看到这个我就想，自然的障碍本来是人类的力量无法克服的，但是他却克服了，真让人惊讶。

正求：可是听说反倒是地铁站无数的台阶等生活中的很多小事对残疾人来说是更大的障碍。

民智：对，怎么找也找不到的残疾人专用停车场、不能使用轮椅的建筑物等妨碍残疾人和我们一起生活的事物好像数不胜数。

正求：政府应该关注并加以改进这些，现在我们能做的事是什么呢？

民智：..。

17과 설날은 큰 명절 중의 하나예요

④

1) 섣달 그믐날 밤에 어머니들이 만드십니다.
   아이들은 이것을 받으려고 기다립니다.
   설날에 입는 옷입니다.

2) 설날 아침에 조상들께 드리는 인사입니다.
   음식을 차려 놓고 가족들이 같이 지냅니다.
   이것이 끝나고 아침 식사를 합니다.

3) 어른들께 세배를 드리고 받는 것입니다.
   아이들이 설날을 손꼽아 기다리는 이유 중의 하나입니다.
   어른들은 아이들이 기대하는 것을 알고 미리 준비합니다.

4) 세배 온 사람에게 해 주는 말입니다.
   새해에 좋은 일이 많이 있게 해 달라는 희망에 찬 말입니다.

第17课 春节是重要的节日之一

④

1) 腊月三十的夜里母亲们做，
   孩子们等着得到的这件东西，
   是春节穿的衣服。

2) 春节早晨向祖先行的礼。
   摆上食物家里人一起做。
   这个结束后吃早饭。

3) 向大人们拜年后得到的东西。
   是孩子们掐着手指盼过年的理由之一。

   大人们知道孩子们盼着，所以事先准备好。

4) 对来拜年的人说的话。
   饱含希望新的一年发生很多好事的话。

세배한 후에 듣습니다.

拜过年后听到的话。

5

지연 : 바바라 씨, 한국에서 새해를 맞게 되었군요.

바바라 : 그래요. 한국에 온 지도 벌써 6개월이 넘었어요.

지연 : 그동안 한국에서 여러 가지를 많이 보고 배웠지요?

바바라 : 그럼요. 특히 이번에는 한국에서 큰 명절이라는 설날을 지연 씨 가족과 지내게 돼서 기대가 많이 돼요.

지연 : 저도 바바라 씨에게 우리나라의 명절 풍속을 보여 줄 수 있어서 정말 기뻐요.

바바라 : 책에서 보니까 설날에는 한복을 입고 어른들께 세배를 한다고 하던데 지연 씨가 세배하는 법을 좀 가르쳐 주세요.

지연 : 그래요. 그리고 바바라 씨는 여기 내 한복을 입으세요.

바바라 : 이거요? 정말 예쁘군요. 그런데 이건 뭐예요?

지연 : 버선이에요. 한복에는 버선을 신어야 어울려요. 내가 바바라 씨에게 주려고 미리 사 놓았어요.

바바라 : 고마워요. 참 예쁘네요.

5

志燕 : 芭芭拉, 你要在韩国过新年了。

芭芭拉 : 是啊, 来韩国已经六个多月了。

志燕 : 这期间在韩国看到、学到很多东西吧?

芭芭拉 : 当然了, 特别是这次和志燕一家人过韩国过最大的节日——春节, 满心期待。

志燕 : 我也因为能向芭芭拉展示我们国家的节日风俗而觉得很高兴。

芭芭拉 : 书上说春节要穿上韩服向长辈拜年, 志燕教教我怎么拜年吧。

志燕 : 好的, 芭芭拉穿上我的韩服吧。

芭芭拉 : 这个吗? 真漂亮, 可是这是什么?

志燕 : 套袜, 穿韩服得穿套袜才搭配呢。我事先买了要送给你的。

芭芭拉 : 谢谢, 真好看。

18과 윷놀이는 아이나 어른 할 것 없이 다 좋아해요

4

한국에서는 옛날부터 주로 농사를 지어 왔기 때문에 가을에 추수를 하고 나면 길고 추운 겨울을 방에서 특별히 할 일도 없이 지내야 했습니다. 그래서 이 때 즐길 수 있는 여러 가지 민속놀이가 만들어지게 됐다고 합니다. 특히 정월 초하루부터 정월 대보름에 걸쳐서 정월 놀이를 많이 즐겨 왔습니다.

第18课 无论大人孩子都喜欢掷芄茨游戏

4

韩国自古以来以农业为主, 所以秋天收获之后, 就要在屋子里无所事事地度过漫长而寒冷的冬天, 据说因此产生了这个时候可以玩儿的几种民俗游戏, 特别是正月初一到正月十五期间玩的很多正月游戏。

정월 대보름 새벽에는 밤, 잣, 호두, 땅콩같이 껍데기가 딱딱한 것을 이로 깨물어 먹는 풍속이 있는데, 대보름에 까먹는 밤, 잣 같은 것을 가리켜서 '부럼'이라고 합니다. 대보름에 '부럼'을 까서 먹으면 일년 내내 피부에 문제가 없다고 믿은 데서 나온 풍속입니다.

정월 대보름은 새해 처음으로 보름달을 보는 날이며, 모두들 보름달을 구경하러 가서 달님에게 소원을 빕니다. 또 '답교놀이'라는 것도 있습니다. 달이 뜨면 사람들은 다리를 열두 번 지나다니는데, 이렇게 다리를 밟고 다니면 그 해에는 다리가 아프지 않고 지낼 수 있다고 믿습니다.

正月十五早晨有用牙咬着吃栗子、松子、核桃、花生等硬壳食物的风俗，这种十五吃的栗子、松子之类的东西叫"(正月十五小孩儿们嗑的栗子、松子、花生等带硬皮的)干果"，之所以有这种风俗，是因为人们相信十五吃干果，一年期间皮肤都不会有问题。

正月十五是新的一年第一次看到满月的日子，人们都去赏月，向月神祈祷。另外还有"踏桥游戏"。如果月亮升起后过十二次桥，从桥上走过，人们相信这样当年腿就不会疼。

19과   마음만 먹으면 생명을 구할 수 있어요

❹

안녕하십니까?

항상 어린이를 잊지 않고 유니세프를 후원해 주시는 여러분께 감사의 말씀 드립니다.

제가 유니세프의 친선 대사로서 활동한 지도 벌써 5년째입니다. 어느새 5년이란 세월이 흘러갔구나 하는 느낌 속에는 그동안 제가 만났던 많은 어린이들의 모습이 함께 담겨 있습니다. 굶주림으로 죽어가던 난민촌의 아이들, 다리를 잃고 구걸하던 불구 소년. 그러한 어린이들을 직접 만나고 온 후 유니세프의 도움으로 아이들의 상황이 좋아졌다는 소식을 들으면 몹시 기쁘고 보람되었던 기억이 납니다.

유니세프가 생긴 지 벌써 50여 년이 되었습니다.

유니세프는 2차 대전 직후인 1946년부터 전 세계 어린이의 행복을 위해 한결같이 일해 왔습니다. 지구에서는 해마다 1,300만 명의 어린 생명이 죽어 가고 있습니다. 이들 중 대부분은 아주 적은 비용으로 살려 낼 수가 있습니다. 에티오피아에서

第19课 只要下定决心就能拯救生命

❹

大家好!

(首先)对一直没有忘记支持我们联合国儿童基金会的各位表示感谢。

我担任联合国儿童基金会的亲善大使已经五年了。不知不觉五年的时间已经过去了，每当回想起来，脑中则会浮现出这段期间我见过的无数儿童的样子。难民村濒临饿死的孩子们、失去了腿以乞讨为生的残疾少年，亲眼见过这些孩子之后，如果听到由于受到联合国儿童基金会的援助孩子们的处境好转的消息，就觉得特别高兴、特别有意义。

联合国儿童基金会设立已经五十多年了。

联合国儿童基金会从第二次世界大战后的1946年开始一直为全世界少年儿童的幸福而工作，地球上每年有1300万年幼的生命死去，其中大多数用很少的费用就能救活，仅埃塞俄比亚每年就有35万名五岁以下的儿童因为脏水和可以预

만도 더러운 물과 예방 가능한 병으로 5세 미만의 어린이가 매년 35만 명이나 죽어 가고 있습니다.

고통을 당하고 있는 이 어린이들을 위해 사랑의 손길을 보내 주시지 않겠습니까? 여러분의 작은 사랑이 많은 어린이의 생명을 구할 수 있습니다. 어린이를 돕기로 결정하셨다면 지금 보내 주십시오.

防的疾病而死亡。

为了这些受苦的儿童，您能否伸出充满爱心的援助之手呢？各位小小的爱心可以挽救很多儿童的生命，如果您已经决定帮助儿童们，请现在就伸出援手。

20과 누가 한잔 사겠다고 안 하나?

5

1) 오늘 퇴근 후 6시부터 회사 앞 '미래호프'에서 맥주 파티가 있을 예정입니다. 이번 모임의 목적은 얼마 전 새로 들어온 신입 사원들을 환영하기 위한 것입니다. 모두 참석하셔서 즐거운 시간을 보내시기 바랍니다. 모두 모여서 주거니 받거니 하며 시간을 보내노라면 그동안 쌓인 피로를 말끔히 씻을 수 있을 겁니다. '미래호프' 전화번호는 880-5488이고 회비는 만 원입니다.

2) 오늘 저녁 7시에 지하철역 앞 '서울식당'에서 김 과장님의 송별회를 가지려고 합니다. 회사를 위해 15년 동안이나 일하셨던 김 과장님은 이번에 부산으로 이사를 가게 돼서 회사를 떠나시게 됐습니다. 그동안 남은 일 처리와 사무실 정리로 시간을 낼 수 없으셨는데 오늘 우리와 자리를 같이 하시게 됐습니다. 오늘 차를 가지고 오신 분들은 회사에 차를 두고 오시기 바랍니다. 편안한 마음으로 술자리를 같이 해 주시면 감사하겠습니다.

3) 영업부 직원 김영호 씨가 결혼한 지 5년 만에 기다리던 아이를 얻었다고 합니다. 게다가 아들 딸 쌍둥이를 얻어서 매일 함박웃음이 가득

第20课 没人说要请喝酒吗?

5

1) 今天下班后6点将要在公司前面的未来酒馆开一个啤酒晚会。这次聚会的目的是为了欢迎不久前刚刚进入公司的新员工，希望大家都参加，度过快乐的时光。大家聚在一起聊天儿，肯定会将前段时间的疲劳一扫而光。未来酒馆的电话号码是880-5488，参加费用是一万韩元。

2) 今天晚上7点将在地铁站前面的首尔饭店为金课长举行欢送会。金课长为公司工作了15年了，现在因为搬到釜山，所以离开了公司。这段时间为了处理剩下的工作、整理办公室，他没能抽出时间，不过今天他将和我们一起聚会。今天开车来的同事请把车放在公司，希望大家能以轻松的心情一起喝杯酒，谢谢。

3) 据说营业部员工金勇浩结婚5年后，生下了期盼已久的孩子，而且是龙凤双胞胎，每天都笑容满面的。所以今天金勇浩要请客，希望所有

합니다. 그래서 김영호 씨가 오늘 한턱내기로 했습니다. 직원 여러분은 한 분도 빠짐없이 참석하셔서 득남과 득녀를 축하해 주십시오. 장소는 회사 앞 큰 길 건너편에 있는 '외빈' 입니다.

员工都能参加，祝贺他喜获一双儿女，地点在公司前面大路对面的"外宾"。

6

직장인들 가운데 많은 사람들이 1주일에 한 번 이상 술을 마시고, 마시게 되면 2차 이상까지 가는 것으로 조사됐습니다. 서울의 한 대기업 사원들을 대상으로 조사한 결과에 의하면 1주일에 한 번 술자리에 간다는 대답이 40%, 두 번 간다는 대답은 28%, 세 번은 20%로 나타났습니다. 네 번 이상 간다와 술자리에 안 간다는 기타 응답자가 12%였습니다.

술을 마시면 보통 몇 차까지 가느냐는 질문에 조사 대상자의 55%가 2차, 25%가 3차, 12%가 4차라고 대답했고, 1차가 8%로 나타났습니다. 누구와 같이 가느냐는 질문에는 직장 동료를 꼽은 응답자가 65%로 가장 많았고, 다음은 친구 23%, 가족 7%, 혼자 5%의 순서였습니다.

술을 마시는 이유로는 원만한 대인 관계를 위해서가 51%였고, 스트레스를 풀기 위해서가 25%, 술자리에 가는 것이 좋아서가 15%, 그리고 그냥 술이 좋아서 마신다는 대답은 9%였습니다.

6

调查结果显示：上班族中很多人一星期喝酒一次以上，而且只要喝酒就去两个以上的地方。对首尔一个大企业员工的调查结果显示，40%回答一星期去喝一次酒，28%回答两次，20%回答三次，四次以上和不去喝酒的其他应答者为12%。

关于喝酒一般去几个地方的问题，55%的调查对象回答2个地方，25%回答3个地方，12%回答4个地方，回答1个地方的占8%。关于和谁一起去的问题，应答者的65%回答公司同事，是最多的，其次是朋友，占23%，家人占7%，回答自己的占5%。

关于喝酒的理由，51%回答是为了良好的人际关系，25%是为了消除压力，15%是因为喜欢去喝酒的场合，9%回答就是喜欢喝酒而喝。

21과 어느 쪽이든 일장일단이 있을 거야

第21课 无论哪一种，都各有优点和缺点

5

1) 은주와 아버지의 대화입니다.

5

1) 以下是银珠和父亲的对话。

은주 : 아버지, 말씀드릴 게 있는데요.
아버지 : 그래, 무슨 얘기냐? 신랑감 얘기냐?
은주 : 아이, 아빠는. 사실 맞아요.
아버지 : 그래, 어떤 사람이냐? 네가 결혼하려는 사람이.

银珠：爸爸，我有话跟您说。
父亲：好，说什么呀？关于男朋友？
银珠：爸爸真是的，不过其实您说得对。
父亲：是吗? 是什么样的人呀? 是你想嫁的人吗?

은주　： 아버지도 만나 보시면 좋아하실 거예요. 어떤 사람이냐면요. 무엇보다 절 사랑하고요, 함께 있으면 참 편해요.

아버지： 은주야, 네가 선택한 사람이라면 아빠도 좋아할 거야. 단지 아빠가 바라는 건 우리 은주가 성실하고 믿음직한 사람을 만나서 행복하게 사는 걸 보는 거야. 요즘 어떤 젊은이들은 가족이나 일은 뒷전이고 자기들만 즐겁고 재미있으면 된다는 이기적인 사람들도 있어서 내가 걱정하는 거지.

은주　： 저도 아버지 마음 잘 알아요.

아버지： 그리고 나이 차이는 4살 정도가 좋겠다고 생각하는데 몇 살이냐? 직업은 뭐고? 난 공무원이나 회사원 같은 안정적인 직업이 좋다만. 그래야 월 수입도 한…….

은주　： 제 얘기는 안 들으시고 아버지 말씀만 하시면 어떻게 해요?

2) 은주와 민석이의 대화입니다.

은주： 민석 씨, 이번 일요일에 우리 집에 같이 가자.

민석： 정말? 가도 되는 거야? 아버지께 말씀드렸어?

은주： 응, 어제.

민석： 아버지가 날 좋아하실까? 어떻게 하고 가야 되지?

은주： 아버지는 짧은 머리에 깨끗한 옷차림을 좋아하셔. 그러니까 지금 그 머리는 곤란하겠고, 민석 씨는 성격이 자유로워서 항상 청바지 차림을 좋아하지만 우리 집에 올 때는 좀 다른 걸로 입는 게 좋겠어.

민석： 야, 좀 걱정되는데.

은주： 그리고 우리 아빠는 많은 사람들에게 친절한 사람을 좋아하시고, 술이나 담배를 적당히 한다면 괜찮다고 하셔.

银珠：爸爸您要是见了也会喜欢的。要说是什么人嘛，首先他爱我，和他在一起很放松。

父亲：银珠，如果是你选的人，我一定也会喜欢的。只是我希望看到我们银珠能够遇到诚实、可靠的人，幸福地生活。最近一些年轻人不管家里人和工作，只顾自己高兴、开心就行，我担心的是这个。

银珠：我也知道您的心思。

父亲：而且我觉得年龄差距四岁左右比较好，他多大？是干什么的？我喜欢公务员或公司职员等稳定的职业，而且月收入也……

银珠：不听我的，光说您的，这可怎么办呢？

2) 以下是银珠与民锡的对话。

银珠：民锡，这个星期天一起到我家去吧。

民锡：真的？能去吗？跟你爸爸说了？

银珠：嗯，昨天说的。

民锡：你爸爸会喜欢我吗？去之前得做些什么？

银珠：爸爸喜欢短发、干净的衣着，所以你现在这个发型有点儿问题。你的性格自由，总是喜欢穿牛仔裤，但是到我家来的时候最好穿别的。

民锡：哎呀，我有点儿担心了。

银珠：而且我爸爸喜欢热情待人的人，他说适当地喝酒、抽烟是可以的。

민석: 아 그래, 그 부분은 좀 괜찮네. 아 참, 내 직업이 요리사라고 하니까 뭐라고 하셔?

은주: 응. 계속 아버지 생각만 말씀하셔서 자세히는 다 말씀 못 드렸어. 어쨌든 너무 걱정하지 마. 동생들이 내 편 들어 준다고 약속했어. 아버지도 민석 씨를 보시면 좋아하실 거야.

22과 하고 있는 일이 적성에 안 맞아?

❹

회사를 옮긴 후 어떻게 자신의 삶이 바뀌었는지에 대해 사연 주실 분은 760의 1077이나 761의 1077로 지금 FAX를 보내 주시기 바랍니다. 네, 방금 도착한 관악구 봉천동의 김준석 씨의 사연입니다.

이번에 옮긴 회사는 지난번 회사에 비해서 월급은 적지만 여러 가지 근무 조건도 좋고 무엇보다도 회사의 분위기가 좋습니다. 사람 관계를 중요하게 여기는 저는 이곳에서 같이 일하는 사람들의 성격이나 태도가 마음에 듭니다. 모두들 가족처럼 대하고 서로 깊이 이해하려고 하는 것 같습니다. 어떻게 이런 분위기가 만들어졌는지 말씀드리고 싶어서 이 글을 씁니다. 우선 우리 회사 사장님의 생활 태도가 사원들이 일하는 분위기에 영향을 주고 있고, 사람들의 적성에 따라서 특별히 좋아하거나 잘하는 일을 선택해서 할 수 있도록 하는 겁니다. 그러니까 사원들은 아무 불만 없이 일에 몰두하고 있는 거지요. 일을 하면서 보람을 느끼고 즐겁게 생활하고 있으니까 사람들과의 관계도 원만해지는 것 같습니다. 직장을 자주 옮기는 것은 문제지만 자기 적성에 맞지 않는 일을 한다거나 인간관계가 편하지 않은 직장에서 마지못해 일하는 것은 더 문제라고 생각합니다. 오랜 시간 고민했는데 회사를 옮기기를 정말 잘했다고 생각합니다.

民锡：啊，是这样，这方面还可以。啊，你说我的职业是厨师，他说什么？

银珠：嗯，一直是爸爸说自己的想法，没能仔细跟他说。反正别太担心，妹妹们约好站在我这边了，爸爸见到你也会喜欢的。

第22课 现在的工作不适合你吗？

❹

想要提供关于跳槽后自己的生活发生哪些变化等信息的人现在请发传真给760—1077或761—1077。好，这是刚刚收到的冠岳区奉天洞金俊石先生提供的情况。

这次换的公司比上个公司工资少，但是各种工作条件很好，最重要的是公司的氛围很好。对重视人际关系的我来说，很喜欢在这里一起工作的同事的性格和态度，大家对待别人都像对家里人一样，都努力互相加深理解。我写这封信是为了说明这种氛围形成的原因。首先，我们公司经理的生活态度对员工的工作氛围产生了影响，他让人们根据个性选择特别喜欢或擅长的工作，所以员工们没有任何怨言，埋头干自己的工作，工作时感到有意义，生活很愉快，所以人际关系也好像变好了。常换工作单位是个问题，但是我觉得做不适合自己的工作或在人际关系不好的单位不情愿地工作更是个问题。虽然苦恼了很长时间，但我觉得跳槽跳对了。我讲述自己的情况，希望让和我一样因为跳槽而苦恼的人能看到希望。

그래서 저와 같이 직장 옮기는 문제로 고민하시는 분께 희망을 드리고자 이렇게 사연을 보냅니다.

23과   인터넷은 정말 편리하구나

5

새봄을 맞아 저희 서울교육방송에서는 아래와 같이 프로그램을 개편하게 되었습니다. 정보화, 세계화되어 가는 시대에 맞춰 어린이부터 노인까지 배울 수 있는 컴퓨터 프로그램을 대폭 넣었습니다.

내년부터 영어를 공부하게 되는 초등학생을 대상으로 어린이가 스스로 컴퓨터를 통해서 영어를 배울 수 있도록 하는 '재미있는 영어나라'를 어린이 시청 시간인 5시부터 30분간 방송하겠습니다. 다양한 CD롬 교재를 통해 영어에 흥미를 가질 수 있도록 만들었습니다.

초등학생 시청 시간인 6시부터 '인터넷 시작하기'를 방송합니다. 그동안 어렵게만 느껴지던 인터넷을 우리 생활에 쉽게 잘 이용할 수 있도록 만든 '인터넷 시작하기'. 많은 시청 바랍니다.

홈뱅킹, 홈 쇼핑, 전자 우편, 동호회 코너, 평소에 관심은 있으나 어렵게만 느껴지던 PC통신. 이런 분들을 위해 'PC통신은 내 친구'를 9시부터 방송합니다. 어린이부터 노인에 이르기까지 누구나 배울 수 있습니다.

하루 15시간 이상을 인터넷에 빠져 실제 현실보다 가상 현실 속에서 보내는 시간이 더 많은 분이 있으십니까? 점점 말이 없어지고 하루라도 컴퓨터를 하지 않으면 불안한 느낌이 드십니까? 하루 10시간 이상 컴퓨터를 다룰 경우 중독증에 걸리게 될 가능성이 높습니다. 컴퓨터 중독증의 치료

第23课 因特网真方便

5

在新春之际，我们首尔教育放送对节目做了调整。为了适应信息化、世界化的时代，大量增加了从孩子到老人都可以学习的电脑节目。

从明年开始，我们将以学英语的小学生为对象，开设"有趣的英语世界"栏目，让儿童可以自己通过电脑学习英语，选择在儿童收看时间5点播放半个小时。这个节目配有多种光盘教材，可以使观众对英语产生兴趣。

从小学生收视时间6点开始播放"因特网开始"节目，这个节目可以让一直觉得很难的因特网轻而易举地应用于我们的生活。希望大家到时收看。

网上银行、网上购物、电子邮件、爱好者之角，还有平时虽然感兴趣却觉得很难的电脑通讯，为了这部分的观众，我们从9点开始播放"电脑通讯是我的朋友"，从儿童到老人，任何人都可以学。

是不是有人一天15个小时都在因特网上，在虚拟现实中花的时间比实际现实中花的还多？话逐渐越来越少，一天不动电脑就觉得焦躁不安？一天用电脑在10个小时以上，就很有可能得中毒症，寻找电脑中毒症的治疗方法和预防方法的"电脑医学常识"将在10点与你见面。

법과 예방법을 함께 찾아보는 '컴퓨터 의학 상식'
이 여러분의 안방을 10시에 찾아갑니다.

여러분의 친구 서울교육방송이 새봄을 맞아 특별히 준비한 프로그램에 여러분의 많은 시청과 관심 바랍니다.

希望各位观看并关注您的朋友——首尔教育放送在新春之际为您特别准备的节目。

24과　아리랑 아리랑 아라리요

5

올가 : 오늘 학교에서 '아리랑'에 대해서 배웠는데, 민요가 어떻게 생기게 된 건지 아니?

준석 : 응, 일이나 놀이를 하면서 생겨났대. 논에서든지 밭에서든지 노래를 하면서 일을 하곤 했대.

올가 : 그래. 정말 그렇게 일하면 힘든 줄도 몰랐을 거야.

준석 : 또 그뿐만 아니라 추석 때 달맞이를 하면서 부르는 노래도 있고, 생활하면서 느끼는 감정을 표현하는 노래도 있어.

올가 : 민요는 정말 민중들이 스스로 만들어 낸 노래구나.

준석 : 그래서 민요를 민중 생활에 바탕을 둔 예술이라고 하는 거 아니겠어?

올가 : 한 사람이 노랫말을 바꾸기도 하면서 이끌고 다른 사람들이 함께 따라 부르는 방식이 정말 흥이 저절로 나더라.

준석 : 그렇게 노래를 하는 동안 서로가 한 집단임을 확인하는 거지.

올가 : 그런데 요즘은 자주 불리지 않고 오히려 사라지는 것 같던데.

준석 : 일과 더불어 자연스럽게 불리는 것이 민요인데 그 여러 가지 일들이 필요하지 않게 되니까 사라지기에 이른 거 아닐까?

올가 : 그렇겠구나. 하여튼 전통적인 민중 예술이 사라져 가는 건 안타까운 일이야.

第24课　阿里郎，阿里郎，阿拉里哟

5

奥尔加：今天在学校里学了关于"阿里郎"的知识，你知道民谣是怎么产生的吗？

俊石 ：嗯，据说是干活儿、玩儿的时候形成的，听说人们无论在水田里还是旱田里都常常是一边唱歌一边干活儿。

奥尔加：是的，那样干活儿的话可能就不觉得累了。

俊石 ：不仅如此，还有中秋节时一边赏月一边唱的歌，也有的歌曲表达生活中体验到的感情。

奥尔加：民谣是民众自己创作出来的歌曲呀。

俊石 ：所以才说民谣是扎根于民众生活的艺术嘛。

奥尔加：一个人变换歌词领唱、其他人一起随着唱和的方式让人自然而然地就来了兴致。

俊石 ：在唱歌的时候确认彼此属于一个集团。

奥尔加：不过最近好像不怎么唱民谣，民谣似乎正在消失啊。

俊石 ：民谣是干活儿时自然而然演唱的，是不是因为没有那些活儿了，民谣就要消失了？

奥尔加：也许吧。不管怎么说，传统民间艺术逐渐消失是件让人忧心的事。

❺

영민: 요코, 이따 저녁에 우리 집에 와서 저녁이나 같이 하지 않을래?

요코: 그래, 좋아. 그런데 어떻게 찾아가면 될지 약도 좀 그려 줘.

영민: 학교 뒤라서 찾기는 쉬워. 이렇게 와서 여기서 돌면 돼. 알겠지?

요코: 아이고, 이렇게만 그리면 어떻게 찾아가니? 더 자세히 그려 줘야지.

영민: 어휴, 난 더 잘 못 그리겠는데. 이러니 정말 김정호를 존경할 수밖에 없어.

요코: 갑자기 김정호라니? 그 사람이 누군데?

영민: 우리나라 지도를 제대로 지도답게 만든 사람인데, 그 옛날에 혼자서 50년 동안 만들었대. 그런데 놀라운 건 그때 만든 지도가 지금도 훌륭하다고 칭찬받는다는 거야.

요코: 대단한 사람이구나. 그런데 김정호는 그 옛날에 어떻게 지도를 만들 생각을 했을까?

영민: 어렸을 때 서당에서 공부를 하는데 어느 날 갑자기 소나기가 오다가 그치면서 무지개가 나타났대. 그걸 보고 산너머에 뭐가 있는지 궁금해지면서 지도의 필요성을 느낀 거지.

요코: 그럼 그때까지 지도가 없었나?

영민: 아니야. 지도가 있기는 했지만 실제와는 너무나 달라서 실망을 하고 직접 지도를 만들 결심을 했대.

요코: 한 소년의 호기심으로부터 역사적인 지도가 만들어지게 된 셈이군. 참, 그건 그렇고 난 네가 그린 약도로는 오늘 안에 저녁 먹으러 못 가겠는데?

第26课 冒着生命危险完成了地图

❺

永美: 洋子，一会儿晚上到我们家来一起吃晚饭吧？

洋子: 好，那你给我画个略图吧，告诉我怎么去。

永美: 在学校后面，很容易找的，到这儿拐一下就行了，知道了吧？

洋子: 哎哟，画成这样我怎么找得到啊？再画得详细点儿。

永美: 哎呀，我画不了更详细的了，我真不能不尊敬金正浩了。

洋子: 怎么突然说起金正浩？他是谁？

永美: 我们国家画出像样的地图的人。听说在古时候他自己花50年制作出来的，更让人吃惊的是那时候制作的地图现在还得到了极高的评价。

洋子: 是个了不起的人啊。可是金正浩怎么想起制作地图的呢？

永美: 据说他小时候在私塾读书，有一天突然下起了雷阵雨，雨停的时候出现了彩虹，看到之后他很想知道山的那边有什么，就体会到了有地图的必要性。

洋子: 那在那之前没有地图？

永美: 不，虽然有地图，但是和实际情况有太大的差异，他很失望，决心亲手制作地图。

洋子: 一个少年的好奇心促成了具有历史意义的地图的制作。啊，先不说那个，拿着你画的那种略图我今天恐怕不能去吃晚饭了？

③

준석 : 지연아, 너 그동안 운전 연습하러 학원에
　　　 다닌다고 하더니 운전 시험은 어떻게 됐니?

지연 : 무려 네 번이나 떨어지고 다섯 번째 가
　　　 서야 겨우 붙었어.

준석 : 그래? 합격 축하한다. 그럼 요즈음 운전
　　　 연습 하겠구나.

지연 : 응. 오빠 차로 하고 있는데 오빠가 옆에
　　　 서 너무나 야단을 쳐서 화날 때가 많아.

준석 : 그래. 그렇기 때문에 운전 연습할 때는 자
　　　 기하고 가까운 사람이 봐 주면 운전도 제
　　　 대로 못하고, 또 잘못하다가는 싸움까지
　　　 하게 된다잖아.

지연 : 맞아. 넌 운전 잘해서 좋겠다. 난 언제쯤
　　　 이나 너만큼 잘할 수 있게 될까?

준석 : 곧 잘하게 될 거야. 시내에도 나가 버릇
　　　 해야 운전이 빨리 늘 텐데.

지연 : 응. 그렇지 않아도 지난번에 무작정 시내
　　　 에 나가 봤는데 옆에 지나가는 차들이 막
　　　 끼어 들어서 얼마나 당황스러웠는지 몰라.

준석 : 자동차에 '초보 운전'이라고 써 붙이지
　　　 않았어?

지연 : 물론 써 붙였지. 그런데도 누구 하나 양
　　　 보해 주지 않잖아.

준석 : 사실 초보 아니었던 사람은 아무도 없는
　　　 데 개구리 올챙이 적 생각 못하는 거지 뭐.

지연 : 난 나중에 운전 잘하게 돼도 그러지 말
　　　 아야겠다고 생각했어.

28과 찬성하는 쪽이에요? 반대하는 쪽이에요?

③

아나운서 : 몇 년 전 우리 나라에 온 '뉴 키즈'라

③

俊石 : 志燕，听说你前段时间去驾校学开车了，
　　　 驾照考试结果怎么样？

志燕 : 四次没考过，第五次才勉强通过。

俊石 : 是吗？祝贺你通过考试啊，那最近在练车
　　　 吧？

志燕 : 嗯，在用哥哥的车练习，哥哥老是在旁边
　　　 训我，我经常发火。

俊石 : 是，所以练车的时候，如果是自己亲近的
　　　 人陪着的话，是开不好车的，而且搞不好
　　　 还会吵架。

志燕 : 没错，你车开得太好了，我什么时候才能
　　　 像你开得那样好呢？

俊石 : 很快就能开好了。市区也得进，习惯了，
　　　 开车技术才能很快提高。

志燕 : 嗯，正好上次我不管不顾地去市区试了
　　　 试，旁边的车硬插进来，不知道我多慌张
　　　 呀。

俊石 : 你车上没贴"新手上路"吗？

志燕 : 当然贴了，但没有一个人让我。

俊石 : 其实每个人都是从新手过来的，但是成了
　　　 青蛙就想不起当蝌蚪的时候了。

志燕 : 我觉得就算是以后开车开好了，也不应该
　　　 那样。

第28课 赞成还是反对？

③

播音员 : 还记得几年前"新街边男孩"组合来我

는 그룹 공연 때 사고가 났던 것 기억 나시죠? 그 사고 이후로 외국 가수 공연에 대한 정부의 간섭이 있어 왔습니다. 요즘 들어 외국 스타들의 국내 공연이 많아지면서 이러한 정부의 간섭이 문제가 되고 있는데요. 이 문제에 대해 두 분의 의견을 들어 보겠습니다.

남자 : 제가 볼 때는 이제 우리나라의 예술, 문화적인 활동이 좀 더 자유로워져야 한다고 생각합니다. 예술 활동에 대해서 정부가 지나치게 막다 보면 오히려 나쁜 결과가 나오는 수가 많으니까요.

여자 : 그 말에도 일리가 있지만 미국이나 유럽의 경우를 생각해 보세요. 청소년들이 범죄, 마약, 자살, 테러 등 무서운 사건의 대부분을 일으키고 있어요. 그것은 정부에서 모든 것을 풀어 놓았기 때문에 아직 판단을 정확하게 하지 못하는 어린 청소년들이 아무것도 모르고 그런 일을 따라 하기 때문이에요.

남자 : 그렇지만 우리나라처럼 정부가 모든 문화적, 예술적 활동을 간섭한다면 예술적인 창의성이나 문화적인 발전은 기대하기 어려울 거예요. 요즘 외국 스타들이 국내 공연을 조용히 끝낼 수 있는 것은 바로 우리의 문화적인 발전을 보여 주는 예라고 생각합니다.

여자 : 아이가 어쩌다 한 번 잘 걸었다고 해서 아이를 자동차가 다니는 길에 그냥 보내도 좋다고 생각하십니까?

남자 : 그거하고는 다르죠.

아나운서 : 이 이야기는 밤새도록 해도 안 끝나겠는데요. 하여튼 두 분 선생님 말씀 모두 일리가 있으신 것 같습니다. 그리고 우리의 예술 활동을 어디까지 묶어 두어야 하고 어디까지 풀어

们国家演出的时候发生事故的事吗? 从那个事故之后，政府一直干预外国歌手的演出。最近有越来越多外国明星来我国演出，政府的这种干预成了问题。关于这个问题，想听听两位的意见。

男 : 我觉得现在我们国家的艺术、文化活动应该更加自由。对于艺术活动，政府过分阻拦反倒会出现很多不好的结果。

女 : 这话有一定的道理，但是想一想美国和欧洲的情况吧。犯罪、毒品、自杀、恐怖袭击等大部分可怕事件发生在青少年身上，这是因为政府放开了一切，年幼的青少年还不能做出正确判断，在什么都不知道的情况下就去模仿。

男 : 但是，像我们国家这样政府干预所有的文化、艺术活动，就很难期待艺术创意或文化的发展。我觉得，最近外国明星能够顺利地完成在我国的演出就表明我们文化的发展。

女 : 您觉得孩子偶尔一次走得好就可以让孩子到汽车行驶的路上去吗?

男 : 这和那不是一回事。

播音员 : 这个话题看来说到天亮也说不完啊。不管怎么说，两位的话似乎都有道理。我们的艺术活动该约束到什么程度、该开放到什么程度好像是将来应该继续讨论的问题。

놓아야 할지는 앞으로도 계속 토론
해 봐야 할 문제 같습니다.

29과   인연이 있으면 언젠가 또 만나게 되겠지

4

영미   : 아빠, 엄마랑 어떻게 만나셨어요?

아버지   : 아빠가 교통사고가 나서 병원에 입원
　　　　 을 했었는데 말이야, 그때 엄마가 그
　　　　 병원의 간호사로 일하고 있었단다.

영미   : 그래서요?

아버지   : 그때 엄마는 대학을 막 졸업하고 병원
　　　　 에서 일하기 시작한 지 얼마 안 됐을
　　　　 때였던 모양이야. 일이 서툴러서 실수
　　　　 를 꽤 하더구나.

어머니   : 당신도 참 별 얘기를 다 하시네요.

영미   : 엄마가 아빠를 보살펴 주셨어요?

아버지   : 응, 그래.

영미   : 처음 엄마를 만났을 때부터 관심이 있
　　　　 었어요?

아버지   : 글쎄, 그보다 그냥 실수하는 것이 좀
　　　　 안돼 보이고, 환자들에게 친절하게 대
　　　　 하는 걸 보니 관심이 생겼지. 그런데
　　　　 특히 나에게 잘해 주더라고.

어머니   : 내가 언제 당신한테만 친절했어요? 모
　　　　 든 환자에게 그랬죠.

영미   : 엄마는 아빠가 엄마한테 관심이 있다
　　　　 는 걸 알았어요?

어머니   : 아니, 나한테 관심이 있는지 없는지 몰
　　　　 랐지. 그런데 어느 날 시집을 한 권 주
　　　　 시더라고.

영미   : 와, 아빠가 시집을요?

어머니   : 그때 네 아빠가 시집을 안 줬더라면 지
　　　　 금 어떻게 됐을지는 아무도 모르지.

아버지   : 아니, 당신 정말 그랬어? 그 시집 때문

第29课 如果有缘，迟早会再相见

4

永美：爸爸，你和妈妈是怎么认识的？

父亲：我发生交通事故住进了医院，那时候你妈
　　　妈在那个医院当护士。

永美：然后呢？

父亲：那时候你妈妈刚刚大学毕业，好像在医院
　　　开始工作没多长时间，工作很生疏，经常
　　　出错。

母亲：你也真是，什么都说。

永美：妈妈看护爸爸吗？

父亲：嗯，是啊。

永美：刚见到妈妈的时候你就很注意她吗？

父亲：这个嘛，应该说只是因为她老做错事，看
　　　起来有点儿让人同情，看着她对病人很热
　　　情，就开始注意她了。而她对我又特别
　　　好。

母亲：我什么时候只对你一个人热情了？我对所
　　　有的病人都是那样的。

永美：妈妈知道爸爸对你有意思吗？

母亲：哎呀，当然不知道了。不过有一天他送给
　　　我一本诗集。

永美：哇，爸爸送诗集？

母亲：当时你爸爸要是不送我诗集，还不知道现
　　　在会怎么样呢。

父亲：啊？真的是这样吗？是因为那本诗集你才

에 나한테 관심을 가진 거야? 그 전부
터 관심이 있었다더니 거짓말이었군?

어머니: 내가 언제요? 당신이 그 뒤로 하도 적
극적으로 나오니까 관심을 안 가질래
야 안 가질 수 없었던 거죠.

영미 : 호호호, 그만 하세요. 이러다가 두 분
싸우시겠어요.

1) 아버지는 교통사고 덕분에 어머니를 만날 수
있었다.

2) 어머니는 친절한 간호사였다.

3) 아버지는 말이 별로 없는 분이다.

4) 아버지가 어머니에게 시집을 준 것은 놀라운
일이다.

5) 어머니는 처음부터 아버지가 자신에게 관심
이 있다는 걸 알았다.

30과 서울은 한국 제일의 도시이다

❸

서울은 옛 궁궐과 현대식 건물이 함께 어울려
있는 도시다. 서울이 크게 발전하기 시작한 것은
약 600년 전 조선이 이곳을 수도로 정한 후부터
다. '서울특별시'란 이름을 얻은 것은 독립을 한
8·15 이후다. 6·25때 심하게 파괴되었으나, 60
년대 경제 개발을 함에 따라 많이 발전하게 되었다.

서울은 인구 천만이 넘는 대도시다. 한국 인구
의 약 4분의 1정도가 한 도시에 모여 산다. 인
구와 자동차의 수가 많아짐에 따라 교통 사정은
점점 더 어려워지고 있다. 1974년 8월 15일에
처음 생긴 지하철은 서울 시민의 교통 문제를 해
결하는 데 큰 도움을 주고 있지만 아직도 서울
의 교통 문제는 심각하다. 공해 문제도 아주 심
각하다.

注意到我的？你不是说在那之前就对我有
意思嘛，都是骗人的？

母亲：我什么时候说过？你从那以后就太积极
了，想不留意你也不可能了。

永美：哈哈哈，好了，这样下去你们要吵起来了。

1) 多亏交通事故，父亲认识了母亲。

2) 母亲是个热情的护士。

3) 父亲的话不多。

4) 父亲给母亲诗集是一件令人吃惊的事。

5) 母亲从一开始就知道父亲对自己有意。

第30课 首尔是韩国第一大城市

❸

首尔是古代宫殿和现代式建筑和谐共存的城
市。首尔开始迅速发展大约是在六百年前朝鲜在
这里建都之后，获得"首尔特别市"的名称是在
取得独立的八一五之后，虽然在六二五战争时期
遭到了严重的破坏，但随着六十年代的经济开
发，首尔有了很大的发展。

首尔是个人口超过千万的大城市，四分之一
的韩国人口聚集在这里。随着人口和汽车数量的
增加，交通情况逐渐变得更加严峻。1974年8月
15日开通的地铁为解决首尔市民的交通问题提供
了很大的帮助。尽管如此，首尔的交通问题仍很
严重，环境污染也很严重。

이렇게 세계의 큰 도시가 가지고 있는 여러 문제를 서울도 가지고 있다.

就这样，首尔也有着世界上的大城市都有的各种问题。

31과 다이어트가 유행처럼 퍼지고 있어요

❸

지연 : 바바라, 너 요즘 살 좀 찌지 않았니?

바바라 : 그동안 신경 쓸 일이 있어서 그 스트레스 푸느라고 막 먹었더니 이렇게 됐어.

지연 : 그럼 다이어트를 좀 해 보지 그래.

바바라 : 전에도 몇 번이나 해 봤는데 소용도 없던데, 뭐.

지연 : 다이어트를 어떻게 했는데?

바바라 : 사과 다이어트나 포도 다이어트 같은 것도 해 보고, 하루에 한 끼만 먹고 지내기까지 해 봤어.

지연 : 하루에 한 끼만 먹으면 살이 빠질 것 같지만 그건 안 좋은 방법이야. 같은 양이면 한 번에 다 먹는 것보다는 조금씩 여러 번에 나누어 먹는 게 더 좋아.

바바라 : 어머, 그러니?

지연 : 그리고 물도 충분히 마시고 말이야.

바바라 : 난 물을 많이 마시면 살이 찌는 것 같아서 잘 안 마시는데.

지연 : 아니야, 물을 많이 마신다고 해서 살이 찌는 건 아니야. 우리 몸의 70%가 물로 돼 있기 때문에 몸에 물이 부족하면 오히려 피곤해지기 쉬워.

바바라 : 어머, 그럼 내가 ....

1) ① 물과 다이어트는 관계가 많구나.

② 지금까지 해 왔던 다이어트 방법은 틀린 게 많았구나.

③ 과일을 많이 먹어도 물을 마셔야 하는구나.

第31课 减肥成了一种普遍的流行

❸

志 燕：芭芭拉，你最近是不是长胖了一点儿啊?

芭芭拉：这段时间有伤脑筋的事情，为了化解压力放开吃东西，就成这样了。

志 燕：那就试试减肥吧。

芭芭拉：以前也试过几次，没有用。

志 燕：你是怎么减肥的?

芭芭拉：我试过苹果减肥法和葡萄减肥法，甚至还试过一天只吃一顿饭。

志 燕：一天只吃一顿看似能减肥，但那不是个好办法。同样的量，分成几次吃比一次都吃光要好。

芭芭拉：哎呀，是吗?

志 燕：而且还要喝足够的水。

芭芭拉：我觉得如果喝多了水，会长胖，所以不大喝水。

志 燕：不是的，不是因为多喝水才长胖的。我们体内的70%是水，所以体内如果水分不足，反倒容易觉得累。

芭芭拉：哎哟，那么我 .... 。

1) ① 水和减肥有很大关系啊。

② 到现在为止使用的减肥方法很多是错的呀。

③ 吃了很多水果后也要喝水呀。

2) ① 우리 몸의 절반은 물이다.

   ② 바바라는 요즘 체중이 늘었다.

   ③ 물을 너무 적게 마시면 피곤해지기 쉽다.

2) ① 我们体内一半是水。

   ② 芭芭拉最近体重增加了。

   ③ 喝水太少的话容易觉得累。

32과   애완동물이 자식보다 낫다

第32课 宠物比儿女强

④

남자 : 안녕하세요? 몇 가지 문의하고 싶어서 전화했는데요.

간호사 : 네, 무엇을 도와드릴까요?

남자 : 저희 아버님이 지금 일흔세 살이신데요, 일 년 전에 어머님이 돌아가시고 지금까지 혼자 살고 계세요. 저는 아직 결혼을 안 했고요. 사업 때문에 여행을 많이 해서 집에 있는 날이 일 년의 절반도 안 됩니다.

간호사 : 그러면 아드님은 아버님과 같이 안 계세요?

남자 : 네, 저는 아파트에서 혼자 살아요. 그래서 제가 아버지를 모셔 오면 아파트 생활이 저한테는 편한데 아버지는 좀 답답해하실 것 같아요. 낮에는 근처에 얘기할 사람들도 별로 없고 혼자 계시는 시간이 많을 테니까 걱정도 되고요.

간호사 : 네, 그러실 거예요. 우리 양로원에 아버님 같으신 분들이 많이 계시는데요, 자녀분들은 주말이나 휴일에 찾아오고 또 건강하신 노인들은 셔틀버스 타고 서울에 가끔 다녀 오세요. 여기서 한 시간 정도면 서울에 도착하니까 먼 거리도 아니지요.

남자 : 거기에 어떤 시설이 돼 있나요? 병원도 가까운 데 있지요?

간호사 : 지하에는 수영장이 있고 노래방 시설도 돼 있어요. 1층에는 휴게실과 도서관이 있고요. 날씨 좋을 때는 밖에 나가서 산책하기 아주 좋아요. 가벼운 운동

④

男人：你好? 我打电话是想咨询几个问题。

护士：好，能帮您什么忙吗?

男人：我父亲今年73岁了，一年前母亲去世了，他现在一个人生活。我还没有结婚，因为工作关系经常出门，在家的日子一年不到一半。

护士：那您和父亲不在一起住吗?

男人：对，我自己住公寓。公寓生活对我来说很舒服，但是我要是把父亲接来的话，父亲可能会觉得憋闷，因为白天附近也没大有可以说话的人，自己待着的时间会很多，所以我很担心。

护士：是啊，是会担心的。我们养老院有很多像您父亲这样的人，子女们周末或公休日来看望他们。健康的老人们偶尔还坐着公交车去首尔，从这里一个小时左右就能到首尔，不是很远。

男人：那里有什么设施? 附近有医院吗?

护士：地下有游泳池，也有练歌房，一楼有休息室和图书馆。天气好的时候很适合出去散步，也可以做轻松的运动，有很多人热衷于各种业余爱好。不久之前，老奶奶、

도 하실 수 있고요. 여러 가지 취미 생활에 마음을 붙이신 분들도 많아요. 얼마 전에는 할머니, 할아버지들이 찍으신 사진들을 모아 전시회도 했어요. 그리고 바로 옆에 큰 병원이 있어서 많이 아프신 분들은 거기로 모셔 가지요. 주말에 한번 와 보세요. 아버님도 같이요.

남자 : 잘 알겠습니다. 제가 시간을 내서 한번 찾아가 볼게요. 고맙습니다.

老爷爷们把拍的照片收集起来办了一个展览。另外，旁边就有一个大医院，我们会把病得很严重的老人送到那里去。周末来看看吧，你父亲也一起来。

男人：知道了，我会抽时间去看看。谢谢。

34과 세대 차가 실감 나는구나

4

아버지 : 얘, 민수야. 너 오늘 신문 읽어 봤니?

민수 : 아니요, 아직 안 읽었는데요. 회사 나가는 길에 읽으려고 하는데, 뭐 볼 만한 기사가 났나요?

아버지 : 그래. 한 청년이 회사에 들어간 지 10년도 채 안 돼서 부장이 됐다는 기사가 실렸더라. 내가 직장 다닐 땐 상상도 못했던 일인데 말이야.

민수 : 요즘엔 그런 일이 심심찮게 있는 것 같아요. 저희 회사도 사장님이 40대거든요. 그런데 처음 사장 발표가 났을 때는 회사 안에서 말이 많았대요.

아버지 : 그랬을 거다. 아무리 능력이 남보다 뛰어나다고 해도 젊은 나이에 큰 회사를 경영한다는 게 쉽지는 않을 거야.

민수 : 꼭 그렇지는 않은 것 같아요. 저는 회사에 들어간 지 얼마 안 돼서 잘 모르지만, 전에 비해 훨씬 효율적으로 회사가 운영되고 있다고들 하거든요. 그리고 사실 나이나 회사에 들어온 순서가 아니라 개인의 능력으로 평가 받아야 회사도 발전하게 되지요.

아버지 : 하긴 경영 능력도 웬만큼 있었으니까 사장이 됐겠지. 하지만 난 최고 경영자

第34课 切实感受到了代沟

4

父亲：敏洙，你今天看报纸了吗?

敏洙：没有，还没看呢，想在去公司的路上看，有什么值得看的报道吗?

父亲：是啊，上面刊登了这么一篇报道，讲一个青年进公司不到10年就成了部长，我上班的那时候，这是无法想象的事。

敏洙：最近这种事好像经常发生，我们公司的社长也40多岁，不过刚公布社长任命的时候，公司里有很多说法。

父亲：当然了，再怎么能力出众，年纪轻轻的要管理一个大公司不是一件容易事。

敏洙：好像也不一定。虽然我进公司不久，还不太清楚，但是听大家说公司的运营比以前效率高多了。而且，必须以个人的能力而不是年龄或进公司的顺序予以评价，公司才能发展。

父亲：也许是因为经营管理的能力出众才成为社长的吧，不过我觉得最高经营者的年龄应

란 나이도 좀 들고, 경력도 좀 있어야

    한다고 생각한다.

민수 : 아버지, 그건 옛말이에요. 요즘 젊은

    사람들은 그렇게 생각하지 않아요.

该大一些, 也应该有些经历。

敏洙：爸爸, 这是以前的说法了, 近来的年轻人

    可不这么想。

35과 유럽에 배낭여행 갔다 왔다면서?

第35课 听说你背着背包去欧洲旅行了?

③

올가 : 민석아, 이번 휴가 때 여행을 떠나려고

    하는데 어디가 좋을까?

민석 : 며칠이나 있을 예정인데? 휴가 중에도

    회사에 나가야 된다고 했잖아?

올가 : 맞아. 그래도 주말 끼고 3박 4일 정도

    갔다 와도 회사 일에 지장이 없을 거야.

민석 : 어디로 갈까 하고 생각해 놓은 데가 있어?

올가 : 그렇지는 않은데 평소에 바다 구경을 하

    고 싶었으니까 산보다는 바다로 갈까 해.

민석 : 그렇다면 동해로 가는 게 어때?

올가 : 그럴까? 서울에서 얼마나 걸리지?

민석 : 서울에서 동해 쪽은 자동차로 최소한 네

    시간 이상 걸리니까 비행기로 갈 수도 있

    고 고속 버스를 이용해도 괜찮겠다.

올가 : 시간을 절약하기 위해서 돈이 들더라도

    비행기로 가는 것이 좋겠어.

민석 : 그럼 비행기 표를 예약해야지. 여행사에 전

    화 걸거나 아니면 직접 가서 예약하면 돼. 요

    즘은 전화 예약도 잘 되니까 그게 편하겠다.

올가 : 떠나기 전에 특별히 준비해야 될 게 있니?

민석 : 동해 바다뿐만 아니라 그 근처의 좋은 곳을

    돌아보려면 안내 책자를 하나 사서 좀 알

    아 보는 것도 좋겠지. 아니면 그곳에 여행

    갔다 온 사람에게 정보를 얻는 것도 좋겠고.

올가 : 그 외에 또 뭐 알아야 할 거 있으면 다 알

    려 줘.

민석 : ....

③

奥尔加：民锡, 我这次休假时想去旅行, 哪里好

    呢?

民锡 : 准备去几天? 不是说休假期间也要去公

    司吗?

奥尔加：对, 不过加上周末出去四天三夜不会影

    响公司的工作。

民锡 : 你是不是想好了要去哪儿了?

奥尔加：不是, 平时想去看大海, 所以比起山来

    说, 更想去海边。

民锡 : 那去东海怎么样?

奥尔加：那样啊? 从首尔出发需要多长时间?

民锡 : 从首尔到东海那边开车最少需要4个小

    时以上, 可以坐飞机去, 坐长途汽车也

    可以。

奥尔加：为了节约时间, 就算花点儿钱还是坐飞

    机去比较好。

民锡 : 那就预订机票吧, 给旅行社打电话或者

    直接去预订也行, 最近电话预订也没问

    题, 这样比较方便。

奥尔加：出发之前应该特别准备些什么吗?

民锡 : 要是不光去看东海, 还想看看那附近的

    好地方, 买一本指南了解一下比较好。

    要不打听一下去过的人也很好。

奥尔加：除此之外, 要是还有必须知道的东西请

    都告诉我。

民锡 : .... 。